中国礼宾接待手册

张建国　著

中国人民大学出版社
· 北京 ·

作者简介

张建国，毕业于郑州大学新闻系，中国礼宾礼仪文化专业委员会高级顾问，全国公务接待培训专家库成员，郑州市接待办公室原调研员。长期从事党政机关公务礼宾接待工作，多次应邀在国内党政机关、高等院校、干部学院、企事业单位作中国礼宾与公务接待知识讲座。曾主持编辑《接待工作》期刊，著有《中国礼宾与公务接待》等。

联系电话：13717600758

13603981341

邮箱：zzzhangjianguo1955@163.com

出版前言

礼宾接待是国家礼仪的重要组成部分。接待工作是党政机关公务活动最具礼仪特点的工作，是中华优秀传统礼宾文化的主流文化。

为了贯彻中共中央、国务院《关于实施中华优秀传统文化传承发展工程的意见》，使党政机关礼宾接待活动更加专业化、规范化和更富仪式感，我社特邀请国内公务接待礼宾专家张建国先生撰写了《中国礼宾接待手册》一书。

全书共八编，即公务接待概述、接待方案、礼宾活动、礼宾统筹与接待保障、任务先遣、礼宾排名、席位安排、附录。该书集专业性、实用性为一体，既有公务接待理论阐述，又有礼宾实践总结，是一部具有学术厚度，体系完备、操作性强、引领作用明显的礼宾接待工具书。

希望本书的出版能为国内党政机关礼宾接待工作提供有益借鉴。不足之处，敬请指正。

2018 年 3 月

序　言

公务接待既是国际惯例，又是中国传统。古今中外皆有之，是人类社会发展的必然产物。

我国公务接待工作是党和政府工作的组成部分，伴随着党的事业发展而发展，历来为中央和各级领导同志所高度重视。习近平总书记任宁德地委书记时就曾经对接待工作做出过重要指示，他在所著的《摆脱贫困》一书《秘书工作的风范——与地县办公室干部谈心》一文中就指出："接待工作，就得下一番功夫。要建立一套接待制度，组织一套接待班子，还要有一套统一的对外宣传材料和汇报口径。今后可以由专人负责汇报情况，陪同参观；伙食按规定标准，突出地方特色，每个县都可以搞个地方菜谱：既有特色又省钱，既不超过规定，大家又吃得满意，了解了地方饮食文化，何乐而不为呢？地县领导按规定安排出面活动，尽量减少一般性应酬；对宾客生活服务要周到热情，努力做到设身处地，急人所急，解人所难。"

公务接待就其职能来讲，主要包括两个方面：一是接待工作的政务性（参与政务，重在管理）。如接待统筹，方案制定，活动安排，礼宾策划，信息处理，监督检查和制定工作规范、程序、制度、办法，实施组织接待和接待管理等。二是接待工作的事务性（搞好事务，重在服务）。如吃住行，迎来送往，各种“会”和“活动”的具体服务性工作，实施服务接待。

随着改革进入新阶段，国内各地之间的相互往来，上下级之间的工作联系，以及国际的合作交流活动，十分活跃，内容丰富、形式多样，呈现出政务活动与商务活动相互交织，内事活动与涉外活动紧密相连，政务活动具有商务性、商务活动具有政务性、内事活动具有涉外性等特征。同时，带有民族事务、宗教事务、港澳台事务、侨务等方面的公务活动也越来越多。接待部门的职能也从过去的单一接待，扩展到协同接待和管理接待。丰富、多元的接待内涵，尤其是内事与外事的深度融合，凸显了公务接待工作的时代特色，为接待工作的开展提供了极大的发展空间。公务接待工作正在朝着跨业务、高水平、深层次、宽领域、全方位的综合性的方向发展。

礼宾接待是国家礼仪的重要组成部分，接待工作是党政机关公务活动最具礼仪特点的工作，属于官方礼仪的范畴，具有规范性、示范性和引领性。接待工作讲究有里有表，表里如一，强调仪式感，注重形式和内容的和谐搭配。礼宾接待的仪式感涉及接待活动的方方面面，如现场布置、席位安排、礼宾程序、仪容仪表、礼节礼貌等。礼宾活动接待人员与来宾接触最多、最直接，接待工作是最能给来宾留下记忆和印象的工作之一，起着当地党委政府形象大使和代言人的作用。接待人员的仪容仪表、举止言谈、职业操守、专业素养、服务技能，包括着装、发型、微笑、形体、态度、气质、意识、精神、语言、动作等方面的表现和展示，直接反映了接待人员的服务水准、素质高低、能力强弱、格局大小和文明程度，直接影响着当地党委政府形象和工作大局。从这个意义上讲，接待工作对于树立党和政府的良好形象，提升本地的软实力、巧实力，促进经济发展和社会进步具有不可替代的重要作用。

礼宾接待是一门学问，也是一门艺术。礼宾接待工作的制度化、规范化、标准化、程序化是基础性的标准，讲究的是秩序，注重的是质量；接待的艺术性是礼宾工作的升华，讲究的是接待的品质，注重的是格调、情趣和境界。接待工作要在常规程序、标准、质量的服务中，融入“艺术”的中国元素、民族特色和地方特点，使来宾在接待服务的环境和氛围中享有尽量多的获得感和愉悦感。接待工作中的“艺术性”涉及接待服务的各个方面。例如各种礼宾接待活动的组织安排、场地设计，接待人员的迎来送往、待人接物、言谈举止、仪容仪表等，无不包含“艺术”在其中。

新的形势、新的任务对接待工作许多方面都进行了重新定义，在政策把握、礼宾接待、服务保障、工作标准和专业技能等各个环节提出了极高的政治要求、工作要求和专业要求，同时，也赋予了公务接待工作更大的使命担当和更广阔的发展空间。让我们秉持依法接待、文明接待、精准接待、人文接待的现代服务理念，当好礼宾接待文化的演绎者、传播者和实践者，为中国礼宾接待事业的发展做出应有的贡献。

本书在写作和出版过程中得到了中国人民大学出版

社及全国多个省、市党政机关公务接待部门的大力支持和真诚帮助，在此表示衷心的感谢！由于本人水平有限，书中如有不当之处，敬请各位专家学者、接待同行和广大读者批评指正。

张建国

2018年3月于北京

目　　录

第一编　公务接待概述

第二编　接待方案

第三编　礼宾活动

第四编　礼宾统筹与接待保障

第五编　任务先遣

第六编　礼宾排名

第七编　席位安排

第八编 附录

第一编

公务接待概述

第一章　公务接待概述

第一节　公务接待的含义

公务接待是指国内党政机关之间，接待主体（接待方）在运用公共资源，按照一定规则为接待客体（接待对象）进行公务活动时所提供的接待行为方式。它包括出席会议、考察调研、执行任务、学习交流、检查指导、请示汇报工作、区域合作、处理突发事件和自然灾害防治等公务活动的接待工作。国内公务接待主要指内事接待（内宾接待），在对象上有别于涉外接待。但是，严格意义上的国内公务接待也包括涉外事接待、涉港澳台接待，以及商务接待等公务活动。也就是说，凡是发生在国内党政机关、国有企业、事业单位、人民团体内的公务接待活动，均应属于国内公务接待活动范畴。

公务接待与非公务接待的区别在于：

（1）主体不同。公务接待的主体是政党、国家或国有企业、事业单位、人民团体，属于国家事务、官方行为；非公务接待的主体是个人、私企或民间组织，属于个人事务、民间行为。

（2）性质不同。公务接待使用的是公共资源，服务的是国家机器，是一项多层筹划、多方参与、多点衔接的系统工作；非公务接待使用的是个人资源，服务的是私人交往和利益，一般在礼宾接待方面较为简单。

（3）要求不同。公务接待要求规范接待、依法接待，在接待范围、接待标准、接待规格、接待礼仪（如方案制定、考察调研、迎送、陪餐、食宿、交通、会谈、会见、合影、席位安排、礼宾次序等）、接待程序、接待经费、接待纪律等方面都有严格的制度规定和政治要求，强调"公务接待无小事"；非公务接待则较为宽松和灵活。

第二节　公务接待的原则

公务接待的原则是：坚持有利公务、务实节俭、严格标准、简化礼仪、高效透明、尊重少数民族风俗习惯。除了上述原则外，还应遵守依法依规和严守秘密的原则。

一、依法依规

严格按照《党政机关厉行节约反对浪费条例》《党政机关国内公务接待管理规定》等党的法规和行政法规，规范公务接待工作行为，用制度管人，按规定办事，体现依法行政、依法接待的中央精神，严禁接待方案中出现与中央精神相悖的活动内容，切实做到有所为、有所不为。

二、有利公务

方案中安排的活动场所、活动项目和活动方式要有利于公务活动的开展。既坚持原则，又科学筹划、讲究方法，为来宾执行公务、完成任务提供符合任务活动主题、热情周到的生活和工作条件。

三、务实节俭

务实节俭既是生活要求又是工作要求。公务接待工作要紧紧围绕接待任务的主题，按照务实节俭的原则做好礼宾接待的服务工作，时时体现务实，处处彰显节俭。如在领导同志考察调研活动中，就要根据领导同志的工作意图和工作要求，有针对性地推荐和选择考察点、调研点，项目选择、路线设计、现场组织、座谈交流、工作汇报、看望合影等环节都要讲究科学高效、务实节俭。尤其是在选择考察点、调研点上要特别注意指导性、代表性和典型性，防止“点”不对题，偏离考察调研主题，或者考察调研点已过时的情况，充分考虑到考察调研点项目可能产生的舆论导向和社会影响，力戒形式主义，严禁弄虚作假。现场安排要接地气、零距离，多安排基层群众代表、专业技术人员与来宾接触、交流，汇报工作要实事求是，以便于领导同志和来宾全面了解实际情况。务实节俭还表现在考察调研活动时间的分配上，考察调研点之间相距多少公里、车程需要多少时间、在考察调研点停留多少时间、由谁介绍情况、介绍多长时间等环节，要既讲究效率，又注重效果。

四、严格标准

食宿安排严格按中央规定标准执行。

公务接待支出是行政运行成本的重要组成部分。公务接待不得超标准，不得组织旅游和与公务活动无关的参观，不得组织到营业性娱乐、健身场所活动，不得安排专场文艺演出，不得以任何名义赠送礼金、有价证券、纪念品和土特产品，工作餐不得提供鱼翅、燕窝等高档菜肴和用野生保护动物制作的菜肴，不得提供香烟和高档酒水，不得使用私人会所、高消费餐饮场所。房间不得配鲜花、水果，以及额外配发的洗漱用品。厉行节约，降低公务接待成本，优质、高效、科学地使用“公共资源”。

对来自香港特区、澳门特区、台湾的同胞和华侨、华人等人士的接待工作，以及涉外、商务等接待工作，实行分类管理，按有关规定执行。

五、简化礼仪

务求从简，严格执行中央关于公务活动陪同、迎送、车辆等礼仪规定，根据不同级别的接待对象合理安排迎送、陪同人员和会议活动，做到有利公务、简化礼仪。

六、高效透明

高效透明是规范公务接待的重要环节。公务活动结束后，接待单位应当如实填写接待清单，并由相关负责人审签。接待清单包括接待对象的单位、姓名、职务，各公务活动的项目、时间、场所、费用等内容。按年度公开本级国内公务接待有关情况，接受社会监督。公开的内容包括：

（1）国内公务接待规章制度。

（2）国内公务接待标准执行情况。

（3）国内公务接待经费支出情况。

（4）机关内部接待场所名称。

（5）国内公务接待项目。

七、尊重少数民族风俗习惯

尊重少数民族风俗习惯，是党和国家民族政策的重要组成部分，是公务礼宾接待工作的重要原则。尊重少数民族风俗习惯在公务接待中主要表现在食宿、迎送、娱乐、服饰，以及民族礼节、宗教信仰等方面。

八、严守秘密

凡参与接待工作的人员要严格执行保密纪律，遵守保密规定，不该看的不看，不该问的不问，不该听的不听，不该说的不说。

凡等级以上接待任务，都要确定密级，接待方案定密后，要严格按规定做好登记、签收、传递、回收处理工作；在印制过程中，不允许无关人员接触接待方案，严格控制份数；发放时不准代签代领；严禁私拍等级任务客人的有关照片；不得使用移动电话谈论等级以上接待任务内容。

公务接待除了要遵守以上八项工作原则外，还要遵守下列礼仪原则，即制度规定原则、礼节礼貌原则、上下级关系原则、对口对等原则、礼宾排名原则、席位安排原则等。

第三节　公务接待的依据

公务接待的主要依据包括：

第一，党委、政府领导对接待任务的批件及指示精神。

第二，上级机关、兄弟省市或有关部门发来的公函。包括函电、值班报告等。

第三，正式会议通知，活动请示批示件等。

第四，领导交办的公务接待任务。

第五，《党政机关国内公务接待管理规定》以及其他国内公务接待的法律法规和制度规定。

第四节　公务接待的主体责任

省、市、县级接待办公室是当地公务接待工作的行政管理部门，具有负责管理本级党政机关国内公务接待工作，指导下级党政机关国内公务接待工作，负责监督检查本级党政机关各部门和下级党政机关国内公务接待工作的职能。其监督检查的主要内容包括：

第一，国内公务接待规章制度制定情况。

第二，国内公务接待标准执行情况。

第三，国内公务接待经费管理使用情况。

第四，国内公务接待信息公开情况。

第五，机关内部接待场所管理使用情况。

公务接待的主体责任从体制上明确了各级接待办公室的工作职能、地位和作用，这对国内公务接待工作来说具有里程碑的意义。

概括地说，就是公务接待工作由各级党委政府接待办公室负责集中统一管理，公务接待任务分层级归口负责、对口接待，实行谁领导谁负责、谁管理谁负责、谁接待谁负责的制度，从工作机制上明确了领导责任、管理责任、主体责任。

第五节　公务接待统筹

国内公务接待工作实行“党委统一领导，任务集中管理，工作分级负责，函电归口通知，活动对口接待，接待部门牵头，相关部门配合，上下左右联动，接待资源共享，各方优势互补，全局一盘棋”的工作机制。完善接待机构，理顺接待办与相关部门的职责关系，建立各司其职、各负其责、运转协调、高效有序、与中央精神相一致、与公务接待任务和职能相适应、与本地区经济发展和社会进步相协调的公务接待管理体制。

不同层级的党政机构类别具有不同的公务接待统筹。

第六节　公务接待的分工

以市级公务接待工作为例，公务接待的分工包括以下内容。

第一，市接待办公室负责接待：党和国家领导人；中共中央、全国人大常委会、国务院、全国政协、各部委副部级以上领导；各省（自治区、直辖市）党委、人大常委会、政府、政协副市级（含秘书长）以上领导；本市承办的全国性、区域性会议以及大型活动的重要来宾；省级以上派出的综合工作组等。协助市直机关各单位接待来本地的中央、国务院各部委司（局）级领导。

负责制定相关接待方案。

负责制定接待工作规范、程序、制度、办法。

负责协调公安、机场、车站、港口、卫生、新闻和考察点等部门。

负责做好党政代表团出访接待服务工作。

负责管理本级党政机关国内公务接待工作，指导下级党政机关国内公务接待工作。

负责监督检查本级党政机关各部门和下级党政机关国内公务接待工作。

第二，市委办公厅、市人大常委会办公厅、市政府办公厅、市政协办公厅负责对口接待：中共中央、全国人大常委会、国务院、全国政协机关处级领导及以下来宾；各省（自治区、直辖市）党委、人大常委会、政府、政协机关副秘书长，人大常委会、政协机关委（厅、室）主任及其以下来宾；兄弟城市副秘书长及其以下来宾。

第三，市直机关各单位负责对口接待中央、国务院各部委司（局）级领导，各省省直厅（局）领导及以下来宾，兄弟城市对口部门领导及以下来宾。

第四，市委宣传部、市公安局、市卫生局负责公务接待中的新闻报道、安全保卫、交通保障、医疗保健、食品卫生等工作。

第五，驻地部队接待军级以上领导需要配合的，由市接待办公室予以协助。

其他来宾按照对口接待原则进行接待。

第七节　公务接待报批程序

公务接待须按程序报领导审批，以市级公务接待工作为例，具体工作包括以下内容。

第一，市委、市人大常委会、市政府、市政协办公厅要及时将经市领导（秘书长）批示的接待任务批件通知有关接待单位。

第二，接待单位依据领导批示，负责制定接待方案。接待方案应包括来访领导及成员名单、参加接待的领导和工作人员名单、日程安排、住宿安排、餐饮安排、车辆交通安排等内容，报请有关领导审定后组织实施。接待方案一经批准，一般不得随意变动。

第三，副部（省）级以上领导的接待方案，由市委秘书长负责签批，并协调市领导及有关部门负责人参与有关公务接待活动。接待方案由市接待办公室根据市委秘书长协调的意见拟定。属市接待办公室接待范围的其他领导的接待方案，由市委、市人大常委会、市政府、市政协秘书长签批，并协调市领导及有关部门参与公务接待活动。

第四，属市接待办公室接待范围的接待活动，需要市委领导或市两套班子以上市领导参与接待的，由主办办公厅商请市委办公厅协调安排，接待方案由市委秘书长和主办机关秘书长负责签批。

第五，属市委、市人大常委会、市政府、市政协办公厅及市直机关各单位对口接待范围的客人，接待方案由各办公厅及市直机关各单位制定并组织实施。

第六，市领导交办的公务接待任务，由市接待办公室负责通知有关县（市）区和接待部门，各县（市）区和接待部门要严格按通知要求落实具体事项。

第七，各县（市）、区，市直各部门不得擅自邀请中央、省领导（含离任）出席由本地本部门组织的有关活动。确需邀请的，必须按照中央、省委、市委的有关规定报批。

第八，下列情况不予审批：

（1）不属于接待范围的活动，不予公务接待。

（2）无公函的公务活动和来访人员，不予公务接待。

（3）未经审批的节庆、论坛、展会、赛会等大型活动，或未纳入活动方案的人员，不予公务接待。

第八节　公务接待邀请

举行公务活动，确需邀请中央和兄弟省区市单位参加的，应按规定经审批同意后办理。以省级公务活动邀请为例：

（1）邀请中央领导同志来本省出席会议等会务活动，原则上应提前 4 个月报省委、省政府审批，经批准后由省委负责邀请。

（2）邀请中央部门和兄弟省区市来本地出席会议等公务活动，一般提前 1 个月报省委、省政府审批，经批准后由主办单位负责邀请。

（3）报送邀请中央领导同志以及中央部门和兄弟省区市领导同志的请示，应列明活动具体时间、地点、主题、人员范围、程序以及新闻报道安排建议等事项。

（4）举行节庆、论坛、展会、赛会等大型活动，需要邀请中央部门和兄弟省区市代表参加的，应在活动方案中明确接待要求和接待经费来源，并按程序报批。

第九节　礼 品 馈 赠

国内公务活动不得以任何名义赠送和接受礼金、有价证券、纪念品和土特产品等。

依据政策规定，参照国际惯例和对外工作需要，在外事交往中必要时可以对外赠送具有地方民族特色的纪念品、传统手工艺品和实用物品。

根据有关规定，礼物的金额标准为：赠礼方或受礼方为省部级（含正、副职）人员的，每人次不得超过

400 元（人民币，下同）；赠礼方或受礼方为市厅级的，每人次不得超过 200 元；其他人员可视情况赠送小纪念品。赠礼对象仅为外方团长夫妇，必要时可包括主要陪同人员，原则上由接待单位赠礼 1 次；其他单位不得重复赠礼；如外方赠礼，可按对等原则回礼。对境外来访的著名友好人士、社会名流、专家学者，确有必要赠礼的，按照正、副省部级标准执行。

第二编

接 待 方 案

第二章　接 待 方 案

第一节　接待方案在公务接待活动中的作用

按照中共中央办公厅、国务院办公厅要求，党政机关各级部门和单位承担重要、重大接待任务都必须制定详细的接待工作方案，并“按照务实、高效、节俭的原则，对接待工作方案认真审核，严格把关”；一般的公务接待活动也要制定相应的接待方案，并按规定及程序审批后实施。接待任务实施过程，也是接待方案实施的过程。

公务接待方案是公务接待任务活动的重要组成部分，是对接待任务的工作部署，是指导接待任务全过程的行动指南，是一种具有公文性质的应用文体。公务接待方案在整个接待任务过程中起着统筹保障、规划指导、沟通协调和具体安排的作用，是确保公务接待任务完成，实施组织、管理、运作的有效工作方式和制度安排。同时，也是公务接待工作进一步规范化、制度化，依法行政，依规接待的必然要求。制定接待方案是一项政策性、专业性极强的基础工作，也是接待工作人员必须具备的一项基本功。

接待方案是“顶层设计”，方案内容在一定程度上反映了当地党委政府对此项接待活动的思想认识和工作思路，反映了当地主要领导对来宾的重视程度和对公务接待规定的执行情况。重要的接待方案，党委政府主要领导同志都应认真审核、严格把关，接待任务亲自挂帅、亲自指导，既是组织者，又是参与者。有些特别重要的接待任务，往往是中央有关部门直接组织，地方负责落实。公务接待是一个系统工程，具有全局性。在接待活动中，无论职务高低，实际上都是接待人员，只不过每个人在接待活动中所扮演的角色不同而已。

方案起草人员是代表本地党委政府（或部门、单位）应命写作，方案的落款有法定的作者，即部门或单位。制定公务接待方案是一项负有使命的组织行为，要求写作人员：必须熟悉公务接待的有关规定，熟悉省、市、区（县）情况（包括领导同志的相貌及排序等）；有丰富的礼宾接待专业知识；有能力驾驭领导考察调研工作的统筹运作和细节安排；有“身在兵位、胸为帅谋”的担当意识，善于站在全局的角度去思考问题、谋划工作，格局要大，眼界要宽，科学设计接待工作的“点、线、面”；能及时协调和沟通接待活动中可能发生的一些具体事宜；具有相当的文字水平和现代办公设备使用技能，由专业的人做专业的事。

制定接待方案的工作过程，也是一个极好的提高个人综合素质的过程。公务接待工作的对象层次高，有着丰富的政治、经济、社会等方面的智慧和学识，通过接待服务也可以从接待对象身上学到他们的品质和智慧。

接待方案的制定要在确保完成为领导和领导机关工作大局服务，为来宾考察交流活动服务的前提下，尽可能地突出地方特色，展示发展成果，体现发展优势。让上级和来宾进一步了解认识本地、关注支持本地，利用接待工作平台和资源优势助推本地经济发展。也就是说，要将接待工作过程转变为汇报和反映本地工作的过程，转变为接受上级领导检查、指导本地工作的过程，转变为履行职责、主动服务的过程。

第二节　接待方案的制定程序

接待方案的制定程序是接待工作非常重要的环节，涉及接待部门的地位、作用和工作机制。那么，方案的起草与制定应该由哪个部门负责呢?

省、市、县级接待办公室是当地公务接待活动的管理部门，具有负责管理本级党政机关国内公务接待工作，指导下级党政机关国内公务接待工作，负责监督检查本级党政机关各部门和下级党政机关国内公务接待工作的职能。

国内公务接待工作实行“党委统一领导，任务集中管理，工作分级负责，函电归口通知，活动对口接待，接待部门牵头，相关部门配合，上下左右联动，接待资源共享，各方优势互补，全局一盘棋”的工作机制。

概括地说，就是接待任务由各级党委政府接待办公室负责集中统一管理（统筹接待全局、协调任务各方、调配接待资源、实施管理职能），分层级归口负责、对口接待，实行谁领导谁负责、谁管理谁负责、谁接待谁负责的制度，从工作机制上明确领导责任、管理责任、主体责任。各级接待办，实际上是“一岗双责”，既是管理者，又是执行者，具有较大的跨部门统筹调度权限。

根据接待职能和工作分工，原则上接待方案的制定工作应由各级接待部门负责。以市级接待为例，方案制定与组织落实的普遍做法是：重要接待任务的方案，由市接待办制定，经市委（或市政府）办公厅（室）呈秘书长审定，市领导批准后，由市接待办组织落实，市领导参与接待，由市接待办商请市委（或市政府）办公厅（室）协调安排；一般接待任务由市接待办或相关办公厅制定接待方案，经市委、市人大、市政府、市政协秘书长签批后，负责组织落实，市领导以及有关部门负责人参与接待活动，由市接待办商请有关办公厅（室）协调安排；需市委领导或两套班子以上市领导参与接待的，由市接待办或对口办公厅（室）商请市委办公厅（室）协调安排；接待本省领导同志，由市有关办公厅（室）制定工作方案（此类任务往往领导活动更直接，工作更具体，针对性更强），报请市领导批准后会同市接待办组织落实。

一、总体原则

依法接待、按规操作、有利公务、务实节俭、符合礼仪、严谨规范、安全高效、尊重民俗、内外有别，以及“保障工作需要、待遇适当从低”。

二、任务等级

（一）内宾接待

（1）一级任务接待对象：中央政治局常委及曾经担任该职务的老同志。

（2）二级任务接待对象：中央政治局委员、书记处书记，全国人大常委会副委员长，国务委员，全国政协副主席，最高人民法院院长，最高人民检察院检察长以及曾经担任上述职务的老同志。

（3）省（部）级任务接待对象：中央国家部委和省（区、市）的省（部）级领导。

（4）地（司、厅）级任务接待对象：中央国家部委、省（区、市）和地市（州、盟）的地（司、厅）级领导。

（5）县（处）级任务接待对象：中央国家部委、省（区、市）和地市（州、盟）、县（市、区、旗）的县（处）级领导。

（6）各类党政代表团，巡视、督导、调研、考察、检查等工作组人员。

（7）有关会议、会展、论坛、节庆等活动的礼宾接待与服务保障工作。

不同层级的接待部门有不同的任务接待对象范围。

（二）外事接待

国宾划分：

（1）一级：国家元首、政府首脑（总统、主席、总理）；

（2）二级：副元首、副政府首脑、议长（副总统、副主席、副总理）；

（3）三级：副议长、外交部长、国防部长。

另外，王室主要成员、前政要、友好省（州）领导人、国际知名人士的接待工作，通常参照上述级别，个案处理。

三、任务批件（任务受理）

（1）来自党委、人大、政府、政协办公厅，经有关领导签批的值班报告、电报、传真、函件等公务接待批文；

（2）参加部署重要接待任务的活动、会议文件或精神（包括通知、邀请函等）；

（3）主要领导交办（包括电话通知，以及临时、紧急、突发特殊情况下的公务接待任务，要做好相关记录，并完善相应手续，如大型会议、活动时的相互交往、突发事件应急接待等）。

四、掌握信息

（1）了解任务主题、任务规格、接待原则和相关规定。

关于规格问题，对上级领导同志的迎送、陪同规格，中央有明确规定。国内同级机关来宾的迎送、陪同、会见、会谈、陪餐（商务、涉外接待活动可称为宴会，宴会通常以党委政府的名义举行；政务接待陪餐称为工作餐会、早餐会、午餐会、晚餐会或餐叙会，一般以领导同志名义安排，陪餐具有工作性、礼节性，餐标低于宴会）、签约等礼宾规格各地也都有规定，做法基本相同。地方礼宾规格的确定主要依据来访者的身份和客团性质、目的，适当考虑两地关系。正式场合出面领导通常要与来宾的职务身份对等（或相当）、工作对口。“对等”也要分场合，如迎送、陪同时就不一定对等，通常陪同人员低于主宾一格或半格。但在会见、会谈、座谈、签约等正式场合时就应该按照对等原则安排。但有时实在没有对口、对等领导，也可以采取变通措施，由相当职级的领导出面。总之，由于各种原因主客身份不能完全对等时，可灵活变通，但相差不要过大。礼仪可以简化，但不能失礼。

按照惯例，考察交流互访活动，主客双方都会对包括接待方式在内的很多接待细节提前进行磋商，如接机接站、迎送、陪同、会见、座谈、陪餐、车辆、食宿，以及双方由什么人出面，采用怎样的礼宾程序，着装有什么要求，双方领导是否讲话等事宜进行沟通。接待规格（礼宾规格）反映主人对来宾的重视程度，对考察活动起着至关重要的作用（外事礼宾讲究平衡、对等、惯例三原则，内事接待除此之外，最重要的是上下、隶属关系原则）。

（2）了解领导批示精神。

（3）了解客团信息、背景资料、特殊情况。

客团信息：任务名称、带队领导、人员名单、职务、称谓、性别、民族、来访日期、事由、要求、抵离时间、交通工具（乘坐飞机、火车或自备车）、航班号或车次、来宾联系人和联系电话等基础性资料信息。

背景资料：主要来宾的生平阅历、民族籍贯、性别年龄、教育背景、分管工作、处事风格、荣誉成就、兴趣爱好、身高体态、宗教信仰、饮食习惯、住宿习惯、乘车习惯、起居习惯以及往来情况等信息（据此，可在接待中有针对性地融入个性化元素，体现个性化设计安排）。

有时，还需要向任务对象的工作地，或已考察过的前几站了解有关接待情况。

（4）了解有关接待单位情况。

主要了解和掌握接待场所、酒店的接待能力和水平。例如客房、餐厅、会议室（包括会议室的数量、形状、面积、功能、风格、价格)，停车场的位置及车位数，电梯品质、位置、数量及所乘人数等。又如参观考察的接待单位的接待条件、名称、位置、距离、路线、内容或项目、场地、环境、现状、历史背景材料等情况。

五、任务对接

(1) 与来宾单位或前站人员对接：了解对方考察意向、目的和要求，协商考察事宜，包括日程安排、考察内容、迎送陪同、会见会谈、住宿交通、招待陪餐、座谈交流等。

(2) 根据任务需要拟定接待单位、对口部门和任务相关单位，如考察点、下榻宾馆、新闻单位、医疗卫生、交通警卫、机场车站等。做好对上、对下任务前期衔接工作。

六、草拟方案

各级接待办公室根据任务批件的要求，按照领导同志和来宾公务活动内容，由接待办会同任务相关单位编制接待方案（预案)。接待方案（预案）内容包括考察项目、路线设计、之间距离、所需时间、迎送、陪同、会见、座谈、陪餐、会议、食宿、合影、乘车、医疗保健、食品卫生、新闻报道、安全警卫、职能部门、相关单位、日程安排（重要日程的建议方案草拟过程不是一次就能完成的，往往要多次踩点，与有关方面反复沟通，跟踪对接，不断调整，细化优化，并按时间流程汇总形成日程安排)、天气预报、联系电话、市情、考察点简介等。重要接待任务要有2～3套预案，以供领导决策参考。具体要做好以下工作。

（1）草拟参与迎送、陪同、会见、座谈、陪餐领导及有关部门负责人活动安排。

在草拟方案时，提出参与和出席的迎送、陪同、陪餐、汇报（座谈）会等人员安排。需要当地领导同志参与接待活动的，由接待办商请对口办公厅协调。为了避免过度层层陪同，要严格执行有关规定，控制陪同、陪餐人数，以及本级接待人员、相关单位工作人员和服务保障人员的人数，能量化的可在拟订的接待方案中予以提出。

重要活动，一般均要设计礼宾程序，如迎宾程序、送宾程序、会见程序、会谈程序、座谈程序、陪餐程序等，做到礼仪规范，程序严谨。

同时，参与接待的人员统一发放任务标识。

（2）拟订来宾下榻宾馆，安排食宿。

食宿安排是生活安排的主要部分。安排食宿要按中央规定执行，同时考虑任务性质、工作需要、生活习惯和来宾要求，为来宾提供休息、工作和活动便利。

重要接待任务需编制住宿、用餐、乘车安排一览表（包括单位、姓名、职务、房间号、电话号码、餐厅名称、会议地点、车辆编号、作息时间）。等级任务按规定安装红机保密电话，药食监管部门提前介入食品卫生检验防疫工作。住宿安排要相对集中，合理安排房型、朝向、楼层，随行秘书、警卫、医生要与领导同志就近安排，房号和内线电话通常用A4纸二号字打印好放在领导同志床头、书桌和卫生间，电视频道按来宾习惯设置。同时还要做好防滑、防摔、防磕碰的工作。领导同志房间未经批准不得擅入（如住高楼，首长房间一般不安排在顶楼或底层），如要会见或拜访，须与接待办工作人员联系，按程序办理。

（3）草拟客团活动日程安排。日程安排是接待方案的核心内容，也是整个接待任务的主体部分，包括项目考察、情况调研、工作汇报、座谈交流、会见会谈、迎送陪同、出席会议、各种仪式等。日程安排是将这些内容，根据活动的需要，以天为单位，具体到时、分，安排每一天的行程和活动。

（4）拟订陪餐有关事宜。公务接待陪餐具有工作性、礼节性。陪餐又称为餐叙（边用餐边谈工作），陪餐要严格按规定执行。重要任务工作陪餐要制定工作餐方案，工作餐菜单需经过审查批准后方能实施。

（5）拟订接待任务车辆，编制乘车安排表。根据公务出行人员情况，按照轻车简从要求，合理使用车型，尽可能安排集中乘车，严格控制随行车辆及人员。重要任务车队原则上不超过 3 辆中巴车（主车准备备用车），一般任务车队原则上不超过 2 辆中巴车。其他活动应根据情况安排集中乘坐大轿车。严格按照有关规定使用警车，不得违反规定管控交通。确因安全需要安排警卫的，应当按照规定的警卫界限、警卫规格执行（包括现场控制、路线警卫、沿途护送、近身安保、道路交通等）。合理安排警力，尽可能缩小警戒范围，在确保安全的前提下，为领导同志深入基层、贴近群众创造条件。

等级任务车辆须经警卫部门安全检查，车辆安检后，由警卫部门在指定地点统一封存看管，统一调度指挥。

主车座位分配，应征求上级主管部门意见。以省级接待任务为例，通常主车安排1～3个座位给省领导（书记、省长等）外，市县留1个座位。首长座位上方空调一般处于关闭状态，需要时开启。

随车物品配备：接待手册、矿泉水、热水、热毛巾、抽纸、地图（地方）、雨伞、清洁袋、充电装置、常用办公用品等。对于执行边远地区，尤其是高海拔地区的接待任务，由于常常是远距离、跨区域、跨文化、高强度，点多、面广、战线长，因此还应配备常用药品和足够的氧气。

（6）拟订来宾考察项目。重要接待任务或新增加的考察点需要进行实地踩点，进一步落实项目准备、行车路线、停车地点、上下车位、参观路线以及考察活动中举行的汇报会、座谈会、会见、餐叙会、合影等场地设施情况。

（7）拟订会议活动场地。会议活动场地安排主要包括汇报会、座谈会、会见、会谈、签约等会议形式。要根据会议形式、规模布置场地。会场一般要求备音响（含录音），摆放名签、会议材料、与会人员名单、信纸、铅笔、茶具等。会场不摆鲜花、不备水果、不放烟缸。

（8）资料准备。准备省情、市情简介、视察点、参观点、考察点情况简介等。地级以上市的基本情况资料一般不超过800字，县（市、区）基本情况资料不超过600字，考察点简介不超过400字（考察点简介按考察路线先后顺序排列）。

（9）根据需要，拟订执行任务的相关单位，如警卫、交警、新闻、考察点、机场、车站、港口、对口业务单位等。

（10）拟订迎送车辆、人员、时间、地点和路线。

（11）拟订任务负责人和承办人（包括打前站、陪同、取行李、接站、值班等）、工作用车、工作用房、工作用餐、通信联络、办公用品（物品）计划，大型活动要附有专项经费预算方案。

接待方案草拟后，按审批权限报有关领导审批（重要任务接待方案须征求上级领导部门的意见，征得同意后实施；一般任务也要与对方提前沟通，尽量满足合理要求，否则应做好解释工作）。

七、统筹协调

建立各司其职，各负其责，运转协调，高效有序，与中央精神相一致，与公务接待任务和职能相适应，与本地区经济发展、社会进步相协调的公务接待管理体制，是做好国内公务接待工作的机制保障。

不同层级的党政机构类别，具有不同的公务接待统筹。重大接待任务按惯例要在接待方案正式确定前后召开协调会，组成接待工作团队。参加协调会的单位应根据任务需要而定，通常有接待、公安、宣传、交通、卫生、宾馆等相关单位，以及有关方面的主要负责人参加。

一般接待任务由接待办牵头，组织协调（包括协调会的会议通知、会场布置、会议材料等会务），相关部门和单位参加，按工作职责进行分工和提出要求，分头实施；重要任务由党委或政府秘书长（相关机关秘书长），或党委、政府负责接待工作的副秘书长出面进行协调。接待办负责具体组织落实。如接待党和国家领导人、省部级领导同志、地方党政考察团等重要公务活动，由于工作指导、工作考察处于非常重要的位置，召开的接待工作协调会，一般都由党委或政府秘书长（相关机关秘书长），或副秘书长召集，对参与接待工作的有关各方明确任务分工、落实工作责任、提出工作要求、拟订各自接待安排和实施细则，并由接待办负责方案的组织落实工作。重要的接待任务，党政主要领导同志都会亲自主持协调会，听取有关单位意见和建议，对重点和细节提出要求。党委或政府秘书长亲自指挥预演，亲自走线踩点，明确分工，细化流程，检查落实。重要接待任务需要反复多次检查落实，通过检查、落实，再检查、再落实，不断完善，直至万无一失。

重大或大型接待任务往往需要组织专门的工作班子，成立专门的工作机构，设立任务总牵头人、总协调人、总负责人、总调度、总接待、总保卫等，实行大兵团作战。

根据任务大小、重要程度，接待方案有“综合方案”和“专项方案”之分。“综合方案”又有“大综合”与“小综合”之分。在人员配备上有时是单兵、小分队作战，有时是集团军、大兵团作战。一个大任务，就是一个战役。不同任务，有不同要求。

八、方案综合

方案综合的一般流程为：

（1）由“两办”拟定领导活动方案、日程安排、人员名单；

（2）由对口业务单位（工作部门）提供工作方案（活动安排、考察流程、考察点、考察项目、地理位置、行进路线、活动场所、情况汇报、工作交流等）；

（3）由相关部门或单位（公安警卫、医疗卫生、铁路民航、电力通信、宾馆酒店等）提供保障方案及各种配套安排；

（4）由接待办拟订生活方案（食宿、乘车安排）、礼宾方案（各种礼宾活动的安排）；

（5）由接待办负责方案统筹，将以上各专项方案进行综合，形成整体方案。

九、方案报批（见第一章第七节）

十、方案起草流程

根据任务批件，启动接待方案起草程序。

（1）处室草拟方案。

（2）分管副主任初审。

（3）接待办主任审核。

（4）相关办公厅（室）把关，秘书长审定。

（5）主管领导签发。

拟订的“接待方案”应按接待任务管理权限进行报批。通常是：一般接待任务由相关机构秘书长批示，重要接待任务由常委秘书长或党政主要领导同志批示，特别重要的接待任务由党政主要领导同志批示。

十一、任务下达

接待方案一经批准，应立即以党委或政府办公厅（室）发文形式电传下一级相关党委或政府，下达任务通知。按照工作机制，启动工作程序，进入接待状态，落实接待方案。

接待办应按正常渠道和程序，将方案及时报送参与接待的领导同志，抄送参与接待工作的新闻报道、公安警卫、食品卫生、医疗保障等相关职能部门和单位；协调联系机场、车站、港口等单位，为来宾提供必要礼遇；通知考察点及属地管理部门按要求做好考察服务工作。无特殊情况，一般不得更改接待方案内容，重要接待任务更应严格执行。如果调整活动内容或行程，则应按程序办理。

任务本级接待办公室根据批准后的接待方案编制实施方案（实施细则）亦称接待安排。内容包括来宾名单、陪同名单、日程安排、迎送安排、住宿安排、用餐安排、乘车安排、汇报（座谈）安排等，并负责全程跟踪跟进，指导落实。落实接待方案是一项比较复杂的工作，尤其是重要或大型接待任务方案可以说是一项庞大的系统工程，往往要在几十或上百个单位之间进行协调落实（此类任务的接待方案手册制定出来以后，通常是厚厚的一大本）。

各有关接待单位和部门要根据上一级接待办公室编制的接待方案、日程安排，结合本地区、本部门、本单位所承担的接待任务情况，制定具体的实施方案，包括考察点、内容简介、行车路线、之间距离、行驶时间、停车地点、上下车位、参观路线、会议、合影、签约，以及迎送、陪同等其他有关事项。必要时，上级接待部门应对各有关接待单位和部门所编制的实施方案和接待安排进行审查、优化和指导。

各考察点在接到任务通知后，要根据要求做好准备工作，落实考察内容、场地布置、引导、介绍、汇报、讲解、资料、接待服务等各项工作，保证参观、考察活动顺利进行。

第三节　接待方案的内容

接待方案的内容主要包括下列几个部分。

一、来宾信息

包括客团名称、人员名单、带队领导、职务级别、民族、性别、到访日期、考察内容、目的要求、交通工具、航班车次、抵离时间、通信联络、背景资料等。

二、礼仪安排

包括迎送、陪同、会见、座谈、陪餐、合影等安排。重要的接待任务，通常还要专门针对重要节点设计礼宾程序。如迎送程序、会见程序、陪餐程序，以及座谈、合影、签约等程序。

三、日程安排（工作安排）

包括日期时间、路线设计、之间距离、车辆时速、行驶时间、项目考察、情况调研、工作汇报、座谈交流、出席会议、各种仪式等工作内容的安排。

四、生活安排

包括用餐、住宿、乘车等生活服务保障安排。

五、任务分工

包括安全警卫（场所、驻地）、交警保障、新闻媒体、医疗保健（医生、护士）、卫生防疫、考察点、对口部门及相关单位（根据任务需要，进行任务分工）的统筹安排。

第四节　接待方案的行文格式

公务接待方案是一种特殊的公文形式。公务接待方案的行文格式包括以下几个部分。

一、方案名称（标题）

方案名称是根据任务性质和内容而定的。这里所讲的“接待方案”是广义的，是通称，是泛指。在实际工作中，有时也称“工作安排”“活动安排”等。内容决定形式，公务接待内涵丰富、形式多样，涉及党政机关工作的上上下下、方方面面，如出席会议、考察调研、执行任务、学习交流、参观访问、检查指导、请示汇报工作、对口支援、招商引资、突发事件等公务活动都是接待工作的内容。公务接待任务的多样性，也给接待方案名称准确表述接待任务带来了一定的困难。现将几种常见的文字表达形式举例如下：

例 1：××省省长×××在×考察工作方案

例 2：×××先生一行在×参访接待方案

例 3：××市党政代表团在×考察工作安排

例 4：×××一行在×活动安排

注意，当任务名称使用“视察”“考察”“检查”“参访”“活动”等词语时，一定要以上级机关的任务通知和本级机关的任务批件为准，对任务名称不可随意更改和使用。

二、开头部分（导语）

开头部分，即第一段，内容包括来宾单位、职务、姓名、人数、时间、地点、事由七个要素（新闻导语为5W1H，即何事、何时、何人、何地、何因、如何）。例如：

例1：

×××市委副书记、市长×××率政府考察团一行××人，将于××月××日至××日来我市考察城市规划、环保、交通、新区建设等方面的工作，接待安排如下：（略）。

例2：

××月××日至××日，×××集团公司总裁×××先生一行在×协会常务副会长×××等陪同下，来我省参加××××××活动，并到××、××、××等地参观访问，具体安排如下：（略）。

三、主体部分

主体部分内容主要包括日程安排、迎送、陪同、会见、考察、签约、陪餐、工作汇报、座谈交流等。例如：

××月××日（星期×）

17：10　×××市长一行乘×××××航班抵达××机场，请市政府副秘书长×××机场迎接，并全程陪同考察。考察团一行下榻××迎宾馆。

××月××日（星期×）

08：30 ×××市长一行前往市规划局。

08：50 参观城市规划展。

09：40 考察××污水处理厂。

10：30 考察××新区。

(1) 参观××新区规划展。

(2) 考察 CBD 中央商务区。

(3) 考察××国际会展中心。

(4) 考察××小区。

12：00 ××市长×××在××酒店与×××市长一行共进午餐，进行餐叙。请市政府秘书长参加，市规划局、环保局、新区管委会负责同志作陪。

14：20 ×××市长一行前往市政府。

14：30 在市政府第一会议室进行两市座谈交流。请市政府秘书长×××主持，市政府主要领导同志和市规划局、环保局、建委、交通委负责同志参加。

议程：

(1) 市政府主要领导介绍××市出席会议人员。

(2) ×××市长介绍考察团成员。

(3) 双方进行工作交流。

(4) ×××市长讲话。

(5) 市政府主要领导讲话。

16：00 考察城市轨道交通建设。

17：00　×××市长赴高铁站。

17：20　乘高铁××××次返回，请市政府副秘书长×××到高铁站送行。

四、工作分工（以市级接待为例）

（1）市接待办负责活动的组织协调和领导陪餐的安排落实。

（2）市政府办公厅×××处负责座谈会的组织落实。

（3）市规划局、环保局、新区管委会、建委、交通委负责考察点及相关资料的落实。

（4）市委宣传部负责活动的新闻报道。

（5）市公安局负责安全及交通疏导工作。

五、附件部分（包括背景材料）

例如：

××市考察团人员名单（略）。

××市陪同人员名单（略）。

有关背景材料（略）。

第五节　接待手册的制作

公务接待方案签发后，除正式文稿用于文件处理外，为了方便携带和使用，根据惯例和要求，接待方案通常制作成手册形式。“手册”通常有两种形式：一种是主要供来宾使用的，如“工作安排”“日程安排”“接待安排”或“接待方案”等；一种是供接待工作人员使用的，如“接待工作实施细则”“接待工作实施方案”等。接待方案与接待手册二者的核心内容是一致的、统一的。但是，接待手册的内容更为详细、具体、全面。如果作为一种公文写作处理的话，接待方案是例行程序、重在行文，接待手册则便于使用、重在落实。由于每次接待任务的对象不同、性质不同、任务主题不同、目的要求不同、时间长短不同，所以接待手册的内容与形式也不尽相同。接待手册主要有文本式、折页、单页等。文本式适用于大型或综合性的接待活动；折页、单页适用于小型单一的接待活动。以文本式（装订本）为例，接待手册主要包括以下几个部分。

一、封面

接待手册的封面主要包括以下内容。

（一）接待手册的名称

目前，接待手册的名称名目繁多，如接待指南、接待安排、日程安排、行程安排、接待方案、工作安排、接待服务手册、接待工作手册、活动手册、活动安排等，这在一定程度上影响了接待工作的规范化。

接待手册的名称反映了接待任务的性质、工作要求和礼仪要求。它主要有以下几种情况：

（1）接待上级领导同志的接待手册，称为“工作安排”，如《××领导同志在×视察工作安排》。

（2）接待兄弟省、市党政代表团的接待手册，称为“活动安排”，如《××市党政代表团在×考察活动安排》。

（3）接待港澳台高访团的接待手册，称为“接待方案”，如《香港×××先生一行在×参访接待方案》。

（4）大型活动的接待手册，称为“活动方案”。

（5）一般接待任务的接待手册，称为“日程安排”。

重要或大型任务除了制定接待方案外，还要制定“接待实施细则”。“接待实施细则”是对接待方案内容的细化和对接待环节细节的具体落实，往往也制作成手册的形式，如《××领导同志在×视察接待实施细则》。“接待实施细则”一般仅供有关领导和双方接待工作人员内部使用，而“接待安排手册”则是发给来宾使用的，其内容较为精练。

（二）接待任务起止时间

日期时间要使用阿拉伯数字，要用括号括起来。位于标题正下方。

例如：（××××年××月××日—××月××日）

（三）接待手册编号

例如：

（1）JD2018001（接待）

（2）SW2018001（市委）

（3）ZF2018001（政府）

编号位于手册左上方。

（四）密级和保密期限

根据涉密程度分别标注“绝密”“机密”“秘密”和保密期限（密级位于手册封面右上方）。绝密用于一级警卫接待任务，主要接待对象为中央政治局常委；机密用于二级警卫接待任务，主要接待对象为中央政治局委员、全国人大常委会副委员长、国务委员；秘密用于三级警卫接待任务，主要接待对象为最高人民法院院长、最高人民检察院检察长、全国政协副主席、中央军委副主席、中央军委委员。凡涉密的接待手册封面、封底多为红色；一般接待工作手册多为浅黄色或其他颜色（以本地标志性建筑或自然风光为封面背景的，最好用于政务接待之外的公务接待活动，如招商引资等）。接待手册要装帧精良，设计科学，朴素大方，方便实用。

（五）落款

如×××接待办公室［一般不以中共××省（市）委、××省（市）人民政府名称落款］。如果有些地方未设“接待办公室”，则以“办公厅”的名义落款，如中共××省（市）委办公厅、××省（市）人民政府办公厅。

（六）规格

常用规格主要有以下两种：

（1）10厘米×14.5厘米。

（2）10厘米×17.5厘米或9.5厘米×17厘米。

二、目录

例如：

一、××一行人员名单……………………（ ）
二、××省陪同人员名单…………………（ ）
三、××市陪同人员名单…………………（ ）
四、日程安排………………………………（ ）
五、乘车安排………………………………（ ）
六、食宿安排………………………………（ ）
七、省、市、县情况及视察点简介………（ ）
八、天气预报………………………………（ ）

九、有关人员联系方式…………………………（ ）

三、人员名单

例如：

一、××一行人员名单（××人）

（一）陪同（随行）人员（××人）

（二）工作人员（××人）

（三）记者（××人）

二、××省陪同人员名单

三、××市陪同人员名单

注：接待上级领导时，方案中地陪领导只称陪同人员，不称陪同领导；接待同级时，地陪领导可以称为陪同领导。

四、日程安排

日程安排是接待方案最为重要的部分，也是核心部分。日程安排包括整个活动的内容及流程，如时间地点、迎送陪同、会见会谈、工作汇报、工作餐叙、座谈交流、项目考察、路线设计、停车位置、活动衔接、统筹各方等。它是执行任务的路线图和活动指南，各项活动均要靠日程安排来穿插落实。科学的日程安排是整个接待任务顺利实施、圆满完成的重要保证。日程安排在形式上要做到简洁而不简单，内容上要务实而不务虚，节奏上要体现各级领导同志转变工作作风的新要求，文字表达要准确、规范。

五、乘车安排

编制“乘车安排表”。按照轻车简从要求，合理使用车型，尽可能安排集中乘车，严格控制随行车辆。

六、食宿安排

根据任务需要，编制“食宿安排一览表”，内容包括单位、姓名、职务、房间号、房间电话号码、餐厅名称、会议地点、作息时间等（见表2－1、表2－2）。食宿安排要按中央规定执行，同时考虑任务性质、工作需要、生活习惯和来宾要求。

需要注意的是，如果主人陪同客人活动需要安排房间休息，房间的标准应一致。如果条件有限，房间标准不一致，则应按先宾后主进行房间安排。

表2－1　　乘车、食宿安排

姓　名	乘　车	住　房	就餐地点

表 2－2　　　　　　　　　　**食宿安排**

姓　名	××宾馆	
	住房号	就餐地点

七、相关资料

例如，省情、市情、区（县）情、党政主要领导资料，视察点、考察点、参观点简介，项目介绍，人物简历等。

八、天气预报

天气预报：一般为三天。

九、服务信息

（1）下榻酒店电话使用办法。

（2）工作人员联系电话。

（3）备忘录，2～3 页即可。

十、接待任务手册的发送

（1）按任务涉及单位和领导确定发送范围。

（2）一般情况下发送给本地陪同人员、来宾及工作人员、相关机构秘书长（或副秘书长）、相关机构办公厅（室）等。

（3）由专人第一时间发送到有关单位和领导，并履行签收手续。

第六节　每日接待工作流程及要求

每日接待工作流程及要求，是指根据接待方案、日程安排就每天不同的工作任务制定出不同的工作流程并提出相应的工作要求和注意事项的细化方案。如：

××月××日接待工作流程及要求

一、负责人：×××　×××××××××

×××　×××××××××

×××　×××××××××

二、接待流程：（略）

参见日程安排实施细则。

三、接待要求：

指对当日接待任务不同的活动内容，提出相应的任务要求和注意事项。如，视察点、考察点、参观点的要求，接待宾馆的要求，讲解员、服务员的要求，环境卫生、安全保卫、时间把握的要求等，并将每项工作任务落实到具体人员。

第七节　完成接待任务后的主要工作

一、费用结算与管理

认真审核费用情况，及时填写国内公务接待清单（见表 2－3），按规定和程序进行费用结算。

二、搜集整理接待相关资料

包括：任务前期准备阶段，如机要传真、值班报告、公函、任务批件、领导批示、人员名单、活动预案及要求、接待服务事项、接待方案（包括电子版和纸质版）等；任务实施阶段，如住宿安排、用餐安排（执行菜单、席位安排）、日程安排等；任务收尾阶段，如相关新闻报道（文字、图片）、来宾对本地的评价等。

任务实施过程中，如果接待方案有调整变化（日程时间和内容变更、行程调整、考察点位增减、陪同领导调整等情况），接待人员应在任务结束后及时将接待方案

表 2 - 3　　　　　国内公务接待清单

<table>
<tr><td>来函单位</td><td colspan="2"></td><td>经 办 人</td><td colspan="2"></td></tr>
<tr><td>主要来宾</td><td colspan="2"></td><td>公务类型</td><td colspan="2"></td></tr>
<tr><td>时　间</td><td colspan="5">年　月　日—　月　日</td></tr>
<tr><td>场　所</td><td colspan="5"></td></tr>
<tr><td colspan="2">来宾人数</td><td colspan="3">陪同人数</td><td>合计</td></tr>
<tr><td colspan="2"></td><td colspan="3"></td><td></td></tr>
<tr><td>工作餐费</td><td>车费</td><td>会议室费</td><td>工作人员费用</td><td>其他</td><td>合计</td></tr>
<tr><td></td><td></td><td></td><td></td><td></td><td></td></tr>
<tr><td>其他事项</td><td></td><td></td><td></td><td></td><td></td></tr>
</table>

注：因任务需要安排的工作用房未列入。

进行补充完善，形成最终执行稿一并存档。

三、任务总结

认真总结接待工作经验和存在的问题，提出改进和做好接待工作的建议。必要时应将任务执行情况形成书面材料向领导报告。

第八节　接待方案常用词语

一、词

年、月、日、时、分、上午、下午……

早餐、午餐、晚餐、自助餐、工作餐、陪餐、宴会、宴请、乘（飞机、火车、汽车、船）、乘坐、抵、抵达、于、与、之后、行驶、航班、车次、在、从、离、离开、返、返回、返抵、赴、前往、迎接、送行、继续、莅临、下榻、午休、陪同、考察、调研、视察、座谈、会见、会谈、合影、签约、出席、工作交流、参观、访问、活动、介绍、日程安排、了解、项目、情况、参加、主持、讲话、致辞、驻地、考察点、迎宾馆、宾馆、酒店等。

二、短句

从……乘（飞机、火车、汽车）前往……

抵达……机场，乘车前往……

抵达……，视察 ……

抵达……

返回……

前往……

在……迎接

乘（飞机、火车）抵达……机场，×××、×××等同志，于××时××分前抵达……机场迎接，之后乘车前往……

抵达……，在……出席……活动

视察……，了解……，与……活动

视察（考察）……项目，了解……情况

第九节　起草接待方案需要注意的几个问题

一、政策性

（1）符合中央精神和政策规定，讲究政治规矩。礼宾、礼节、礼仪安排符合中央规定，要将政治意识、政治规矩贯穿于接待任务的全过程，在政治中把握接待，在接待中体现政治，防范和规避政治风险，确保公务接待任务的政治安全和生活安全。

（2）坚持有利公务、务实节俭、严格标准、简化礼仪、高效透明、尊重少数民族风俗习惯的原则，加强接待工作方案的审核把关。

二、权威性（指导性）

方案一经批准，就具有了行政刚性约束力和执行力，通常情况下任何单位和个人，均无权改变方案内容（包括行程）。如要变更方案内容，则应按程序办理。按程序办理就是不越级、不越位上报和擅自沟通。对于批准后的接待方案不能搞“选择性执行”，更不能打折扣、搞变通、“塞私货”。

三、可操作性

（1）符合任务主题要求（考察的项目具有代表性、可推广、可示范、可复制、要管用）。

（2）符合当地实际情况，要“接地气”。

（3）要素齐全，即涉及本次接待任务的要素要齐全。并对主要要素进行专项安排。如迎送、陪同、会见、座谈、陪餐、住宿、就餐、乘车、场地安排等。每个要素都有工作准备（项目准备）、工作流程、工作内容、礼宾安排、工作要求和工作分工。要做到方案内容“零疏漏”、工作衔接“零缝隙”、接待安排“零失误”、工作联系“零盲区”。

四、预见性

把握公务接待工作的规律和特点，正确认识接待工作“变与不变”的辩证关系。不变是相对的，变是绝对的；计划是相对的，调整计划是绝对的。既要以变应变，也要以不变应万变。坚持原则不教条，灵活应变不违规。在制定和落实接待方案中，能够根据来宾临时提出的新要求（或者临时改变行程）和新情况，科学安排，及时调整活动内容，实现来宾的工作意图和工作要求。坚持问题导向，对可能出现的一些情况能够提前预判并做出预案（要准备两套甚至多套接待预案）。对来宾关心什么、了解什么、希望什么、期待什么，要有思想准备，做到心中有数。尤其是对一些新的考察主题要提前谋划，早做准备。要充分考虑天时、地利、时间、环境、道路、气候、电力、交通、人员、项目、内容等因素，以变应变，以不变应万变，做好危机处理。“一切尽在掌握之中”，提高控制力。为此，平时应做好以下几项基础性工作。

(1) 建立全市宾馆、酒店、风味小吃数据库；

(2) 建立全市（分主题、分行业、分系统、分区域）公务考察点资料库（包括考察路线、项目近况、企业现状、社区现状等资料，定期更新、发掘补充）；

(3) 建立全市、全省乃至全国的接待资源信息库；

(4) 建立区域性公务接待联络员制度。

做好上述工作，以备应急。需要时，可随时调出筛选，以便领导及时做出决策，有效提升公务接待工作质量和效率。

五、规范性

（一）结构设计规范

接待方案已经形成了基本固定的格式：

一是以时间为序，纵向展开（称为递进结构或纵向结构）。

二是以任务分工为序，横向安排（也称为并列结构或横向结构）。

这两种结构经常交替穿插使用，可做到安排紧凑、衔接得当、层次分明、段落有序。

另外，还有一种是以不同颜色区分不同的任务板块。

（二）语言表述规范

用语庄重准确，严谨精练。接待方案属于工作部署，通常使用祈使句较多，即要做什么、怎么做等。如果是汇报工作，陈述句就多。接待方案不使用感叹句、疑问句，通常也不使用修辞手法（如拟人、比喻、夹叙夹议、用典、对比、抒情等）。接待方案不是讲稿，不需要感染力、号召力，但需要执行力。

（三）书面规范

接待方案由定稿转化为正式文本的过程，称为印制。印制出来的接待方案（手册）是最后文本，代表本级党委政府（或单位、部门）和主要领导同志的政策水平、接待理念、工作思路和集体意志，必须保证质量。

（1）文面整洁、美观，每一段末尾一般不使用标点，而采用标题式结尾。

（2）内容准确，无错别字。校对内容包括数字、页码、日期、时间、姓名、职务、性别、民族、单位、落款等；校对要以原稿为准，除明显错别字外，不随意改动。校对一般要做“一校一读”，即两人先对照原稿唱校一次，再一人细看一遍。对于重要方案，要坚持“两校一读”和“两校两读”。印出大样、确认无误后，方可付印。

（3）专人起草，负责到底。

（四）礼宾程序规范

重要的公务活动礼仪，一般要设计礼宾程序，如迎宾程序、送宾程序、会见程序、会谈程序、座谈程序、签约程序、陪餐程序（礼宾次序、席位安排）等。

为客人提供的接待手册要用标准格式打印装订，外形美观，便于查阅和携带。重大接待任务工作人员使用的接待手册要方便联系和使用，分解的职责、任务和要求要清晰、具体，责任到人。

六、针对性

针对性主要表现在两个方面。

其一，方案工作安排符合来宾考察意图和工作要求，有利于当地党委政府做出重大决策部署。有针对性地推荐和选择考察点，做到项目选择、路线设计、现场组织、座谈交流、工作汇报、看望、合影等环节都要有针对性，防止“点”不对题、偏离考察主体或者考察点已过时的情况发生。

其二，方案生活安排符合来宾生活习惯。不同的任务有不同的工作要求和生活要求，即便是相同的任务主题，由于人员结构的不同，在安排时也要有所区别，体现人文关怀，根据来宾的个性化需求，提供个性化定制服务。所谓个性化定制服务，就是在接待服务中对待来宾要既有共性原则，又有个性服务，既有所同，又有所不同。相同的是工作规范、质量标准，不同的是量身定制、因人而异、因时而异、细节区别、差异化服务，在共性服务中体现个性。如有的来宾不喜欢软床垫、软枕头，有的来宾患有“三高一低”的疾病，有的南方来宾不适应北方干燥气候等，这些情况都可以提供个性化的定制服务或者专属特殊服务。尤其是涉及民族习惯、宗教信仰、宗教活动时，更应注意接待服务的针对性和特殊性，必要时要请教有关方面的专业人士。

要心存敬畏，做到精准接待，不能有“大概”“差不多”“基本上”“也许是”“可能是”“在路上”“快到了”等模糊的或模棱两可的词语，以及大而化之和想当然的态度。要“原汁原味”，不能“添油加醋”、主观臆断。主观臆断对于接待工作是大忌。要避免粗枝大叶，重视细枝末节，于细微之处见精神，在细节之间显水平，将细节管理贯穿于接待任务的全过程。接待工作无小事，接待工作出不起事，不出差错是最低要求，也是最高标准。重要接待任务要求万无一失，一旦出了问题，就很可能“一失万无”。所以，有些失误不是工作质量“好”与“差”的问题，而是工作结果“成”与“败”的问题。没出差错，再大的事都是小事；一旦出了差错，再小的事都是大事。

差错往往是在人们意想不到的情况下发生的，而意想不到的情况在接待工作中随时都有可能出现。例如，职务、性别、民族、单位、时间、地点、行李、席位等接待要素，都要准确无误。另外，对于首长或来宾交办的事宜，要做到事事记准确，件件有着落，次次有回音。细节决定成败，关键在于落实。接待工作无小事，既是工作要求、工作态度，又是优良传统和工作作风。服务质量是接待工作的生命，粗糙的服务是接待工作之大忌。

七、保密性

（1）严格控制发放范围。

（2）严格控制印刷份数。

（3）严格执行用后收缴（按规定做好登记、签收、传递、回收处理工作，在涉密接待方案印制过程中，不允许无关人员接触，接待手册的发放由专人负责，不准代签代领）。

（4）涉密电脑，严禁与外网（国际互联网）相连。

（5）严格涉密 U 盘的管理和保存。

（6）严禁用微信、QQ 传递涉密信息和方案资料（非涉密接待活动也应谨慎使用）。

必须使用移动电话时，一律以代号称呼，并不得涉及核心内容。

(7) 严格内部资料、内部信息管理。

另外，重要领导同志的出行日程、方案、驻地、饮食习惯、身体状况、个人爱好等均属于机密或秘密范围。

综上所述，一套科学的公务接待方案，不仅体现出制定者对公务接待方针政策的理解和把握，也反映出当地主要领导同志工作思路、工作方法、政策把握、接待艺术等方面的睿智。接待方案制定与写作的总体要求，可以概括为以时间节点为主线，以任务内容为主体，以接待流程为保障，以相关资料为支撑，体现领导意图，满足来宾要求，符合任务主题，操作具体可行。做到结构完整，要素齐全，准确无误，安排科学，简明扼要，行文规范。只有这样，接待方案才能更好地发挥接待任务行动指南的作用。

随着科学技术的发展，“大数据”“云计算”“智能制造”“互联网＋”等也开始应用于党政机关公务接待工作，有些接待部门已经着手接待工作“云平台”开发和建设（也就是通过信息网络平台，将接待工作的各个环节、各个要素设置为统一、互联的电子模块，如机构职能模块、制度规定模块、业务流程模块、礼宾接待模块、车辆管理模块、考察项目模块、宾馆酒店模块、会议场馆模块、机场车站模块等，使之标准化、程序化、信息化、智能化、网络化）。建成后的“云平台”，接待人员只需要将接待要素输入系统，即可自动生成标准的接待方案，并可对方案进行实时修改、审批、查阅、跟踪、归档等多种功能操作，其必将在促进公务接待能力提升、服务提质、办事提速、工作提效等方面发挥更大的作用。

第十节　公务接待方案（手册）参考文本

文本（一）

JD2018001

密　级

×××领导同志在×视察工作安排

（××××年××月××日—××日）

×××接待办公室

目　录

随行人员名单

（××人）

一、陪同人员（××人）

×××　×××××××、×××××

×××　××××

（下略）

二、工作人员（××人）

×××　×××××××、×××××

×　×（女）××××

（下略）

三、记者（××人）

×××　×××××××

×××　×××××××

（下略）

××省陪同人员名单

×××　　　××××、×××××××××

×　×　　　×××××、××

×××　　　××××、×××××

×××　　　××××××

×××　　　×××××××、××××××

（下略）

日程安排

××月××日（星期×）

上午

08：00　乘××××次航班抵达××机场。×××、×××、×××等同志于07：00前抵达××机场迎接，之后乘车前往××视察（行驶约30分钟）

08：30　视察农业综合开发示范区，了解水稻种植和生产情况，与现场群众和稻田管理技术人员交流（时间约30分钟）

09：00　乘车前往××乡党委（行驶约20分钟）

09：20　在××乡党委与乡、村干部和村民代表座谈（时间约40分钟）

10：00　乘车前往××市委党校（行驶约20分钟）

10：25　抵达××市委党校，在行政楼二楼会议室出席××市委常委班子专题民主生活会（会议时间约1小时40分钟）

会议由×××主持

会议议程：

1.××市委书记代表市委常委班子进行对照检查并汇报市委常委个人对照检查及开展相互批评的情况（25分钟）

2.××省委督导组组长对专题民主生活会

情况进行评价（10分钟）
3. ××巡回督导组组长对专题民主生活会情况进行评价（10分钟）
4. ×××做重要讲话
5. ××省委书记×××做简短表态发言（5分钟）

12：00 午餐

下午

15：00 乘车前往××市××试点项目（行驶约40分钟）

15：40 视察××试点项目，了解××机制创新情况（时间约40分钟）

16：20 乘车前往××项目（行驶约15分钟）

16：35 视察××项目，了解××建设情况（时间约40分钟）

17：15 乘车前往××有限公司（行驶约20分钟）

17：35 视察××有限公司，了解××项目企业自主创新情况，与现场职工简短交流（时间约30分钟）

18：05 乘车返回××市××宾馆（时间约25分钟）

18：30 抵达××市××宾馆，晚餐

××月××日（星期×）

上午

08：20 早餐

08：55　乘车前往省委（行驶约5分钟）

09：00　在省委办公楼×层会议室召开省委省政府工作汇报会，请×××主持并做重要讲话，由×××同志汇报

11：00　乘车前往××机场（行驶约30分钟）

11：30　抵达××机场

11：40　乘××××次航班，离开×地，前往×地

乘 车 安 排

1 号车：（　人）

××× ××× ××× ××× ×××

××× ××× ××× ××× ×××

××× ×××

××× ××× ×××（当地陪同）

2 号车：（　人）

××× ××× ××× ××× ×××

××× ××× ××× ××× ×××

××× ××× ××× ×××

××× ×××（当地陪同）

3 号车：（　人）

××× ××× ××× ××× ×××

××× ××× ××× ××× ×××

××× ××× ××× ××× ×××

××× ×××

行李车：1 辆

备用车：1 辆

注：有些任务还要写明驾驶员姓名、车牌号和车型。

食宿安排

（××宾馆×号楼）

姓名	住房号	就餐地点

备注：××宾馆总机××××-××××××××，内线电话同房号，外线请先拨“×”，问询请拨“×”。

注：在两个或两个以上地方就餐住宿时，食宿安排也可以合并在一张纸上。

省、市、县情及视察点简介

（略）

天气预报

××月××日

××：小雨，12～16℃

××月××日

××：多云，10～16℃

有关人员联系方式

×××	×××××××	139××××××××
×××	×××××××××	136××××××××
×××	×××××××××	138××××××××

记　事

文本（二）

JD2018002

密　级

×××领导同志在×视察工作接待实施细则

×××接待办公室

××××年××月××日

日程安排

××月××日　星期×

上午

×××、×××、×××、×××全程陪同××一行在×活动，×××只陪同×日上午在×活动。

08：30　×××、×××、×××、×××从市委办公楼前统一乘车，前往×中心迎接××一行

职责分工：××办负责安排和报告市领导，备中轿车一辆，通知新闻单位记者（文字、摄影、摄像）

责任人：×××　××××××

136××××××××

09：00　××一行从××宾馆出发，乘车前往×中心（行驶约30分钟）

路线：××宾馆→××路→×××路→××路→××××路→××路→×中心

09：30　视察×中心（时间约40分钟）

停车点：×中心门前

迎接人：×××、×××、×××、×××、×××

汇报人：×××

视察顺序：（略）

欢送：在×中心门前挥手告别

职责分工：××单位负责安排在×中心有

关活动

责任人：××× ××××××

137××××××××

备注：×××乘1号车，×××、×××、×××、×××乘坐原车陪同视察

10：10 从×中心出发，乘车前往×区×办事处×社区（行驶约10分钟）

路线：×中心→××路→××路→×××路→×社区

10：20 视察×区×办事处×社区（时间约50分钟）

停车点：×社区东门小广场

迎接人：××× ×××区长

××× ××区××路办事处党工委书记

汇报人：××× ×社区党支部书记

视察顺序：（略）

欢送：在×社区东门小广场与××一行挥手告别

职责分工：××区负责安排×社区的有关活动

责任人：××× ××区长

138××××××××

备注：×××、×××、×××、×××、×××在此欢送××一行

11：10 从×社区出发，返回××宾馆（行驶约30

分钟）

路线：×社区→××路→×××路→××路→××××路→×××路→××宾馆

（下略）

××领导同志一行人员名单

（略）

××省陪同人员及工作人员名单

（略）

××市陪同人员及工作人员名单

（略）

领导参阅附件

1. ××市情简介
2. ××市××工作基本情况
3. 国家××工作要点
4. ×中心基本情况
5. ××区情简介
6. ××社区简介
7. ×××同志简介及有关新闻报道

文本（三）

JD2018003

×××先生一行在×参访接待方案

（××××年××月××日—××日）

×××接待办公室

目　录

人 员 名 单

×××先生一行人员名单

（略）

××部陪同人员及工作人员名单

（略）

××省陪同人员名单

（略）

××市陪同人员名单

（略）

接待方案

××月××日至××月××日，×××先生一行在×××等陪同下，来××参加××××活动，并到××、××、××参观访问，具体接待工作安排如下（包括礼遇规格、食宿交通、活动内容、日程安排、工作分工等）。

一、迎送、陪同

×××先生一行抵离××时，中共××市委常委×××、市委副秘书长×××、市台办主任×××、市接待办主任×××和有关人员前往机场迎送。

×××先生一行在××参访期间，×××、×××、×××和有关人员全程陪同。

二、食宿

×××先生一行在××食宿安排在××国际饭店，在××食宿安排在×××酒店，在××食宿安排在××饭店。

三、会见

××月××日 17：10，中共××市委书记×××会见×××先生一行。中共××市委副书记、市长×××，市政协主席×××，市委常委、市委秘书长×××，×××及×××、×××陪同会见。

四、宴请

1. ××月××日 18：00，中共××市委、××市人

民政府在××国际会议中心举行宴会，欢迎出席×××
×活动的各位来宾和×××先生一行。

2. ××月××日 18：30，中共××市委在××宾馆宴请×××先生一行。

五、宣传报道

市委宣传部负责记者安排、新闻采访、照相等有关事项。

六、安全保卫

市警卫处负责驻地、活动场所、道路交通等安全保障工作。

七、医疗保健

市卫生局负责食品卫生、医疗保健、突发事件救助等保障工作。

八、日程

日程安排

××月××日（星期一）

下午

13：10　下午乘××航班抵达××国际机场，乘车前往××宾馆（行程××公里，时间约××分钟），×××、×××和有关人员前往机场迎接

14：00　抵达××宾馆

14：20　午餐

16：10　乘车前往××新区

16：15　抵达××新区参观

17：05　抵达××国际饭店

17：10　×××书记会见×××一行

×××、×××、×××和×××、×××陪同人员参加

地点：××会议室

议程：1. ×××介绍主方参加会见人员

2. ×××介绍客方一行人员

3. ×××书记讲话（主方）

4. ×××主任讲话（客方）

5. 赠送礼品（客方先赠、主方回赠）

17：50　会见结束

18：00　出席欢迎晚宴

地点：××国际饭店宴会厅

19：00　乘车返回××宾馆

19：10　抵达××宾馆

××月××日（星期二）

上午

08：00　早餐

08：30　乘车前往××市（行程160公里，时间约110分钟）

10：20　抵达××市，参观××参观点

×××书记、×××市长在××参观点迎候

11：30　乘车前往××大酒店

11：40　抵达××大酒店

12：00　午餐

下午

14：30　乘车前往××集团（行程95公里，时间约60分钟）

15：30　抵达××集团参观

16：30　乘车返回××市（行程98公里，时间约60分钟）

17：30　抵达××大酒店

18：30　晚餐

×××、×××与×××一行共进晚餐

×××、×××和全程陪同人员参加

××月××日（星期三）

上午

07：30 早餐

09：10 乘车前往××国际机场（行程 40 公里，时间约 30 分钟）

×××、×××和有关人员前往机场送行

09：40 抵达×××国际机场贵宾室

09：55 乘××××航班返程

乘 车 安 排

（略）

食 宿 安 排

（略）

市情及参观点简介

（略）

天 气 预 报

（略）

有关人员联系方式

（略）

文本（四）

JD2018004

××市党政代表团在×考察工作安排

（××××年××月××日—××日）

×××接待办公室

目　录

××市党政代表团成员及工作人员名单

××× ××××、×××××××××

××× ×××××、×××

××× ××××、×××

××× ×××××××××

××× ×××××

××× ××××××、××××××

××× ×××××

××× ×××××

××× ×××××

…………

××× ×××××××××

××× ×××××××

…………

××市陪同领导及工作人员名单

×××　××××、×××××××××

×××　×××××、×××××

×××　×××××、××××××

×××　××××、××××××

×××　××××××（××日陪同）

×××　××××××（××日陪同）

×××　××××××（××日陪同）

×××　×××××、××××××

×××　××××××

×××　×××××××、××××××

×××　××××××××

×××　×××××××

×××　××××××

×××　×××××××××××××

×××　×××××××××××

×××　××××××

…………

日 程 安 排

××月××日（星期×）

下午

17：40　代表团乘××××次航班抵达××××国际机场，乘车前往××××酒店

（×××、×××、×××、×××同志，市接待办一位负责同志于××日 16：40 在市委办公楼前集体乘车前往机场迎接）

18：25　抵达××××酒店，入住×号楼、×号楼

19：30　出席××市委、市政府餐叙会

（地点：××××酒店××厅）

餐叙会由×××同志主持（主方市委副书记）

1. ×××同志致辞（主方市长）

2. ×××同志致辞（客方市长）

××月××日（星期×）

上午

08：00　早餐（地点：×号楼××厅）

08：30　出席两市经济社会发展座谈会，也可称为工作交流会（地点：××××酒店会议厅）

座谈会由×××同志主持（主方市委书记）

议程：

1. ×××同志介绍××市参加座谈会人员（主方先介绍）

2. ×××同志介绍××市参加座谈会人员（客方后介绍）

3. ×××同志介绍××市经济社会发展情况（主方市长）

4. ×××同志介绍××市经济社会发展情况（客方市长）

5. ×××同志讲话（客方市委书记）

6. ×××同志讲话（主方市委书记）

09：30　乘车前往××新区

（××市陪同人员：×××、×××、×××、×××、×××、×××、×××同志，市接待办、市警卫处各一位负责同志）

10：00　抵达××新区考察

1. 听取汇报并观看××新区建设宣传片和规划沙盘

2. 考察××新区国际会展中心

3. 考察国际艺术交流中心

4. 考察××社区

11：30　乘车返回××××酒店

11：55　抵达××××酒店

12：00　午餐（地点：××××酒店××厅）

下午

14：30　乘车前往×××集团有限公司

（××市陪同人员：×××、×××、××

×、×××、×××同志，市接待办、市警卫处各一位负责同志）

15：30　抵达××××集团有限公司考察

1. 观看录像

2. 参观总装车间

3. 参观实验中心

4. 产品展示

17：30　乘车前往××××酒店

18：20　抵达××××酒店

18：30　晚餐

（地点：××××酒店××厅）

20：30　乘车前往××××国际机场

（×××、×××、×××、×××同志，市接待办、市警卫处各一位负责同志到机场送行）

21：30　抵达××××国际机场

21：45　代表团一行乘××××次航班前往某地

乘车安排

1号车：（××人）

客方：×××　×××　×××　×××　×××　×××　×××　×××　×××

主方：×××　×××　×××　×××　×××（×××　×××）

2号车：（××人）

客方：×××　×××　×××　×××　×××　×××　×××　×××

主方：×××　×××　×××　×××　×××

3号车：（××人）

客方：×××　×××　×××　×××　×××　×××　×××　×××　×××　×××

主方：×××　×××　×××

食 宿 安 排

（略）

××市市情及考察点简介

（略）

天 气 预 报

（略）

有关工作人员联系电话

××市（客方）

×××	×××××××××	139××××××××
×××	×××××××××	139××××××××
×××	××××××	139××××××××

××市（主方）

×××	××××××××××	139××××××××
×××	×××××××	139××××××××
×××	××××××××	139××××××××

文本（五）

JD2018005

××市党政考察团赴××等地考察工作手册

（××××年××月××日—××月××日）

×××接待办公室

××××年××月

目　录

考察须知

1. 按照考察团安排参加考察期间的各项活动

2. 认真遵守考察团组织纪律、作息时间，有事请假

3. 执行酒店、机场、考察（相关）单位的有关规定，注意人身、财产安全

4. 注重仪容仪表、礼仪规范，男同志备白色短袖衬衫、领带，女同志备职业（套装），并自备其他生活用品

5. 携带身份证

6. 在座谈、考察学习时关闭手机（或设置在振动状态）

7. 集体乘车外出时，提前 10 分钟登车（工作人员提前 15 分钟登车，驾驶员提前 20 分钟到岗）

考察团成员名单

（共××人）

团长：中共××省委常委、××市委书记 ×××

副团长：××市委副书记、市长×××

成员：（略）

工作人员

（××人）

（略）

前 站 人 员

（××人）

（略）

考 察 内 容

（略）

日 程 安 排

（略）

出发及从机场返回乘车安排

一号车（××人）

×××　×××　×××　×××　×××
×××　×××　×××　×××　×××
×××　×××　×××

联络员：×××　联系电话：138××××××××

（下略）

考察期间乘车安排

一号车（××人）

×××　×××　×××　×××　×××
×××　×××　×××　×××　×××
×××　×××　×××　×××　×××
×××　×××　×××　×××　×××
×××

联络员：×××　联系电话：139××××××××

（下略）

人员分工

（一）×××、×××　负责考察团考察期间的总协调

（二）×××　负责书记的工作联系和服务

（三）×××　负责市长的工作联系和服务

（四）×××　负责人大常委会主任的工作联系和服务

（五）×××　负责政协主席的工作联系和服务

（六）×××　负责协调党委常委领导的工作联系和服务

（七）×××　负责考察期间的工作联系、后勤保障、接待服务工作

（八）×××、×××　负责安全保卫、车辆调配、管理使用

（九）×××、×××、×××

1. 负责与××、×××、××、××、××、××等地的联系

2. 负责考察项目的落实和日程安排

3. 负责食宿、宴请和会议室的安排

（十）×××、×××、×××

1. 负责考察材料的收集、整理，起草考察报告

2. 负责××、××、××、××、××、××等地出发前通知及收集行李、装车

3. 负责在××、××乘飞机前收集行李、托运、换登机牌

（十一）×××　负责考察期间的医疗保障等服务工作

（十二）媒体记者　按照分工做好考察期间的新闻报道工作

考察团成员、工作人员联系电话及行李编号

（略）

考察活动领导小组

（略）

考察学习分组名单

第一组：××人

组长：×××

×××　×××　×××　×××　×××

×××　×××　×××　×××

（下略）

考 察 要 点

（略）

各城市（考察点）情况简介、党政主要领导同志简历

（略）

有关城市天气预报

（略）

联　系　人

（略）

第三编

礼 宾 活 动

第三章　迎　　接

迎接是公务接待活动中最为常见的礼宾活动之一，也是公务接待一项十分重要的工作内容。可以说，迎接是整个公务礼宾接待活动中“第一时间、第一服务、第一印象、第一感觉”的工作。接待人员（有些大型活动设礼仪大使）的任务之一，就是代表本地党政机关领导迎接来宾。

第一节　规格确定

迎接涉及礼宾规格，对于国内公务活动中的礼宾规格，中央和各地党委、政府均有制度规定，不同的任务有着不同的要求。例如：

（1）中央领导同志抵达本地时，相应安排党委或人大、政府、政协对口秘书长到机场、车站、码头迎接，省（区、市）党委书记或省长（主席、市长）和其他省级领导在第一考察点迎接，至最后一个考察点送行，或在驻地迎接。迎接礼仪一切从简，不组织迎接队伍，不悬挂或张贴欢迎标语、横幅，不摆放花草，专机、专列前和考察点一律不得铺设迎宾地毯。

（2）中央国家机关副部级以上领导同志、外省（自治区、直辖市）副省级以上领导同志到来，参加陪同的当地领导在考察点或驻地迎接。

（3）兄弟城市市委书记、市长、市人大常委会主任、市政协主席及所带领的考察团来访，市委、市政府、市人大常委会、市政协秘书长迎接。兄弟城市副市级领导及所带领的考察团来访，一位相关副秘书长迎接。兄弟城市领导来访，秘书长或副秘书长和工作人员到机场、车站或码头迎接，乘汽车来访时，到入（出）高速路口引领，当地市领导同志在参观点、考察点或驻地迎接。

第二节　接机（车、船）

（1）确认来宾所乘航班（车次、船次）抵达时间、地点、人员，以及所乘等级和停靠位置。飞机：专机、公务机、头等舱、公务舱（商务舱）、经济舱（普通舱）；火车：专列、公务车厢、商务软卧、硬卧等；客船：一等舱、二等舱等；自带车：车号、车型、数量。

（2）协调机场（车站、港口）做好接待准备，安排应享礼遇。衔接好领导、工作人员、车队进站进机场、接站接机事宜，包括迎接人员出入机场（车站、港口）的身份证件、手续办理、摆渡车辆、休息厅的安排使用，以及提醒和催请事宜。

（3）确定接机接站位置。迎接地点通常设在舷梯、廊桥、贵宾室、站台、出口处等位置。

（4）备好通信工具及联络方式，确保通信联络畅通。

（5）协调落实前往迎接的领导及工作人员（服务人员视情况而定），安排集结出发地点、时间、路线、车辆（行李员和行李车、备用车）等事宜。确定当地主要领导的迎候时间和地点。

如果当地领导在驻地迎候，或在指定地点迎候，接到来宾时，则应及时向来宾或上级领导说明。

（6）来宾上车后，接待人员要与来宾随行的工作人员迅速对接清点人数，及时分发接待手册，并通知驻地接待人员和宾馆做好迎接准备。

第三节 迎 宾 站 位

公务接待活动中在客人抵达时，迎接客人的主要领导的站位主要取决于迎接的对象、规格、规模、性质、地点、场合、场面等诸多因素，不同的需要有着不同的迎接方式和站位要求。礼宾接待人员要事先向迎接领导同志说明其所站位置和有关礼仪细节。重要的外事接待任务有时还需要礼宾接待人员先行登机（火车、轮船）接请。

迎接通常会设在下列地点：

（1）交通工具停靠站，如机场、车站、码头等。

（2）来宾下榻处，如宾馆、酒店等。

（3）标志性场所，如广场、大厅等。

（4）会见、会谈活动地点，如办公大楼、会客厅、会议厅、宴会厅门前等。

（5）视察点，如机关、企业、社区、农村、部队等。

（6）其他指定位置。

迎宾线是指主人迎接客人、下级迎接上级时迎接人员所处的位置界限。迎宾线的设置应视需要而定，例如，冬天室内活动迎接时，迎宾线通常可以设在客人进门存衣之后，进入会客厅、休息厅或宴会厅之前的位置。

主要迎接领导或有关人员应提前站位于迎宾线指定地点迎候客人或上级领导。接待人员应主动引导迎接人员按礼宾次序就位。

一、主人迎接主宾时的站位

按照礼宾规则主左客右的要求，主人通常应在与客人见面握手后，面向记者（观众）时，或行走时呈“主左客右”的位置迎接客人（见图3-1）。

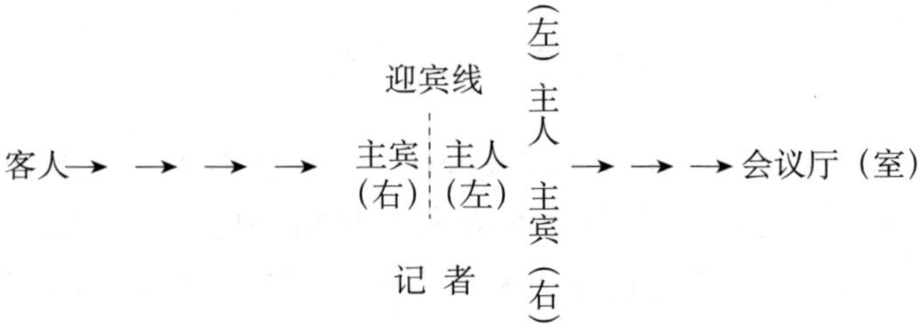

图 3-1

注：客人从相反的方向过来时，仍需遵守“主左客右”的规则。

二、列队迎接时的站位

迎接客人或领导同志时往往需要有关人员列队迎接。迎接人员列队时的站位朝向应为客人或上级领导同志所来方向的右侧（见图3-2）。

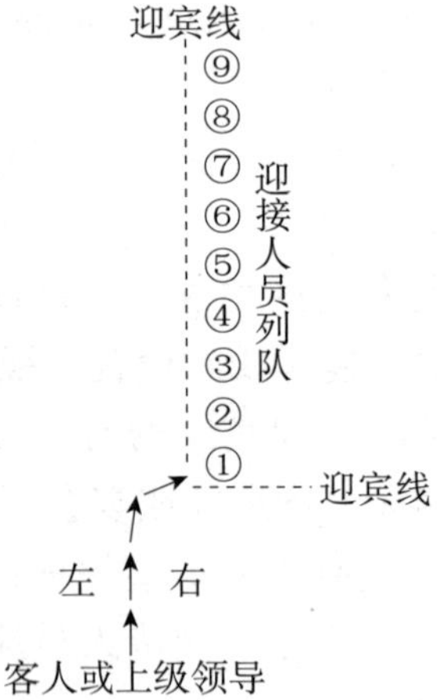

图 3-2

三、机场迎宾站位示意图

机场迎宾站位见图3－3、图3－4。

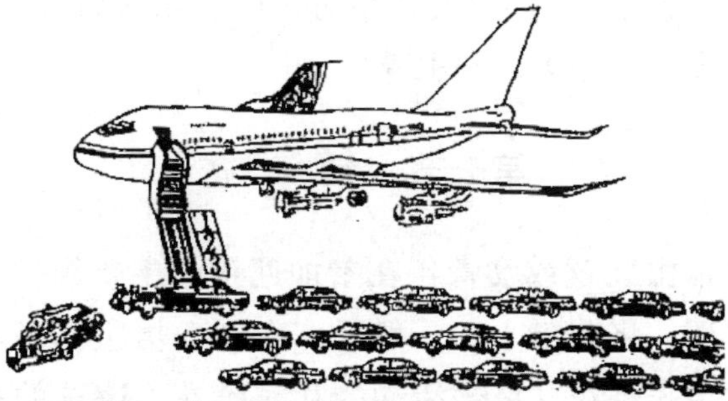

图3－3

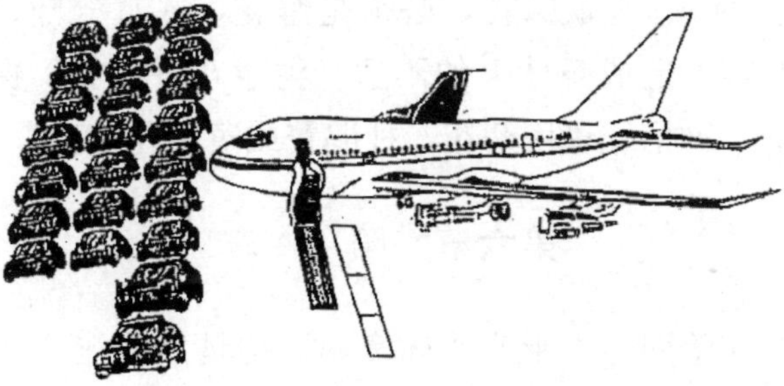

图3－4

资料来源：马保奉．外交礼仪漫谈．北京：中国铁道出版社，1996：34－35.

第四节　介　　绍

来宾与迎接人员见面时，互相介绍。通常先将前来迎接的人员介绍给来宾：先将下级介绍给上级，后将上级介绍给下级；先将主人介绍给客人，后将客人介绍给主人。

介绍时，可由接待工作人员介绍，也可以由迎接人员中职务身份最高者介绍。具体做法是，先提客方领导姓名职务，再介绍主方迎接领导姓名职务，如“刘市长，这是我市赵市长”。为人介绍时，应使用尊称，如官衔、职称、军衔、先生、同志等。

第五节　献　　花

通常由儿童或女青年在参加迎接的主要领导与客人握手之后，将花献上。一般是，女童向男主宾献花，男童向女主宾献花（重要活动的礼宾献花，遴选的献花儿童应品学兼优、仪表端庄、表达能力强，年龄在 9 岁至 10 岁为宜）。所献的花，必须是鲜花，并且气味、花粉不得对客人造成身体上的不适。注意花卉形状，保持花束整洁、鲜艳，忌用菊花、杜鹃花或黄色花朵。

第六节　陪　　车

主人陪同客人乘坐小轿车时，应请客人坐在主人的右侧。上车时客人从右侧门上车，主人从左侧门上车。如果客人上车后坐到了主人的位置上，则不必请客人挪动位置。上下车时，车门的开启通常由专人或由门童负责，接待办人员一般不要开启车门（特殊情况例外）。

第七节　引　　领

引路时，接待人员通常在来宾左侧面 1 米处与来宾前往。导向时，五指并拢以立掌方式指路。复杂路段引领时，接待人员应根据路况、环境等因素选择合适的站位和走位（道路安全的一侧留给来宾），并根据客人的走向随时调整自己的走位。帮提行李引领时，接待人员应使用外侧手提拿行李，在来宾侧前方行走。进门时，如果门是往里推的（内开门），接待人员推门先进，来宾后入；如果门是往外拉的（外开门），接待人员拉开门请来宾先进，接待人员后入。如果是旋转门应按照内开门操作，接待人员先进，来宾后入。

行进中，如果是主人陪同客人、下级陪同上级，通常应按照下列原则行走。

（1）坚持“以前为尊”的原则。

（2）坚持“以内（里）为尊”的原则。

（3）坚持双人行走“以右为尊”的原则。

（4）坚持三人行走“中、右、左”的国际惯例和“中、左、右”的中国惯例原则。

第八节　下榻住所

当贵宾车辆抵达宾馆时，宾馆要有适当的工作人员列队迎候并鼓掌欢迎。如是外宾，则由接待人员和宾馆总经理陪同到房间，陪同的我方领导同志在大厅与外宾握别；国内贵宾的引领入住则应根据情况而定（通常由接待办和宾馆工作人员负责引领至卧室）。

贵宾行李应由专人专车负责提取、运送和分发。及时清点行李件数，对照行李牌和住房卡，将客人行李送至房间。

如有必要，应在重要客人下榻宾馆设立重宾接待值班室。

附件（一）

参访团接机工作安排
（参考样本）

时间：××××年××月××日 15：30

地点：××××机场

负责人：××××接待办副主任

××××××机场管理有限公司办公室主任

一、接机人员

1. 国台办领导（名单略）。

2. 省委常委、秘书长×××和省政府副秘书长、省接待办主任×××、省台办主任×××、省公安厅副厅长、省警卫局局长×××、省接待办副主任×××及省台办、省接待办、省警卫局等有关人员。

二、接机车辆

小车：×辆

商务车：×辆

中巴车：×辆（客用车×辆，陪同车×辆，行李车×辆，备用车×辆）

（车辆组织由×接待办车队×××同志负责。）

三、××机场工作安排要求

1. 飞机停远机位，机场不安排讲话，不搞欢迎仪式。

2. 参访团成员均由前舱先下飞机，待参访团成员下完后，其他旅客从后舱下飞机。

3. 提前划分好接机人员列队区、车队停放区、行李车停放区、记者区，由机场工作人员引领。

4. 安排熟悉装卸行李业务的工作人员，参访团成员行李较多，××先生私人行李先下，随主宾车队同时到达宾馆。

5. 机场提供寄存行李处。

(以上事项由×××负责落实。)

四、工作流程及工作内容

14：40 出发

1. 上级部门领导由省委一位副秘书长陪同从某地下榻处前往机场（由×台办副主任×××同志负责落实）。

2. 前站人员于 14：40 前在省委北院集合，统一前往机场迎接（由×台办主任×××同志负责）。

3. ×××、×××、×××、×××同志于 14：30 从省委北院集中乘车前往××机场迎接。其余工作人员于 14：20 从××××宾馆出发，前往机场迎接（由×接待办×××同志负责）。

4. ××一行抵达时间、人员的变动情况由×台办主任×××同志负责。

15：15 抵达××机场

1. 接机车辆直接进入停机坪就位（由××机场×××同志负责）。

2. 接机的人员在机场人员引导下按区就位（由××机场×××同志负责）。

15：30 来宾乘××××航班抵达××机场

1. 接机人员在前舱舷梯口左侧列队，间距 0.5 米左右，站位顺序是：×××、×××、×××、×××、×××、×××、×××、×××、×××（由省接待办×××同志负责）。

2. ×××由××机场工作人员陪同上舷梯，进机舱与参访团沟通衔接（民航衔接由×××同志负责）。

3. ××先生下飞机，由×××引导依次介绍接机人员。

4. ×××引导××先生至车队旁，接待办××为××先生开车门（由省接待办××同志负责）。

5. 机场工作人员配合行李员快速卸运行李（机场工作人员落实由×××负责，行李员安排、车辆组织由省接待办×××同志负责）。

6. 清点人数后，车队由停机坪出发，前往×××宾馆（日程安排、房卡提前放在车内，主车内也放日程安排，省接待办×××、×××同志负责衔接）。

7. 车队行进时与宾馆的时间衔接由××同志负责。

8. 参访团人员行李在机场的寄存、接送等事宜由省接待办×××、×××同志负责，机场行李寄存地点确定由×××负责。

附件（二）

抵达宾馆时的迎接工作安排
（参考样本）

时间：××××年××月××日 16：10

地点：××××宾馆

负责人：×××　×接待办处长

工作流程及要求：

一、抵达酒店

1. 主宾车辆由随车人员开车门。

2. 引领人员引领主宾和我方陪同领导至房门前。

二、运送行李注意事项

1. 来宾行李随车队抵达，××××宾馆要安排行李卸运。

2. 全团行李车队到达宾馆，行李估计为 180～200 件，有的体积可能较大，××××宾馆要安排足够行李生和行李车。

3. 安排一名负责人与来宾行李负责人（××× 136××××××××；×××　135××××××××）核对行李件数，准确无误送至来宾房间。

第四章　送　　行

送行是接待活动的最后环节和收官之举，也是礼宾活动的重要形式。

送行时的工作程序、礼宾服务与迎接大致相同，同样要根据礼宾规格来安排。包括送行流程、送行方式、送别站位、送行领导、送行地点、送行车辆以及所乘航班号、飞机机型（是头等舱、公务舱，还是普通舱）；所乘火车人数、车次、车厢号、发车时间、目的地、停靠站台；是否正点，天气如何，机（车）票在谁手中，证件是否带齐，登机或乘车手续的办理、行李的托运是否有专人负责，是否需要使用贵宾室，需进入机场（站台）的车辆数及车号等等。并将上述有关信息提前通知机场或车站有关部门，做好接待工作（副国级以上海关免检，部级以上免安检）。

如果来宾的行李较多，要安排专人专车负责。确定行李统一集中的时间、地点，准确统计行李件数，并对每件行李统一配挂行李牌。行李车到达机场（车站），卸完行李后，接待人员还要仔细核查行李件数（无论行李提取，还是托运，都最好请对方派人配合），以防遗漏。

送行车辆应提前 15 分钟到达指定位置，并按车序排列。适量安排接待人员在客人驻地列队欢送。

一般客人送至候机（车、船）大厅即可。重要客人按规定送至舷梯（车厢、船舱）处，待飞机（车、船）启动后方可离开。

送行时，同样要有时间观念，要有风险意识，充分考虑未知因素。要留有足够的时间，“事前安排为主，事后措施为辅”，确保送行工作万无一失。

附件

参访团送行工作安排
(参考样本)

负责人：××× ×接待办副主任

××× ××××常委、秘书长

××× ××机场管理公司办公室主任

一、接待流程

12：00 午餐（参访团成员在×楼西餐厅，陪同人员在×楼中餐厅）

13：00 乘车前往××机场（行程××公里，时间约××分钟）

1. 送行人员：上级部门有关领导：×××、×××、×××、×××及接待办有关人员前往机场送行。

2. 机场联系和贵宾室确认由×××同志负责。

3. 引领人员引领主宾至主宾车前。

4. 主宾车辆由随车人员开门。

(以上事项由×接待办×××同志负责。)

13：40 抵达××机场

1. 车队由机场东门直接进入停机坪，在机场人员引导下按区就位（由×××负责）。

2. ×××、×××、×××、×××、×××、×××在舷梯旁列队送行。

(由×××同志负责。)

14：00　乘×××航班离开某地（15：10 抵达某地）

飞机滑行时，送行人员挥手欢送。

二、接待要求

1. ××酒店注意事项

（1）主宾行李要安排专人清点，准确无误后运送至行李车。

（2）全团行李数量较多，且有的体积较大，要安排足够行李生和行李车。

（3）安排一名负责人与来宾行李负责人（××× 136××××××××；×××　138××××××××）核对行李件数，准确无误送至行李车。

（4）行李车要提前两个小时到达机场。

(以上 4 项由×接待办×××同志负责。)

2. ××机场工作安排要求

（1）飞机停远机位，机场不安排讲话，不搞欢送仪式。

（2）参访团来宾均由前舱先上飞机，待参访团上完后，主宾再由前舱上飞机。

（3）提前划分好送机人员列队区、车队停放区、行李车停放区、记者区，并安排人员引领。

（4）行李到达机场后，机场工作人员协助办理托运手续并安排熟悉装卸业务的工作人员装行李。参访团来宾的行李较多时，请单独使用几个集装箱，最后上机。主宾行李随主宾车队到达机场，最后上飞机。

（5）安排贵宾室。

(以上事项由×××负责落实。)

第五章　乘　　车

第一节　车 辆 要 求

（1）一般任务车辆要在出发前15分钟准时到位，确保车况良好，车容整洁，车内整齐、美观，做到无灰尘、无烟灰、无蚊蝇、无异味。

（2）配备必要的季节性随车物品，包括矿泉水、雨伞、抽纸、湿巾、垃圾袋等用品。

（3）了解接待任务的日程安排及行车路线。客人下车考察时，驾驶员应在车上等候，并做好车辆的卫生清洁工作。任务结束时，要提醒客人检查各自的行李物品，防止遗漏。

（4）遵守道路交通规则，服从交通警察指挥，确保行车安全。

（5）热情礼貌，与客人交流时，除非客人主动问话，否则一般不主动插话。不在车内抽烟，不疲劳驾驶，不酒后驾驶。

（6）大型公务接待活动，车队应制作统一的车贴编号，贴在车辆的前后挡风玻璃适当位置。

第二节　座 位 安 排

乘车的座位安排应遵循双数以右为上、主随客便原则。具体座位安排如下。

一、小轿车

（1）小轿车的座位，如果由专职司机驾驶，以后排右侧为首位，左侧次之，中间座位再次之（由于接待活动中，此座基本不坐人，故在图中省略此位），前排司机右侧座位为末席（见图 5－1）。

小轿车
（专职司机驾驶）

图 5－1

注：当主人陪同乘车时，应请客人坐在主人的右侧。上车时，请客人从右侧门上车，主人绕到左侧开门上车，不可从客人座前穿过。如果客人先上车，坐到了主人的位置上，则不必再请客人挪位。

（2）如果主人亲自驾驶（非正式场合），以驾驶座右侧为首位，后排右侧次之，左侧再次之，而后排中间座为末席（见图 5－2）。

（3）涉外活动，汽车上国旗以汽车行进方向为准，驾驶员左手为主方国旗，右手为客方国旗。

二、面包车（商务车）

面包车以驾驶员座位的后一排（即第二排）为尊，

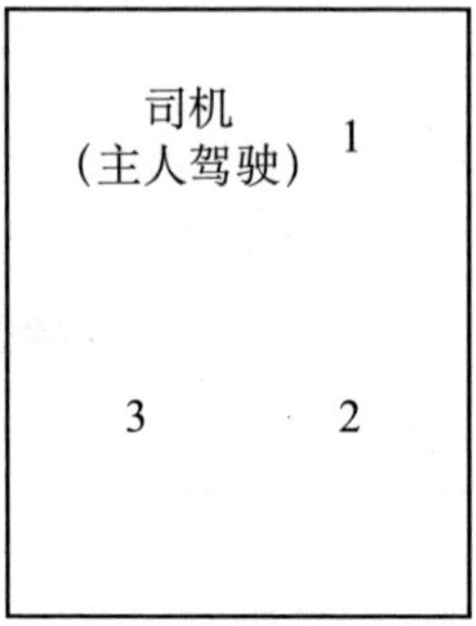

小轿车
（主人驾驶）

图 5－2

后排依次为小；其座位的尊卑为：右高左低，以此类推（见图 5－3）。

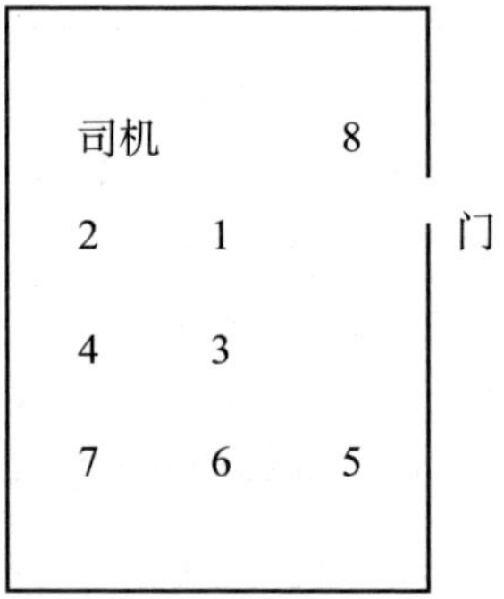

面包车

图 5－3

三、中轿车

乘坐中型或大型轿车时，通常应以距离前门（上下车门）的远近来确定座次，离前门越近，座次越高；各排座位“右高左低”（见图 5－4）。

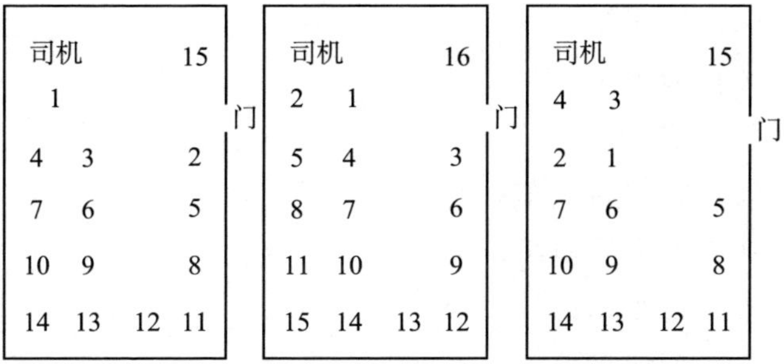

中轿车（1）　中轿车（2）　中轿车（3）

图 5－4

四、观光车（摆渡车）

观光车也是公务接待活动中常用的交通工具，主要用于参观考察、短途客人接送等。观光车的座位安排见图 5－5。

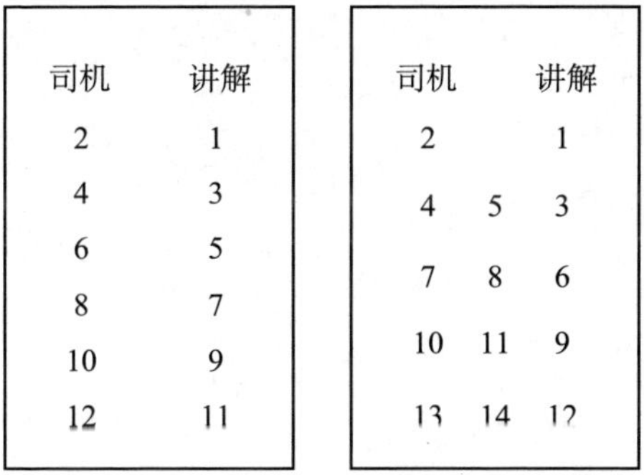

观光车（1）　观光车（2）

图 5－5

第三节　礼 宾 车 队

礼宾车队一般由以下车辆组成：

（1）开道车；

（2）礼宾车；
（3）指挥车；
（4）主车；
（5）中方后卫车；
（6）外方后卫车；
（7）备用车；
（8）配偶车；
（9）中方大使车；
（10）外方代表团用车；
（11）中方工作车；
（12）行李车；
（13）收尾车。

第六章　陪　　同

第一节　陪同规格

公务接待规格，也称公务礼宾接待规格，是指在公务接待活动中按照制度规定、标准和程序接待来宾。原则上接待对象决定礼宾规格。礼宾规格在公务接待活动中，主要表现在迎送、陪同、陪餐、会见、会谈、车辆、食宿、日程、警卫等方面的礼遇安排。下面就陪同中的规格问题做一介绍。

一、省级陪同

（一）陪同考察调研

（1）中央政治局常委同志到地方考察调研，中央和国家机关有关部门陪同人员一般不超过五人，省（区、市）陪同的负责同志一般不超过两人。由省（区、市）党委书记或省长（主席、市长）、一位分管负责同志陪同，省（区、市）党委书记或省长（主席、市长）可以一人全程陪同，也可以两人轮流陪同。根据工作需要，在个别考察点可视情况安排省（区、市）党委书记和省长（主席、市长）同时陪同。省直有关部门负责人在考察点迎候，如需全程陪同，不得带随员。

（2）其他中央领导同志到地方考察调研，中央和国家机关有关部门陪同人员一般不超过两人；省（区、市）由一位分管负责同志陪同，省（区、市）党委书记或省长（主席、市长）不陪同。

（3）中央领导同志到企业、农村、街道社区等基层单位调研，所在市（地、州）、县（市、区、旗）各安排一位党政主要负责同志陪同。

（二）陪同工作用餐

（1）陪同中共中央政治局常委、政治局委员、书记处书记、国务委员以及曾经担任中央政治局常委职务的老领导用工作餐，原则上由省委书记、省长、省委秘书长或一名分管省领导参加（两办另有要求的除外）。陪同曾经担任中央政治局委员、书记处书记、国务委员职务的老领导用工作餐，原则上由省委书记或省长，以及对应秘书长或一名省领导参加。

（2）陪同全国人大常委会副委员长、全国政协副主席、最高人民法院院长、最高人民检察院检察长用工作餐，原则上由省委书记或省长，省人大常委会或省政协领导，对应的秘书长或一名分管省领导，或省高级人民法院院长、省人民检察院检察长参加。陪同曾经担任上述职务的老领导用工作餐，原则上由一名对应省领导参加。

（3）陪同党中央部门主要负责同志用工作餐，原则上由省委书记、省委秘书长、一名分管省领导参加。陪同国务院部门主要负责同志及省（区、市）党委、政府主要负责同志用工作餐，原则上由省委书记、省长、省委秘书长或一名分管省领导参加。

（4）陪同其他省（部）级领导用工作餐，原则上由一名分管省领导参加。

二、市级陪同

（一）陪同考察调研

（1）中共中央政治局常委、中央政治局委员到来，市委书记、市长陪同视察。全国人大常委会委员长、全国政协主席到来，市人大常委会主任、市政协主席陪同视察。

（2）中央书记处书记、国务院副总理、国务委员到来，市委书记或市长和一位相关副市级领导陪同视察。

全国人大常委会副委员长、全国政协副主席到来，市委书记或市长陪同视察，市人大常委会主任和一位相关的副主任、市政协主席和一位相关的副主席陪同视察。

最高人民法院院长、最高人民检察院检察长到来，市委书记或市长和一位相关副市级领导、市中级人民法院院长或市人民检察院检察长陪同视察。

（3）中央国家机关、外省（自治区、直辖市）正部（省）级领导，国家有关部门组成的工作团组到来，市委书记或市长和一位相关副市级领导陪同。

（4）中央国家机关副部级、司（局）级，外省（自治区、直辖市）副省级领导到来，一位相关副市级领导陪同。

（5）省委书记、省人民政府省长到来，市委书记、市长、市委秘书长陪同。省政协主席到来，市委书记或市长和市政协主席陪同。省人大常委会常务副主任到来，市人大常委会主任陪同。

（6）副省级领导、省直有关部门组成的工作组到来，由一位相关副市级领导陪同。

（7）兄弟城市市委书记、市长、市人大常委会主任、市政协主席及所带队的考察团来访，市委书记、市长、市人大常委会主任、市政协主席分别陪同。

(8) 兄弟城市副市级领导及所带队的考察团来访，一位相关副市级领导陪同。

（二）陪同工作用餐

确定由市级领导陪同用工作餐的，原则上为陪同考察调研的市级领导同志（另有要求除外）。

第二节　陪同时的主要工作

接待办是接待任务的主要工作部门，除了制定接待方案外，还担负着全程陪同，随行服务，以及工作联系、协调各方的任务。陪同工作内容丰富，涉及接待任务的诸多安排，这里主要介绍一下接待办在陪同参观考察时应做好的几项工作。

一是确定联系人和联系电话，提前通知参观考察点，做好各项准备工作。

二是行车路线设计要展现城市建设发展面貌，原则上不走重复路线（可设计出 A、B、C 几种不同的路线）。

三是讲解员要按规定路线和规定时间进行讲解。

四是接待人员要及时向来宾介绍前来陪同的当地领导。

五是在参观考察过程中，陪同考察的前站（先遣）接待人员要提前 1 小时（具体情况，灵活掌握）先期到达参观考察点，对迎候领导、迎接地点、停车位置、行走路线、环境卫生等接待准备工作进一步落实和检查。接待对象到达参观考察点，进入参观考察程序并与有关接待人员对接后，前站（先遣）接待人员方可离开，按照规定程序前往下一个考察点。

六是当参观考察点的单位领导出面陪同时，接待人员要主动介绍双方领导的身份，并由接待单位领导陪同参观及介绍情况。离开参观考察点时，应主动向参观考察点的单位领导及工作人员表示谢意。

七是参观一个考察点的活动完毕后，要清点人数，确认到齐后，再前往下一个考察点。

八是关注活动进展，遇到问题，及时解决。

九是参观考察活动结束后，要注意搜集整理来宾对本地有关方面的情况反映、意见和建议，并及时反映给有关领导和部门。

第三节　陪同时的站位

陪同考察调研是公务活动中各级领导同志一项经常性的工作。陪同考察调研时的站位（席位）安排既是政治规矩、工作要求，又是礼仪要求。由于考察调研活动内容丰富、形式多样，不同的活动主题有着不同的站位要求，而且有些活动往往具有即时性和群体性，所以给参加考察调研活动的领导同志，包括陪同领导、考察调研对象的集体站位安排提出了较高的礼仪要求。陪同考察调研时的集体站位安排要把握好以下几个环节。

一是主要领导始终居于中心位置（或最佳位置）。

二是陪同的1、2号领导分别位于主要领导同志的左手位和右手位。

三是突出考察调研对象（突出地陪、突出基层）。

四是家访时座位安排注意主客位置（一是主左客右安排；二是主要领导同志居中安排）。

陪同考察调研时的站位安排所涉及礼节主要有以下几点。

一、行进时的位置

行进中主要领导居中，地陪领导分居左右。如有专业人员介绍情况，则专业人员在前，地陪领导稍后，边走边介绍。如是两人并肩同行，则主要领导居右侧，陪同人员居左侧。

二、现场考察站位

主要领导居中、居前。其他人员的站位有两种情况。第一种情况是参加人员均为考察调研成员，其站位按职务高低，分别站在主要领导的左手位和右手位，并稍后于主要领导（一步距离），以突出前者。其他人员根据工作需要分别居于其后或边位。第二种情况是参加人员除考察调研成员外，还有地陪人员，这种情况的站位也是根据工作需要而定。通常是主要角色在前（如听地陪领导汇报、听专业人员介绍讲解、与基层一线人员交谈），次要角色稍后。其他陪同人员再往后或站于边位。

站位时，主要领导往前，地陪领导（1～2名）位居其左右两侧（随时回答主要领导的询问）。

另一种情况是按照主客关系进行礼仪行走或站位，规则是“主左客右”。主要用于党政机关各类代表团相互间学习考察时的礼宾站位，即东道主主要领导居左、客方主要领导居右，并在位置上适当前突。其他人员按照职务级别，高者靠前、靠中，低者靠后、靠边。

三、考察座谈位置

考察调研期间召开的座谈会一般也分两种情况：

一种是上下级领导工作性质座谈。其席位按上下级关系安排，即上级领导位于面门一侧（或背靠主席台），下级负责同志位于背门一侧（或面向主席台）。座位按居中为上，先左后右排列（此种安排也可用于工作汇报）。

另一种是亲民式的民间座谈交流，形式相对灵活。其席位安排重在突出一线人员（企业、农村、街道社区等基层单位代表），重在深入群众，使基层群众代表与领导同志更近距离地接触与交流。在座位安排上，主要领导居中，并在主要领导左右安排一线人员（人数视情况而定，通常1～3名为宜）。然后是地陪主要领导左右各一位。其他一线人员按顺序依次就座。参加考察调研活动的有关领导的座位可安排在边位，旁听情况。

四、家访就座位置

领导同志在家访中的座位安排主要有两种方法：第一种是按照“主左客右”来安排，即家庭主人坐在主要领导左手位，主要领导坐在家庭主人的右手位。第二种是主要领导居中而坐。

考察调研时的站位安排要因时、因人、因事、因环境等因素制宜。既坚持规则，又相对灵活，有利公务；既注重形式，更注重内容，重在务实。在考察点、参观点、访问对象的选择上要注意代表性和典型性，充分考虑到可能产生的政治影响和社会影响，力求客观、全面、真实，力戒形式主义。

第七章　会　　见

会见，无论是在国际交往还是国内公务往来活动中，都是一种十分重要而又非常广泛的交往方式。一般来说，职务身份高的会见职务身份低的，或是主人会见客人，被称为接见或召见；职务身份低的会见身份高的，或是客人会见主人，被称为拜会或拜见。接见和拜会后的回访，被称为回拜。在涉外活动中一般不做上述区分，多数情况下均称会见。但在内事活动中，根据不同的情况，则有明确的区分，如会见、接见、拜会、拜访、回访、看望、探望等。会见安排次序，通常是身份职务对等者先会见，然后是其他人员的会见。

第一节　会见形式

会见厅可用沙发或扶手椅布置成 U 形、IUI 形、IIUII 形，以及马蹄形、半圆形、长方形等形式，并根据礼宾次序，确定主客双方坐在上首位（主位）是各一人还是各两人。

会见席位安排规则：主人和主宾座位居中，主左客右。客方人员按礼宾顺序在主宾所在的右侧就座。主方陪见人员，则在主人所在的左侧就座。

会见礼仪程序一般是：双方互相介绍（先介绍主方，后介绍客方）、讲话或致辞（主方先讲，客方后讲）、合影（先合影，后入座）等。

在会见时，通常主人与主宾面门并排而坐（有时由于场地限制宾主座位不是面门摆放，而是背靠背景墙或屏风而摆放），主人坐在主宾的左手位，主宾坐在主人的右手位（在会见席位安排上，我国传统的做法是“左为上”，如毛泽东会见尼克松、邓小平会见撒切尔夫人等，均是主人居右，主宾居左。现在无论是内事会见还是外事会见，均实行的是“右为上”。另外，内事会见还要遵循“居中为上”的原则）。如果是外事活动，翻译（一人或两人）安排坐在主人和主宾的后面。如果双方均带有翻译，则分别坐在主人和主宾身后，为本方领导翻译。如果只有一位翻译，则翻译一般位于主人一侧身后，为双方翻译。话筒的配置视情况而定，一般外事活动配四个，即主人、主宾、两个翻译各一个；内事活动一般配置两个，即主人、主宾一人一个。

会见形式除了以沙发、扶手椅设座外，有时由于场地限制或需要，还可安排为站立式和围桌式等形式。

站立式会见（含有接见性质），常用于上级领导同志会见出席有关会议或活动的代表和人员，时间一般较短。在会见前，被会见者先站好位，出席会见的领导同志与被会见者握手后，进行合影，然后讲话。活动要事先排好席位图、贴好席位签、备好两个立式话筒，一个是主要领导同志讲话所用，位于面向前方人员的正中间位置，另一个是主持人所用，位于主要领导同志话筒的稍左后方。站位安排与主席台席位安排基本相同。

围桌式会见，形式及席位安排与会谈基本一致。

会见与会谈的区别在于：会见偏重于礼节性，并不要求双方身份完全对等；会谈一般带有实质性，双方身份对等或基本对等。

第二节　会见的主要原则

国内会见的主要原则：一是统筹安排原则，二是工作对口原则，三是规格基本对等原则。

以省级会见为例。

外宾会见：省委、省政府领导同志出席的礼宾接待会见活动，涉及政务类的外事活动通常由省外办牵头负责安排，涉及经贸类的外事活动一般由省商务厅牵头负责安排。

省委书记、省长礼宾接待会见的外宾包括：重要的国宾、外国国家正部级以上官员和外国地方正省级官员、重要国家驻华大使、友好省（州）长，以及其他重要官方代表、外籍人士担任的省政府顾问、外国前政要和知名人士、世界 500 强跨国公司负责人、与本省有重要经贸往来的外国企业或机构主要负责人、国际组织主要负责人等。

省委副书记、副省长礼宾接待会见的外宾包括：受省委书记或省长委托会见的重要外宾、外国国家副部级和外国地方副省级官员、一些国家的驻华使节、友好省（州）副省（州）长以及其他重要官方代表、世界 500 强跨国公司地区总部 CEO 或以上负责人、与本省有重要经贸往来的外国企业或机构负责人、国际组织负责人、外国重要的经贸代表团成员、著名国际经贸界人士等。

其他外宾的礼宾接待会见活动由省外办、省商务厅按照职能分工安排相关部门及有关单位对口负责接待。

内宾会见：省委、省政府领导同志出席的礼宾接待会见活动，涉及国家部委及有关方面、兄弟省级党委政府、中央企业等相当于副部级以上的来宾，由省委或省政府办公厅牵头负责安排；副部级以下的来宾，由相关部门及有关单位牵头负责安排。

我国港澳地区政要及企业界来宾，由省外办、省商务厅根据职能分工牵头负责安排。我国台湾地区政要及企业界来宾，由省台办牵头负责安排。

内宾会见除礼节性外，往往同时带有工作性质。中央政治局委员、中央书记处书记、国务院副总理、国务委员到地方考察调研时，省委书记、省长一般都要陪同或轮流陪同调研，或专门召开小型会议听取工作汇报，无论在工作关系还是在工作内容上都不存在会见的问题。但是，当全国人大常委会副委员长、全国政协副主席到地方调研视察时，按规定一般是一位省人大常委会副主任、省政协副主席全程陪同，省委、省政府为了有机会向全国人大、全国政协领导汇报本地的工作、听取指导，通常都要专门安排一次会见（亦可称为拜会）活动。省委书记会见全国人大常委会副委员长、全国政协副主席，工作汇报在会见中就进行了。这种会见形式既是礼节性会见，又是工作性汇报。这是因为从机构序列来看相互之间不是一个序列，从工作关系来讲省委向中央负责。但是，全国人大常委会副委员长、全国政协副主席是国家领导人，必须予以尊重。所以，由省委书记会见全国人大常委会副委员长、全国政协副主席既是礼节性的，又是工作性的。在会见席位的安排上，过去的做法是：省委书记居左，全国人大常委会副委员长、全国政协副主席居右。现在主流做法是：全国人大常委会副委员长、全国政协副主席居中安排，而省委书记居左而坐，以示对国家领导人的敬重。

第三节　会见时主要工作

（1）准确掌握会见的时间、地点和双方参加人员名单（包括着装情况），提请或通知有关人员和有关单位做好必要安排。活动前，工作人员应提前向参加活动的领导同志提供对方的相关背景资料（包括个人、企业等），供领导同志参阅。

（2）会见台形设计要得体，席位安排要准确。要事先排好席位图，放置席位签（两地进行的工作交流会、座谈会，应由双方工作人员一起摆放席位签）。讲话的程序一般是：主方主持（开场白），然后请客方讲话，主方最后再讲话。

（3）如有合影，事先排好合影图。合影通常有两种情况：一种是上下级或同级之间考察时的合影，属于工作性质的合影；一种是领导同志与工作人员的合影，属于留念性质的合影。重要宾客来访，许多地方会向来宾赠送其在当地活动时的相册。相册照片排列顺序是：迎接、会谈、座谈、陪餐、会见、考察。通常在来宾离开话别时赠送给来宾（也可由接待人员负责转交）。

（4）客人到达时，主人可以在大楼正门迎候，也可以在会客厅门口迎候。如果主要领导不到大楼门口迎接，则应由接待工作人员在大楼门口迎接，引领客人进入会客厅。如有合影，通常安排在宾主握手后，先合影再入座（接见时的礼仪次序为：握手、合影、讲话、结束）。会见结束时，主人应送客人至门口或车前进行握别，目送客人离去后再离开。

（5）会见开始后，除正式参加的人员外，其他工作人员安排就绪后均应退出。如允许记者采访，也只是在正式谈话开始前采访几分钟，然后离开。

（6）饮品。通常会见上茶水，会谈上茶水（杯中茶叶 10 克左右为宜）和瓶装水（备玻璃杯）。

第四节　会见活动的统筹

（1）实行预报制度。除接待方案既定的会见活动以外，凡拟请领导同志出席的接待会见活动，有关单位均要报送会见活动方案，并提前与党委、政府办公厅（室）进行沟通和衔接。党委、政府办公厅（室）负责统筹协调和安排。会见活动方案经领导同志批准同意后，相关办公厅要及时反馈呈报部门实施。

（2）规范报送材料。接待会见活动的报送材料应附来宾简历、背景材料、来访次数、活动方案、日程和领导谈话要点、表态口径等。

（3）控制会见时间和陪同人数。一般性的会见，时间控制在 30 分钟以内，如需要安排陪餐，则就餐时间一般控制在一小时以内。要严格控制和精简陪同人员，例如省长出席的接待会见活动，除省政府秘书长外，原则上最多再安排一位省政府分管领导同志，以及直接相关单位的主要负责同志陪同；副省长出席的接待会见活动，安排一位副秘书长或办公厅领导，以及直接相关单位的分管负责同志陪同。

（4）严格遵循会见方案。接待会见的规格、标准、日程等要按照相关规定拟制，经领导同志批准后，要严格遵循，不能随意更改。

（5）做好督办落实和情况反馈。领导同志在接待会见活动中议定的事项，相关部门及有关单位要抓好落实和督办，并将落实情况及时呈报相关领导同志。

第五节　会见时的席位安排

一、外事会见席位安排

（一）双方会见（见图7－1、图7－2）

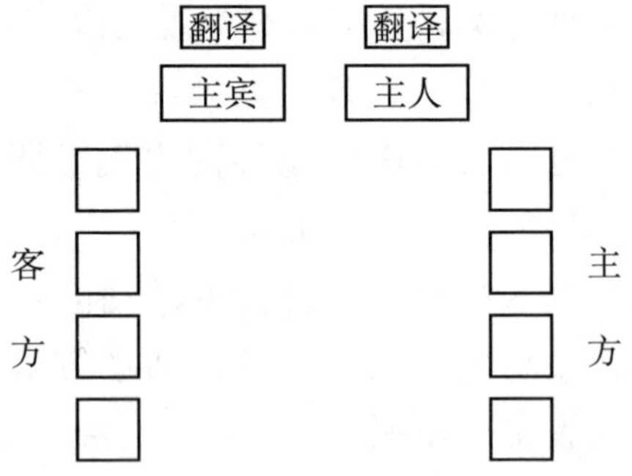

图7－1

注：主宾与主人身份职务对等或大体对等时，双方居中，主左客右。主人与主宾处于中心突出位置。

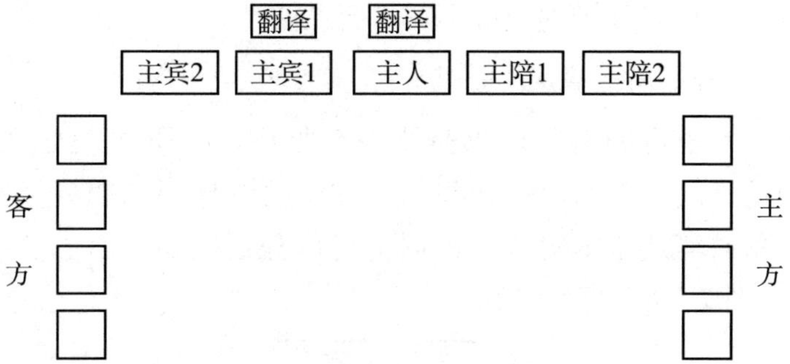

图 7-2

注：主人职务、身份高于客方主宾，主人居中而坐。主客双方主要人员于上首位就座。双方其他陪同人员于各自一方下首位就座。

（二）三方会见

三方会见席位安排见图 7-3。

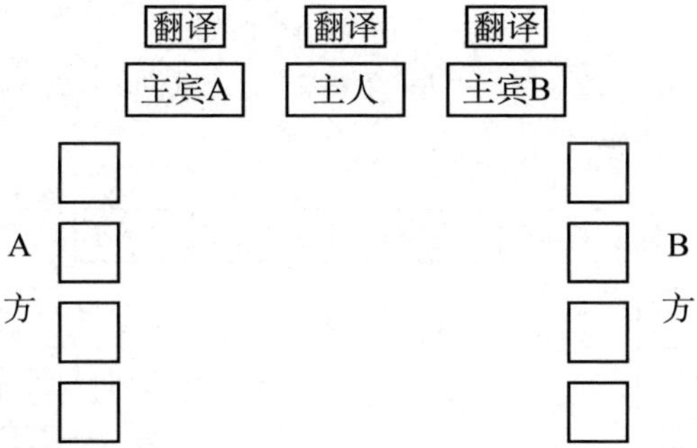

图 7-3

（三）多方会见

一是主方居中，其他各方根据礼宾次序位居两侧；二是按照礼宾次序主客分坐，主左客右。

二、国内会见席位安排

内宾会见，常见的相互关系主要有职务级别身份对等会见和职务级别身份不对等会见两种。

（一）对等会见

这里讲的对等会见是指在会见中，上下机关之间、两地之间、部门单位之间双方的主要领导同志职务级别身份对等或基本对等。根据情况可分别做如下席位安排（见图 7-4、图 7-5）。

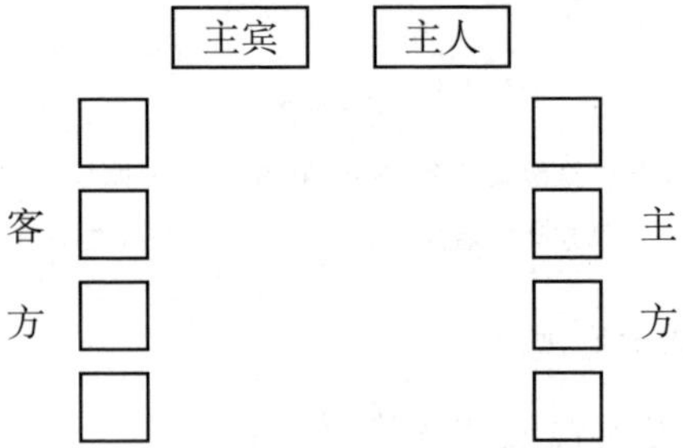

图 7-4

注：突出主人、主宾。主人、主宾就座于上首位，其他陪同人员就座于下首位。

图 7-5

注：主客双方主要领导就座于上首位，其他陪同人员就座于下首位。如果宾主双方所有人员职务级别相当，也可以将会见沙发布置成半圆形（座位与座位之间保持空隙均等，不留明显缺口），双方分宾主在各自一方按礼宾次序就座。

另外，如果是三方集体会见，也可采取下列形式安排（见图 7－6）。

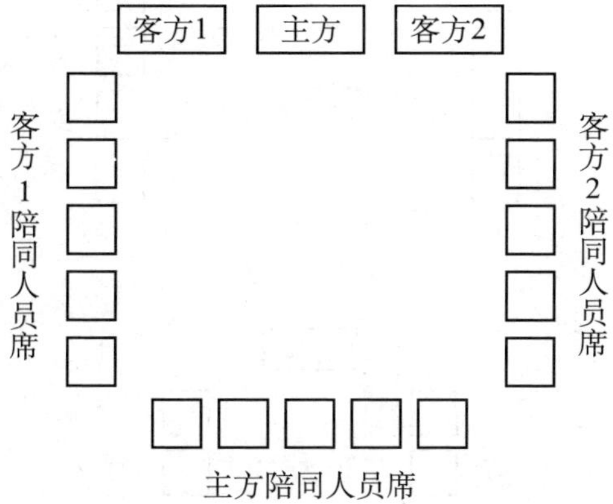

图 7－6

注：主方陪同人员就座于下首位。

（二）不对等会见

不对等会见是指会见双方职务身份级别不对等。主要有两种情况。

一是上级领导会见下级同志，如上级领导会见先进事迹报告团成员、宣讲团成员等，席位安排可根据情况分别采取下列形式（见图 7－7 至图 7－9）。

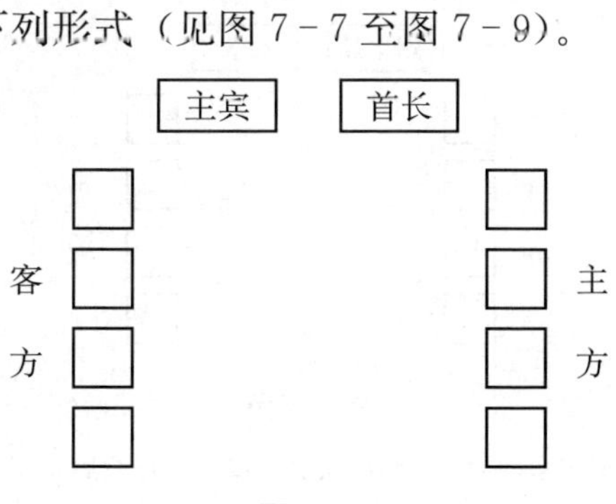

图 7－7

图 7-8

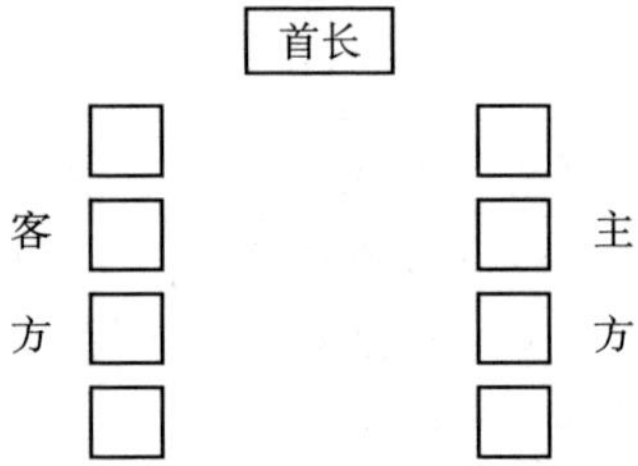

图 7-9

二是非隶属关系职务不对等的会见。职务身份略低的东道主领导会见到来的职务身份略高的领导（无隶属关系），如本地市长（正厅）会见某省政协副主席，席位安排是：副主席居右、市长居左（见图 7-10）。

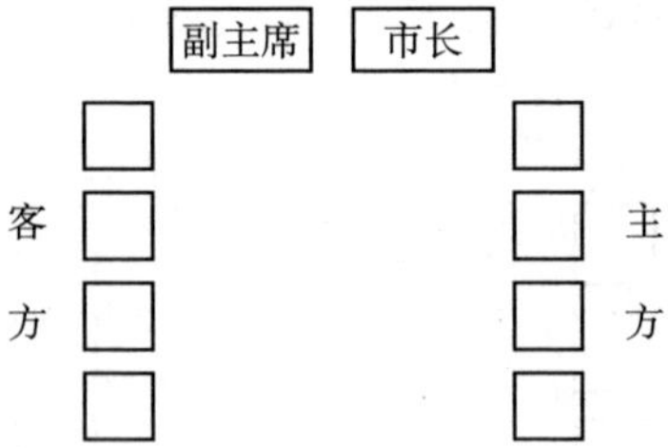

图 7-10

注：有隶属关系的会见，则应按上下级关系进行席位安排。上级主要领导通常居中而坐为宜。

附件

会见工作安排
（参考样本）

时间：××××年××月××日　18：30

地点：××宾馆一号会见厅

负责人：×××　×接待办处长

一、参加人员

1. 客方

××××××××主席×××先生一行。

2. 主方

中共××省委书记、省人大常委会主任×××，省委副书记、省长×××，省政协主席×××，省委常委秘书长×××，省台办主任×××（由省台办负责落实）。

上级部门陪同人员（由省台办负责落实）。

二、会见安排及会场布置

1. 会见厅门前安排引领员若干名。

2. 会见厅设背景板、安装扩音设备、放置宾主座签（客方人员名字用繁体，主方人员名字用简体）；划分会见区和记者拍照区。

三、工作流程及工作内容

18：25　车队抵达××宾馆一号会见厅正门前

1. 主宾车辆由随车人员开门。

2. ×××引领×××先生由左侧门进入会见厅。

3. 引领人员引领来宾至会见厅。

4. 访问团车辆停放在一号会见厅正门前停车场，省领导及省工作人员车辆均停放在北门前停车场。

18：30　会见

1. ×××、×××、×××等在一号会见厅排列迎候，×××在下车门迎候，并陪同×××先生一行步入会见厅。双方会面后，主方人员由×××做介绍，客方人员由×××先生做介绍。

2. 宾主双方就座后（主方坐左侧、客方坐右侧），首先由×××介绍主方参加会见人员；之后，参访团负责人介绍×××先生一行参访团成员（前排就座人员及排序由省台办负责落实）。

3. 宾主双方讲话（主方先讲，客方后讲，主方再讲）。

4. 合影。

19：00　会见结束

第八章　会　　谈

党政机关的会谈通常分为外事会谈与内事会谈（商务会谈）两种。会谈有双边会谈和多边会谈之分。原则上，级别或职务相当的安排为会谈；级别不相当的安排称为会见，而不称会谈。如：

（1）中方总理会见美方总统（职务不相当，总理为政府首脑，总统为国家元首）。

（2）中国国家主席与美国总统举行会谈，也可以会见（职务相当）。

第一节　涉外双边活动与多边活动

双边活动是指双方的活动，来宾只有一方。而多边活动是指三方或以上的会见、会谈、会议或活动。一般是国际会议或国际活动。就会谈地点而言，会谈又有主场和客场之分。

多边活动概括起来讲有四大类。

第一类是有严格的章程、组织严密、机制性强的政府间组织的会议或活动。如联合国、WTO（世界贸易组织）、WHO（世界卫生组织）等组织的会议或活动。

在承办会议或活动方面，东道国（东道主）要做两件事：

（1）协议的签订（规定权利义务）。

（2）按照协议要求，提供必要的硬件和软件服务。会议本身还是由这些组织负责。

第二类是没有严格的组织章程，比较强调非正式性、政治性的政府间的组织举办的会议或活动。在办会方面东道国政府有较大自主权。所谓非正式，主要表现在以下几点：要求不着正装，不扎领带，可在衬衣外穿毛衣（天冷时）；会见厅甚至不安装麦克风，不发文件，发言人不用讲稿，以及在会场布置、穿各色服饰等方面花样更多一些。如：APEC（亚洲太平洋经济合作组织）、上海合作组织成员国元首会议、G20（20国集团）峰会等。

第三类是国际、区域性非政府组织举办的会议或活动。如奥运会、世博会、亚运会、博鳌亚洲论坛等。在办会方面，主要是中国有关机构、城市，如中国奥委会、北京市、上海市、中国国际贸易促进委员会等与这些组织联系、筹备，并不是中国政府在筹备，中国政府参与涉及各国领导人参会活动的礼宾安排。

第四类是我国举办的地区性、经贸性质的国际会议或博览会等。如中国-东盟博览会、中国西部国际博览会、中国国际投资贸易洽谈会、中国-亚欧博览会等。这类会议或活动一般由我国政府有关部门和地方政府主办和承办，邀请中外国家领导人和经贸界人士参加。

第二节　会谈程序

一般大型的国际会议或多边活动都有其通行做法和相应程序。按惯例，参加会谈的主方人员应按照“主人先到”原则，先于其他与会各方人员到达会场，会谈通常实行限时发言。

一、多边会谈程序

（1）东道主主持，并致开场白（先介绍具体议程和主方意愿，接着邀请与会各方代表依次发言，最后由主方总结各方观点，结束讨论）。

（2）参会各方依次发言（按礼宾次序排列）。

（3）东道主作总结发言。

二、双边会谈程序

（1）东道主致开场白。

（2）请客方先讲。

（3）主方后讲。

（会谈中，主客双方主谈人主讲，有时个别情节由参加会谈的人员作补充或说明。）

会谈如有合影，应先合影后会谈。其程序为：

（1）东道主（主办方）与参会各方领导人前往预先设置的合影台、背景板前合影（站位图事先排定，贴好标签，标签可以是地签、旗帜等）。

（2）集体合影结束，东道主与其他与会各方领导人共同步入会谈厅。

在一般情况下，重要或重大会谈在双方进入正式会谈前，允许记者在隔离线之外对会谈现场进行拍照，双方面对记者时只进行礼节性寒暄，清场后便进入正式会谈。会谈时间长短、轮次、地点，一般由双方约定。在外事活动中，如果主宾带有配偶或家属，通常配偶和家属不参加正式工作会谈，但可以参加礼节性的会见、宴会等活动。

第三节　会场布置及物品配备

一般来说，内事会谈（包括座谈）对会场布置的要求相对简单，外事会谈则要求较为严格。但作为会谈，两者在许多方面又都是相通的，都需要设计好每场活动的接待细节和运用礼宾艺术来营造所需的会谈氛围。根据任务内容的不同，会谈现场厅（室）布置的要求和需要考虑的要素也各有不同。这里主要介绍一下公务接待活动中重要涉外会谈现场布置及物品配备的有关情况。主要包括以下内容。

（1）背景板（背景墙、主景墙）。

（2）各方国名卡（多边的国际会议一般只写国名，可以是单一语言，也可以是双语，在我国办会一般使用双语）、旗帜（为体现多边会议形式，一般都要在会场摆放与会国国旗。可以摆放在主席台上的背景板前，也可以放在主席台两侧，按照事先商量确定的排序原则和国际惯例，从右至左或从中间向两边进行摆放）及标准可伸缩旗杆、旗撑（另备若干个备用。如果是多场次双边会谈，则应安排专人服务，更换旗帜）、旗架、旗座、桌旗。

（3）会谈桌的大小应根据双方会谈人数的多少而定。座位之间的距离以参加会谈人员出入座位方便为标准，一般来说，座位与座位之间空一个椅子的距离即可。

（4）为了掌握时间，会谈桌两侧双方主位各摆放小座钟一个（数码电子表而非机械表）。

（5）会谈桌中间摆放绿植和花卉（高度适中，不要太密，不要遮挡双方领导人，花卉要除蕊，以免双方领导人花粉过敏）。

（6）正式会谈，后排一般设有记录席，记录席的条桌通常为两张独立长条案，并在主、客双方主位身后断开。记录席上放置矿泉水及直筒玻璃杯，视情况铺墨绿色台呢（桌布）。

（7）移动麦克风若干支。

（8）会谈用桌，材质一般为实木非板材（天然环保）。会谈桌形根据参会方的多少而定，通常双边会谈桌为长条台形，多边会谈桌为三角形、四边形、五边形、六边形和圆形等。会谈有小范围会谈与大范围会谈之分，会谈桌的大小应根据参会方人员的多少而定。如：8 人位的大圆桌外直径 4～5 米为宜，20 人位的大圆桌外直径 11～12 米为宜。如桌面质地较好，可不铺台呢。

（9）会谈用椅，材质一般为实木非板材。通常主宾双方的主要领导人备扶手椅，其他人员备不带扶手的椅子。

（10）双边或多边会谈，各主宾面前设鹅颈麦克风一支（多频道），单耳同传耳机一副。

（11）会谈桌主客双方每位面前摆放席位签（靠近台面外侧边缘，居座位中心）、矿泉水、直筒玻璃杯（视情况摆放茶杯，上茶）、削好的铅笔（红蓝铅笔 1 支、黑铅笔 3 支）、夹有记录白纸的写字板。

（12）多边的大小范围会谈，每位主宾身后均设座席若干个，设扶手椅，均摆放同传耳机、纸笔及矿泉水。

（13）设同传间若干间（根据语种数量而定）。

（14）会议组织标志置于桌子中间，材质为亚克力（俗称塑料水晶），并放置 LED 屏。

国际大型双边或多边会谈，还须设置相当数量的工作间、休息室、听会室和休息区。

（15）工作间：设置长条台形桌和扶手椅及无扶手靠背椅，工作间布置要求可参考会谈厅（室）布置要求。

（16）休息室：休息室分为中方休息室和外方休息室。

中方休息室常见的为U形会见式沙发布置，根据情况设置若干个主位。备茶、矿泉水、小毛巾（冬天为热毛巾，夏天为凉毛巾）、纸巾。也可备一些个性化物品，包括靠垫、眼镜纸、眼镜布、口香糖、一次性手套、衣帽签等。室内温度控制在23℃左右，而夏季不应低于26℃。配服务员若干名。

外方休息室常见的形式除U形会见式沙发布置外，还有酒会式，即休息室中间放置高脚台若干个，四围放置一定数量的沙发。备精美小点心、干果、现磨咖啡（配方糖、袋糖、牛奶等）、矿泉水、各色软饮料、茶、小毛巾、纸巾等。室内温度控制在23℃左右，而夏季不应低于26℃。配能够用英语流利会话的服务员若干名，进行现场持托盘服务。

（17）听会室：领导人开会，常常是领导人在会议室，只带少数助手和翻译，其他专业人员和官员则在附近的房间“听会”。会议现场实行即时转播，有声音，有图像。听会室的布置及物品配备主要有：

- 课桌式桌子（根据人员多少设置座位）；
- 回字形桌；
- 大屏幕或大尺寸电视（直播会议现场）；
- 同传耳机若干（与座位数量匹配）；
- 茶歇区：视情况备点心、各色软饮料、现磨咖啡、矿泉水、茶、纸巾、果盘等。

（18）休息区（中外随行人员休息区）：

- 条形桌及座椅若干，排成回字形沙发若干组；
- 大屏幕或大尺寸电视（直播会议现场）；
- 同传耳机若干（与座位数量匹配）；
- 茶歇区：配点心、软饮料、现磨咖啡、矿泉水、茶、纸巾等。

（19）洗手间：涉外活动所使用的洗手间，要做到干净整洁无异味，备有漱口水、纸巾、毛巾、镜子、梳子等。

（20）设立的媒体工作区，每个座位前安装电源插口、网络插口和中英双语音频接口，提供足够数量的笔记本电脑和无线网络覆盖使用服务。

（21）必要时，还应设立祈祷室、医务室等功能区。

第四节　会谈现场服务工作要求

（1）准确掌握会见的时间、地点和双方参加人员名单（包括着装情况），通知有关人员和有关单位做好必要安排。活动前，工作人员应提前向参加活动的领导同志提供对方的相关背景资料（包括个人、企业等），供领导同志参阅。

（2）迎接。根据任务需要，客人到达时，主人可以在大楼正门迎候，也可以在会谈厅门口迎候。如果主要领导不到大楼门口迎接，则应由接待工作人员在大楼门口迎接，引领客人进入会谈厅。

（3）席位图。要事先排好席位图，放置席位签（两地进行的工作交流会、座谈会，可由双方工作人员一起摆放席位签）。讲话的程序一般是：主方主持（开场白），然后请客方讲话，主方最后再讲话。

（4）站位图。如有合影，事先排好合影站位图。会谈合影，通常安排在会谈后进行。

（5）配备足够数量的工作人员和服务员在现场服务。

（6）如果会谈、会见场次较多，则经常需要转场服务，重新布置和调整会场。在场次衔接时有专人迅速搬移座椅席位，更换水杯和放置桌上用品，更换国旗（国旗应提前安排服务人员熨烫），撤换会谈卡及调整双方座位数量。同时，不得影响有关活动的有序进行。

（7）会谈有开放性会谈和闭门会谈。如果是闭门会谈，会谈开始后，除正式参会人员外，其他工作人员安排就绪后均应退出。如允许记者采访，也只是在正式谈话开始前采访几分钟，然后离开。记者拍照时应设立隔离线，并安排服务人员负责拉隔离线（一般性的会谈，则不必设立隔离线）。

（8）桌垫。

（9）饮品。通常会谈上茶水和瓶装水（备玻璃杯）。

（10）灯光。现场吊灯应进行安全检查，必要时用安全网进行整体包裹。灯光应避免直射领导人。

（11）音响事先调试，避免共振、爆音。需要安排音响师在现场保障，及时排除故障。

（12）反复确认会场供电，要有备用供电线路。

第五节　会谈席位安排

双边会谈席位安排规则：以正门为准，主方坐背门一侧，客方坐面门一侧（有资料显示，西方国家正好与我国相反，坐背门一侧的为客人，坐面门一侧的为主人。其遵循的是“就近为上”原则：进门后，客人就近入座，出入方便；而主人一方，进门后则要多走几步，绕到客方对面，面门而坐），双方主谈人居中。会谈桌在室内竖放，若无背景或背景板设置，则应以进门时的方向为准，右侧请客方人员就座，左侧由主方人员就座；若设有背景或背景板，则应以背景或背景板的朝向为准，按“主左客右”安排。

根据国际惯例，双方的翻译均坐在主宾、主人的左手一侧。但在我国，习惯把我方翻译安排在主人右手一侧，客方如有翻译则安排在主宾左侧，使翻译面对面而坐，以方便工作。记录可安排在后排就座，如无特殊情况，一般按我国习惯做法安排。另外，如果会谈使用同声传译（翻译不上会谈桌），则席位应按国际惯例“右为上”安排，即 1 号居中，2 号（第一陪同）居 1 号右手位，3 号居 1 号左手位，一右一左，以此类推。

会谈桌上通常都要摆放席位签（亦称座位签、桌签、名签），在涉外活动中，席位签（通常采用席位签底座）一般是双面单语，即卡的两面分别用中文和外文书写其姓名和职务。摆放时，对着对方的一面上是对方的文字，对着自己的一面是本国文字。席位签在会谈中有着重要作用，是席位安排的重要组成部分。其作用在于：

（1）让自己知道坐在什么位置；

（2）让对方知道你是何人；

（3）让双方知道彼此的重要程度，以及其他信息。

除此之外，每人面前还应摆放记录纸（3～5 页）、红蓝铅笔（签字笔）、扩音设备、饮品、双方出席会谈人员名单等。

会谈桌可根据情况摆成长方形、圆形、等边多边形（如三方、四方、五方、六方会谈）等形状。三方以上会谈席位安排，按礼宾排名顺序排列。会谈现场布置示意图见图 8－1。

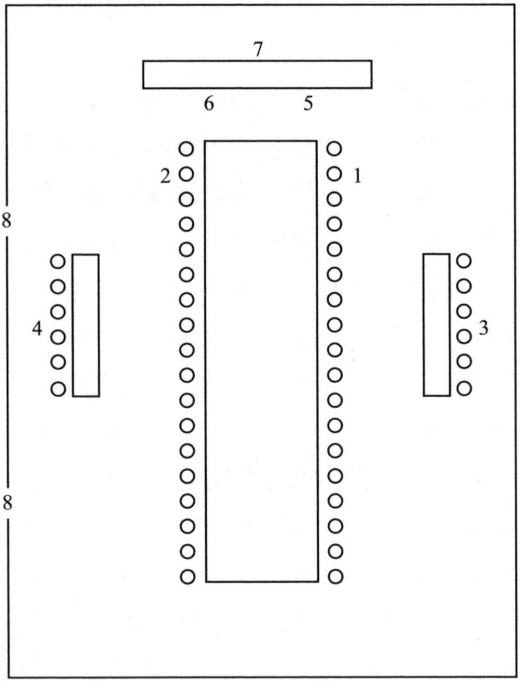

图 8－1

会谈现场布置示意图说明：

1. 客方会谈人员　　2. 主方会谈人员

3. 客方记录人员　　4. 主方记录人员

5. 主方国旗　　6. 客方国旗

7. 屏风（或背景板）　　8. 会谈厅门

一、外事会谈席位安排

（一）会谈桌横对门

（1）国际惯例，见图 8－2、图 8－3。

主宾 译员

6	4	2	1	3	5	7
7	5	3	1	2	4	6

译员 主人

图 8－2

注：会谈桌设有翻译。

6	4	2	1	3	5	7
7	5	3	1	2	4	6

图 8－3

注：会谈桌不设翻译。

（2）中国惯例，见图 8－4 至图 8－6。

主宾 译员

6	4	2	1	3	5	7
6	4	2	1	3	5	7

主人 译员

—— 正门 ——

图 8－4

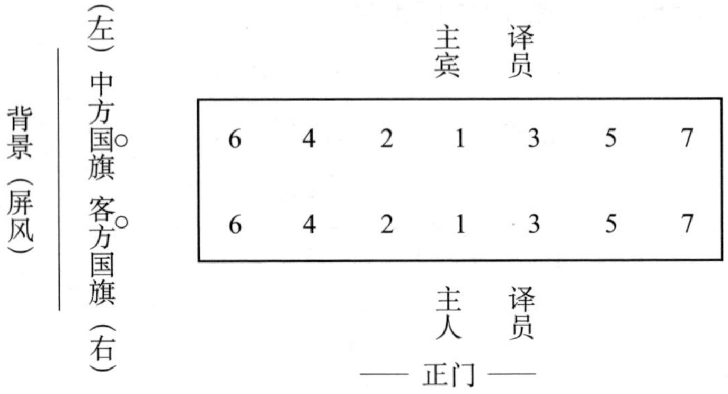

图 8-5

注：此图为“人旗不一”。

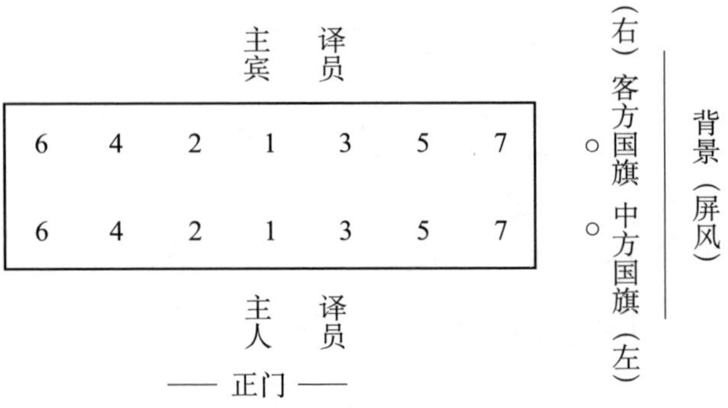

图 8-6

注：此图为“人旗一致”。

当会谈桌横放时，双方人员以进正门方向为准，即主人背门而坐，客人面门而坐；双方国旗以会谈桌两端为准（参照系），双方国旗位于会谈桌的一端顶头，即主左客右。如果双方国旗设在会谈桌的左侧端头（进门后的左手一侧），两国国旗会出现“人旗不一”的情况；如果双方国旗设在会谈桌的右侧端头，两国国旗和双方就座人员则“人旗一致”。

按照国际惯例“右为上”的原则，背景板或屏风前的右侧为客方国旗，左侧为主方国旗。国旗的位置是相对固定的，即主左客右。但由于我国的桌子摆放有横放与竖放之分，且主、客席朝向与国际惯例又有不一致的情况，因而在双边实际会谈中就会出现主、客国旗的方位与主、客双方人员所就座的方位不一致的情况。在会议型活动主、客双方人员的席位安排上，我国讲究的是“面门为尊”，而在会议型（包括会谈、会见、会议）活动中使用双方国旗时，则是“以右为尊”。“人”和“旗”有时参照物不一致，所以就会出现双方“人”和“旗”不在各自一边，而在对方一边的情形。为了解决这一问题，在双方国旗绝对位置不变的情况下，有时就采取了增加双方国旗面数进行交叉摆放的方法，以掩饰“人旗不一”的情况。同时，增加了多面（由一对增加至两对、三对……）旗子，就进一步烘托了现场的气氛。

（二）会谈桌竖对门

竖对门的会谈桌摆放，由于主、客双方均没有面对门和背对门的问题，故在席位朝向的安排上，应该以进门时的方向为准。我国传统做法是以进门的右侧为上首（客方），左侧为下首（主方）。

（1）国际惯例，见图 8－7、图 8－8。

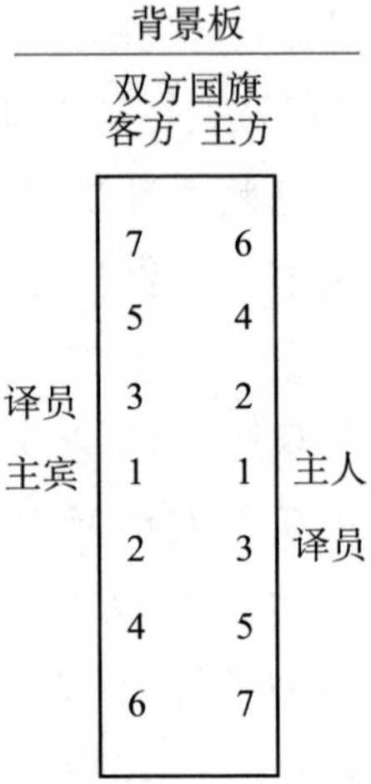

图 8－7

注：以背景板朝向为基准参照物，主左客右，人旗一致。

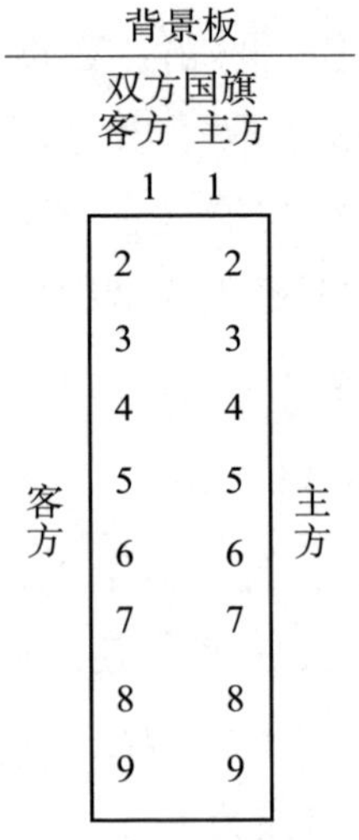

图 8－8

注：以背景板朝向为基准参照物，主左客右，人旗一致。

（2）中国惯例，见图 8－9。

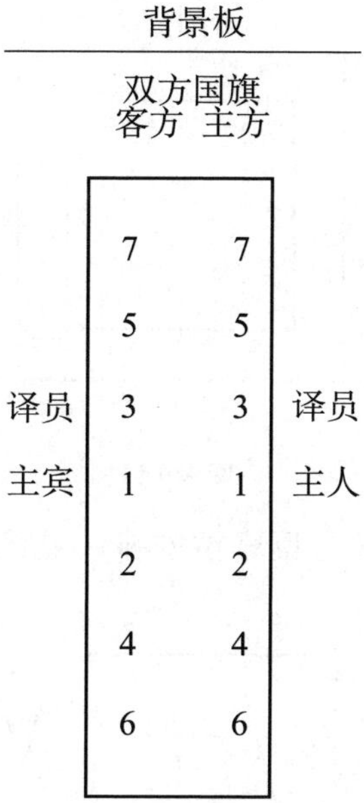

图 8－9

注：以背景板朝向为基准参照物，主左客右，人旗一致。

（3）三角形长台桌席位安排，见图 8－10。

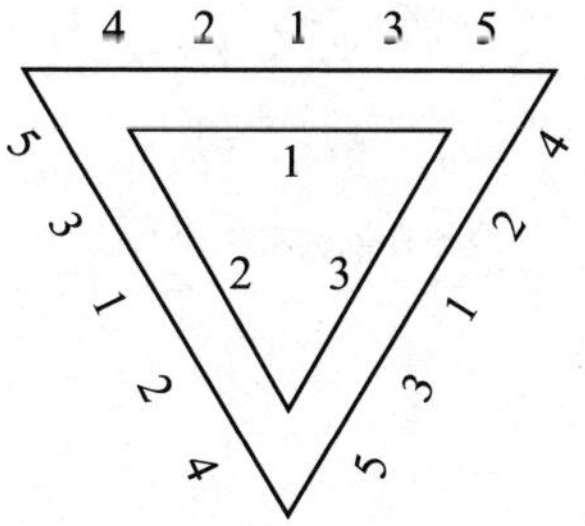

图 8－10

（4）正方形长台桌席位安排，见图 8－11。

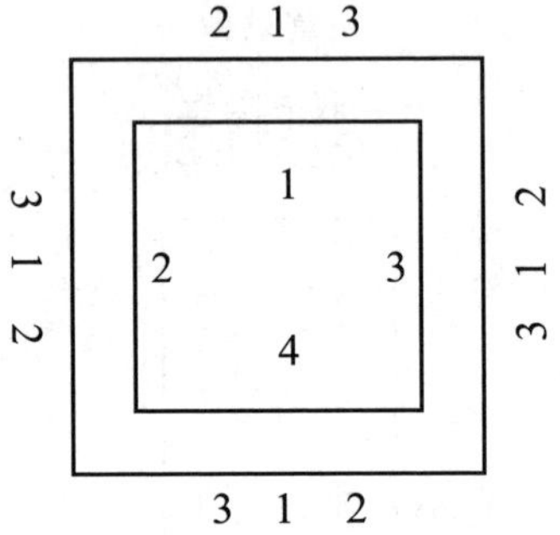

图 8－11

（5）五边形长台桌席位安排，见图 8－12。

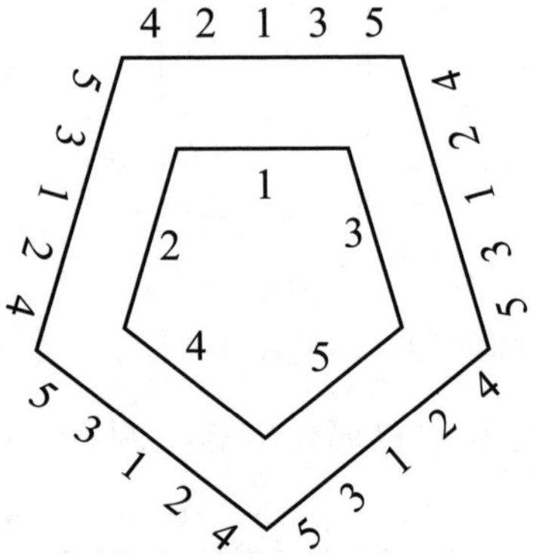

图 8－12

注：东道主居中，其他各方依次右左交替安排。

（6）六边形长台桌席位安排，见图 8－13。

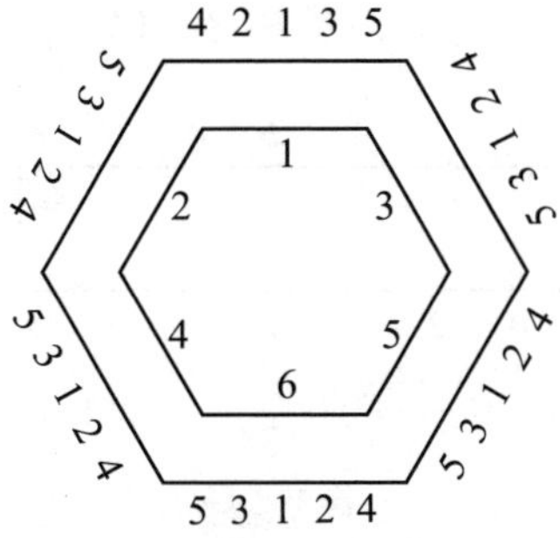

图 8－13

注：涉外多边会议，按国际惯例“右为上”的规则，东道主国居中，按照礼宾次序，先右后左，一右一左依次进行席位安排。一般来说，英文字母顺序是排列次序的第一选项，但在使用这一选项时，应注意英文字母是用全称还是缩写，因为二者的排序结果是不一样的。

二、国内会谈席位安排

内宾会谈席位安排遵循以下原则：

一是“主左客右”，即背景板、座椅、屏风等物体的左手侧为主人之位，右侧为主宾之位。

二是如果没有参照物，则以进门方向右侧为上。

三是“面门为上”，即正对门为上首位，背对门为下首位。

在席位安排上，按国内会议安排：

单数，以中心为上，然后按一左一右的顺序排列；

双数，以右为上，以左为次，然后按一右一左的顺序排列。

（一）会谈桌横对门

（1）单数席位安排，见图 8－14。

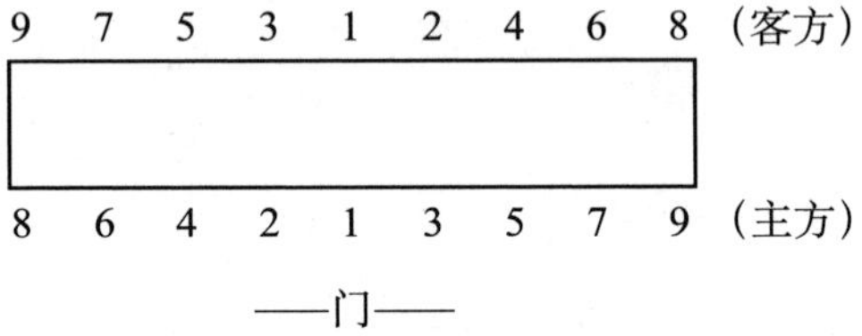

图 8－14

（2）双数席位安排，见图 8－15、图 8－16。

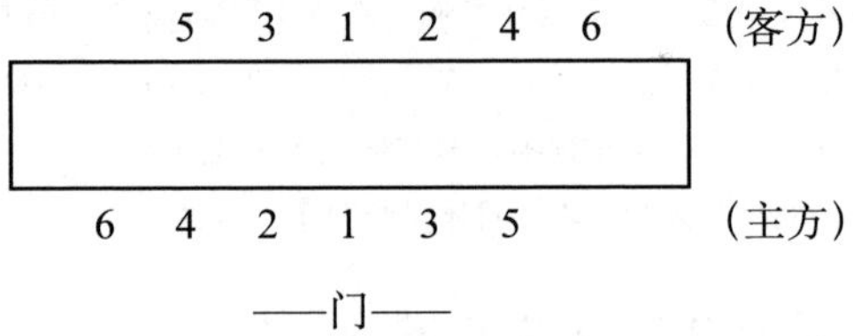

图 8－15

注：会谈的人数为双数，双方主谈人居中，然后按一左一右排列，这种安排会出现两边不对称的情况。

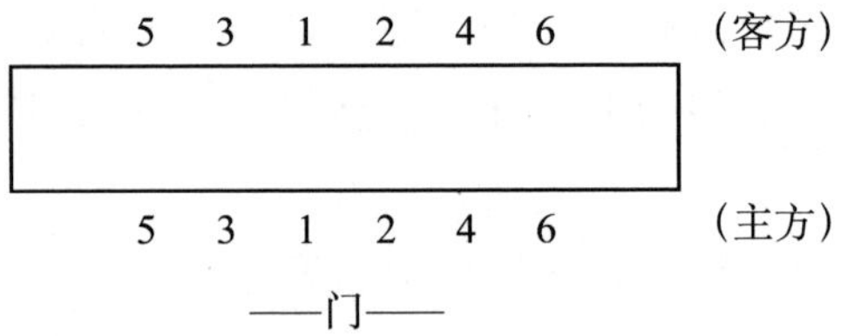

图 8－16

注：此种摆法采取了“主方调整，客方不变”的原则，即尊重客人，客人位置不变，而对主人位置进行调整。调整后，形成了相互对应的局面，便于交流。

（二）会谈桌竖对门

（1）单数席位安排，见图 8－17。

图 8－17

注：以进门方向为准，右手一侧为客方，左手一侧为主方。

（2）双数席位安排，见图 8－18、图 8－19。

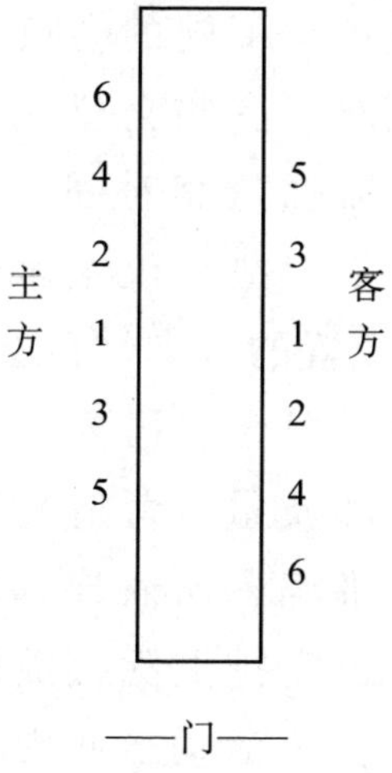

图 8－18

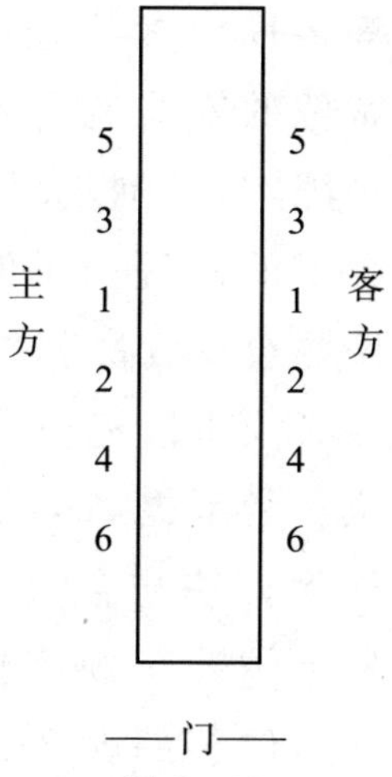

图 8－19

第九章　会议席位

会议分为设主席台和不设主席台两种形式，设与不设主席台要视会议需要而定。一般来说会议都设有主席台，如党代会、人大会、政协会、庆祝会、表彰会、动员会、记者会、报告会等。而工作汇报会、座谈会、研讨会、讨论会等会议因规模较小，且相互之间需要互动交流，就不一定设主席台。

第一节　设主席台的会议席位安排

主席台的席位安排是根据会议的主题、性质、类别、内容、规模、规则、程序，以及职务、姓氏、单位等多种因素综合进行考量的，不同的会议对主席台席位的安排有着不同的要求。有些会议主席台席位是固定；有些会议主席台席位是相对固定，并随着会议的进程而不断变化的；有些会议主席台席位是按照会议程序和规则进行设置的（如“两会”）。对此，必须予以充分了解，并根据会议需要及时调整席位。为了提高会议的效率和质量，营造良好的会场秩序，使与会人员迅速、准确入席就座，会务工作越来越趋于规范化，在席位安排上除摆放席位签外（席位签的颜色：国际性会议活动，通常为白底黑字或蓝底黑字、白字；国内会议活动，通常为红底黑字或粉底黑字），还绘制会议席位安排一览表，使与会人员一目了然。

会议主席台席位安排的基本规则是：单数以居中为上，然后按先左后右、一左一右的顺序排列（左为上）；双数以右为上，以左为次，然后按先右后左、一右一左的顺序排列；双数按单数排时，主位始终处于正中间，两边呈不对称形状。如果设有报告席（发言席），则报告席位于主席台的右前方。

根据规模大小、人员多少，主席台的台形可以是一排、二排、三排，或者更多排（甚至分区域设立）。特别是一些大型活动仪式的主席台，主要领导同志按礼宾次序安排座位，其他嘉宾座位则采取只分区而不排座位，或者安排在观众席就座的方式。主席台要讲究台面效果，突出前排、突出主位，做到美观大方和协调对称。一般来说，前排人数少，后排人数多于前排。

会议主席台的布置，按照务实从简的精神，工作性会议不得铺设红色地毯、摆放花草和绿色植物等。背景板是会议主席台重要组成部分，背景板通常由下列内容组成：会标（回头标和宣传标）、会徽（位于主席台的天幕中央，形成会议视觉中心）、会议名称（一般不超过13个字）、会议举办的时间和地点，以及会议的主办方、承办方、支持单位等办会单位名称。会议主席台采用悬挂横幅的传统做法时，横幅一般是红底白字。会议名称如有中英文，则中文在上，英文在下（外方主办的会议活动，外文在上，中文在下）。

常见的主席台席位安排，主要有下列几种。

一、主席台单排席位安排

人数为单数时主席台席位安排，见图 9－1。

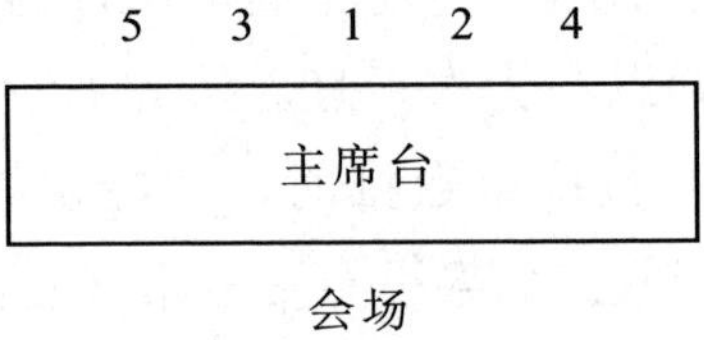

图 9－1

注：国际会议则按国际惯例“右为上”安排。

人数为双数时主席台席位安排，见图 9－2、图 9－3。

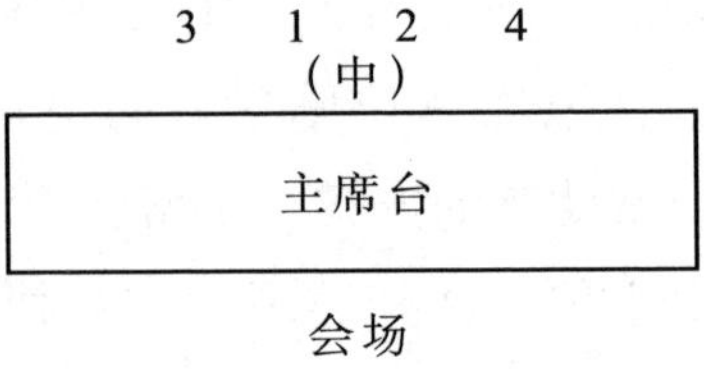

图 9－2

注：此种摆法，国内、国际会议通用，双数“右为上”。

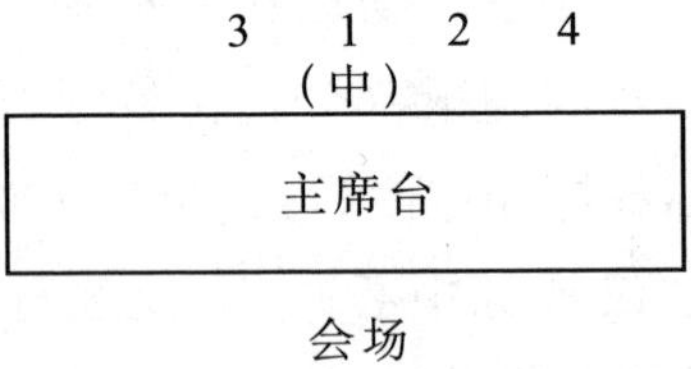

图 9－3

注：此种摆法常用于国内会议主席台人数为双数时，1 号居中就座，这样摆的好处是突出中心。

二、主席台双（多）排席位安排

前后排人数均为单数时席位安排，见图 9－4。

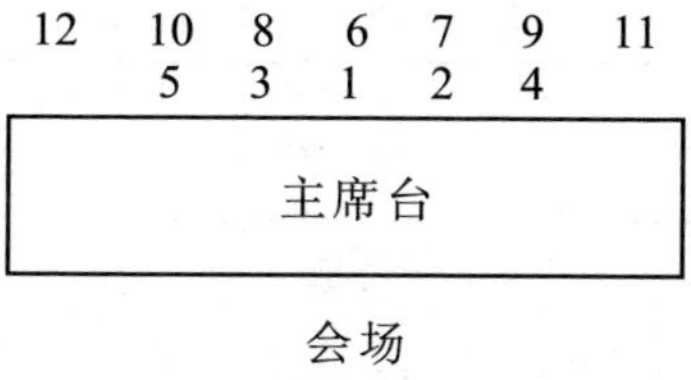

图 9－4

前排人数为单数、后排人数为双数时席位安排，见图 9－5。

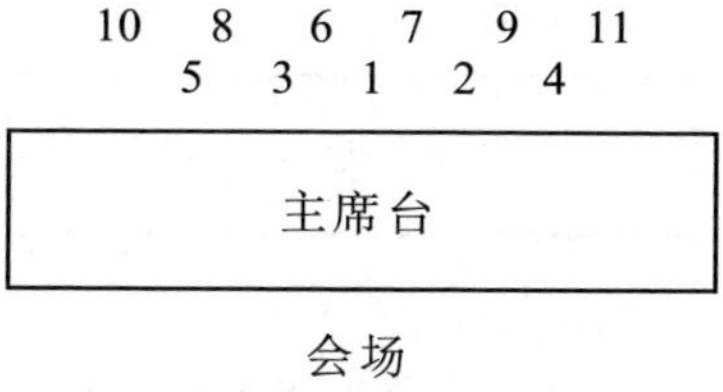

图 9－5

前排人数为双数、后排人数为单数时席位安排，见图 9－6。

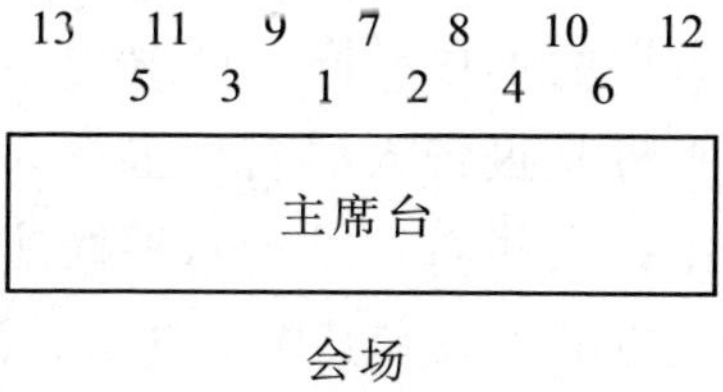

图 9－6

前排正中双主位时席位安排，见图 9－7。

图 9－7

前排正中单主位时席位安排，见图 9－8。

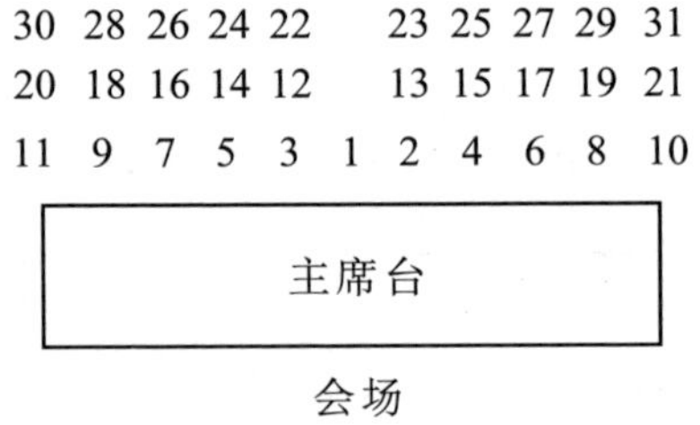

图 9－8

三、主持人与报告人席位安排

主席台双人席位安排常见于报告会，即一位报告人，一位主持人。报告人与主持人的席位安排，目前全国各省（区、市）掌握的不尽相同，理解也不尽一致。主要有两种摆法：一种是报告人居右，主持人居左；一种是报告人居左，主持人居右。以上两种摆法都有道理，主要看怎样理解双方的关系和其中的含义，没有对错之分。如果按上下级关系，则级别高者居右，低者居左；如果按主客关系，则客人居右，主人居左。这样摆符合“双数右为上”“2 号人物始终居于 1 号人物左手位”的原则

（见图 9－9、图 9－10）。

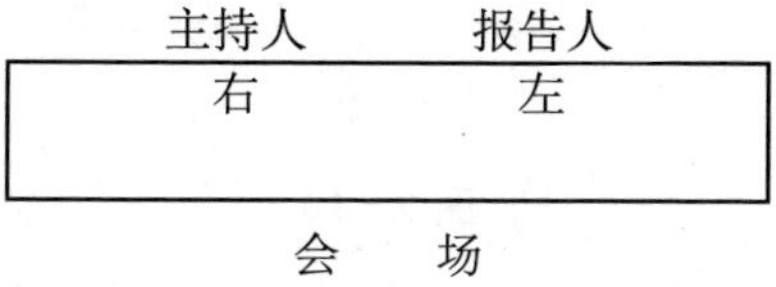

图 9－9

注：按职务级别安排，级别高者居右、低者居左，主持人职务高于报告人。

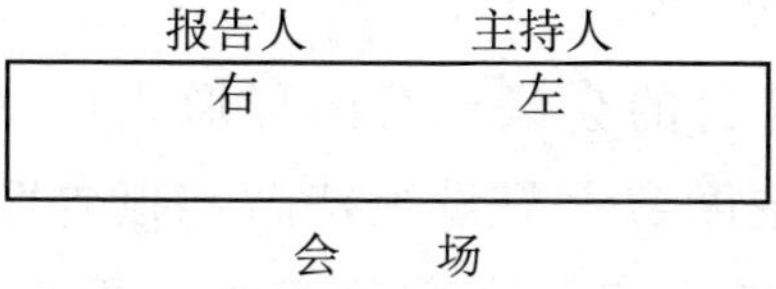

图 9－10

注：按主客关系安排，主左客右。

四、涉外会议主席台席位安排

依照国际礼仪的普遍惯例，“以右为尊”。在我国涉外活动中席位安排主要有两种排法。一种是主人居中（或居左），然后客方、主方人员交叉排列，见图9－11。

主	客	主	客	主	客	主	客	主	客	主	客	主
六	5	四	3	二	1	一	2	三	4	五	6	七

会　场

图 9－11

另一种是分边设座，按主左客右进行安排。双方主要领导居中，并按照双方的礼宾次序由中间向两边进行排列，见图 9－12。

6　5　4　3　2　1　1　2　3　4　5　6

（客　方）右　　　　左（主　方）

会　场

图 9－12

第二节　不设主席台的会议席位安排

一、国内会议

不设主席台的会议也有两种形式：一种是会议有主席台，但主席台上只设主持席和报告席（发言席），其他领导同志均在台下前排就座；第二种会议不设（没有）主席台，与会人员围桌而坐。这里所讲的主要是指后者。

不设主席台的会议形式有三个特点：一是场地规模一般较小；二是人数相对较少；三是便于互动交流沟通。如座谈会、讨论会、联席会、协调会、研讨会、汇报会、办公会、常委会、民主生活会、集体学习等小型会议活动。根据会议性质、规模、场地等因素，此类会议席位安排的桌（台）形主要有圆形、椭圆形、一字形、口字形、回字形等，并可根据需要在此基础上进行调整。有时会议还采用沙发椅摆放，不设会议桌（台），这种形式多用于讨论会、座谈会等。

会议不设主席台，并不意味着会议席位的桌（台）形可以任意摆放，这类会议往往对桌（台）形及席位有着更高的要求。不同的会议内容、性质、程序，有着不同的会议形式。在桌（台）形的布置上既要符合会议的主题内容、性质和人员构成，又要注重形式、氛围、程序和礼宾次序，做到形式和内容的协调。国内会议讲究面门设座，依景设座。面门设座，是指面对会议厅（室）正门一侧为上首位，背对门一侧为下首位。依景设座，是指会议桌（台）的上首位因场地限制不一定非要面对会议正门，而是以会议场地内的主要景致（背景）为依托设置主要位置，如旗帜（党旗、国旗）、徽标、字画、匾额、背景板、屏风、绿植、花草、幕布等。背靠背景一侧为上首位，面向背景一侧为下首位。下面介绍党政机关公务活动中国内会议和涉外会议不设主席台时常见的席位安排形式。

（一）圆桌席位安排

圆桌席位安排，见图 9－13。

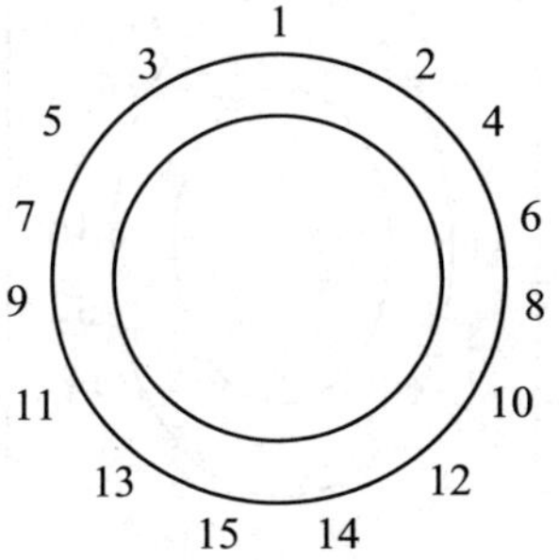

图 9－13

注：圆桌会议是一种平等对话的协商形式，是平等交流、意见开放的代名词，现已广泛地应用于国内党政机关、企事业单位的会议活动之中。

（二）椭圆桌席位安排

椭圆桌席位安排，见图 9－14。

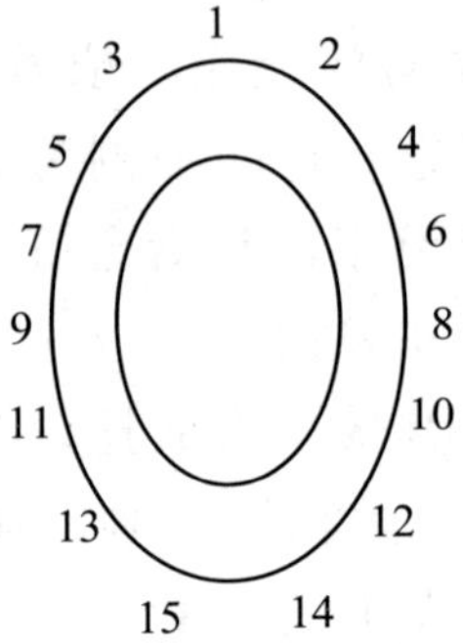

图 9－14

（三）椭圆桌、长台桌混搭组合席位安排

椭圆桌、长台桌混搭组合席位安排，见图 9－15 至图 9－17。

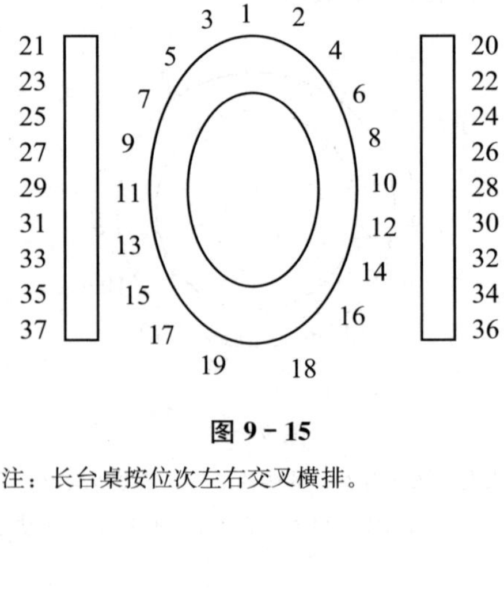

图 9－15

注：长台桌按位次左右交叉横排。

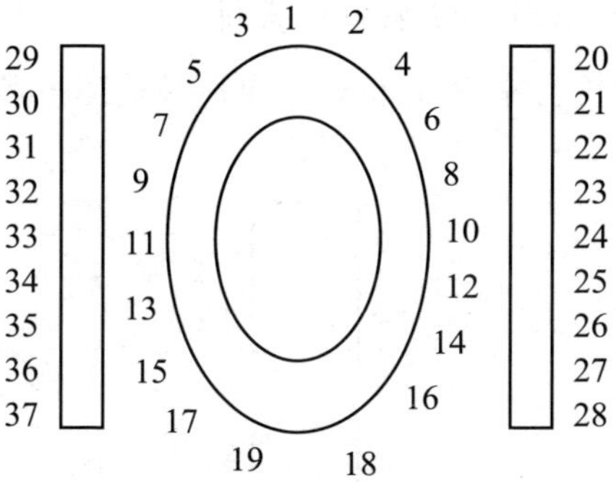

图 9 - 16

注：长台桌从左至右按位次纵向顺排。

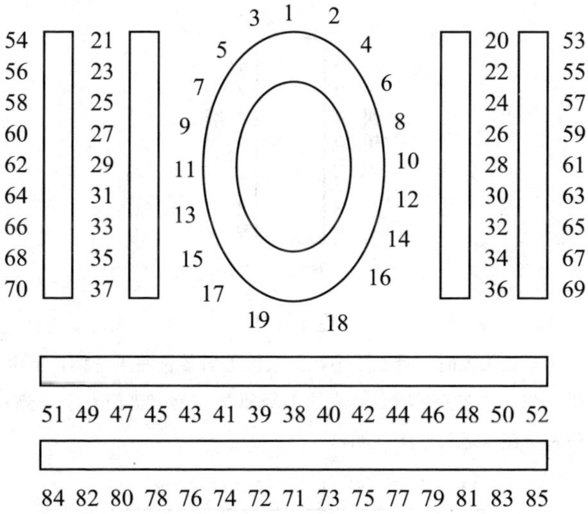

图 9 - 17

（四）一字形长台桌席位安排

一字形长台桌席位安排，见图 9－18 至图 9－24。

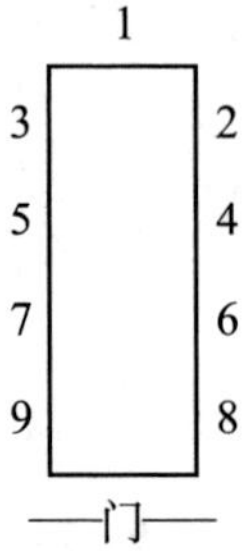

图 9－18

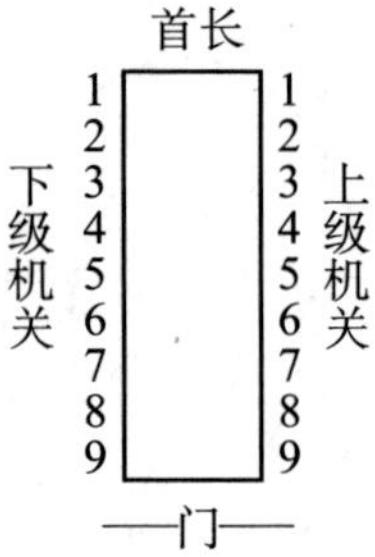

图 9－19

注：上下级关系时，首长居中，上级机关居首长左手一侧，下级机关居首长右手一侧；主客关系时，客人居上级机关一侧（进门右手一侧），主人居下级机关一侧（进门左手一侧）。

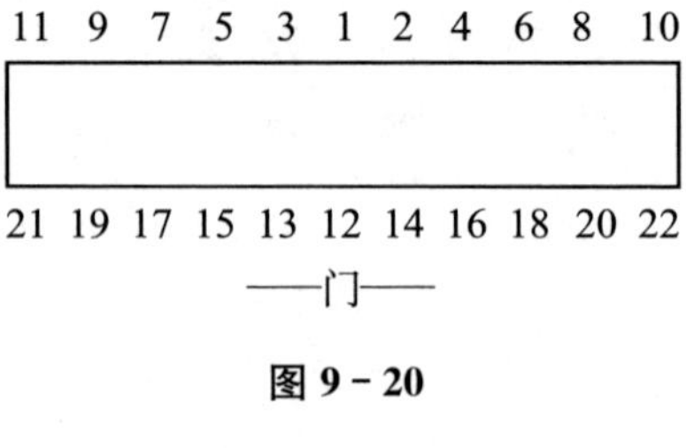

图 9－20

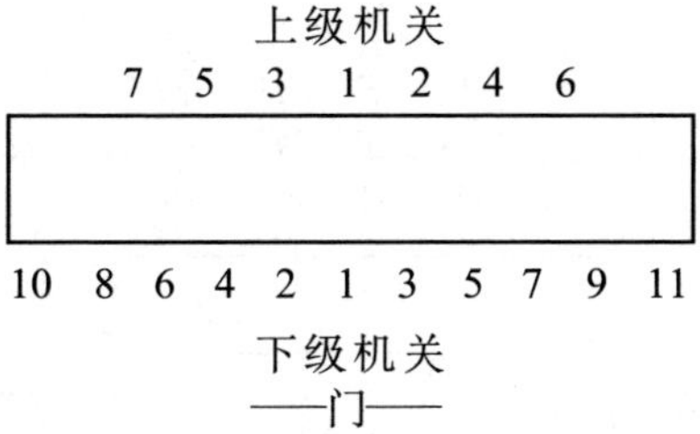

图 9－21

注：主客关系时，客人居上级机关一侧，主人居下级机关一侧。

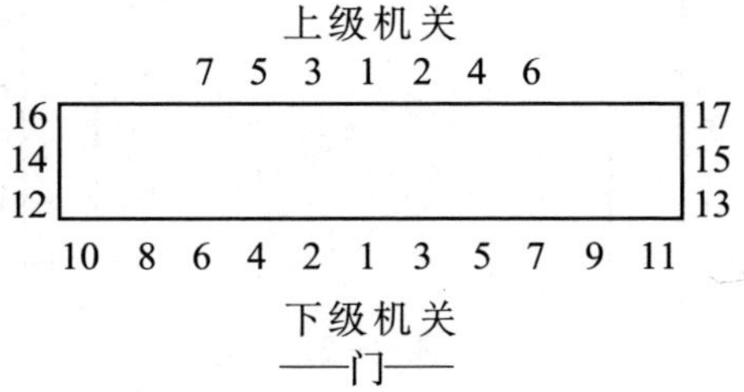

图 9－22

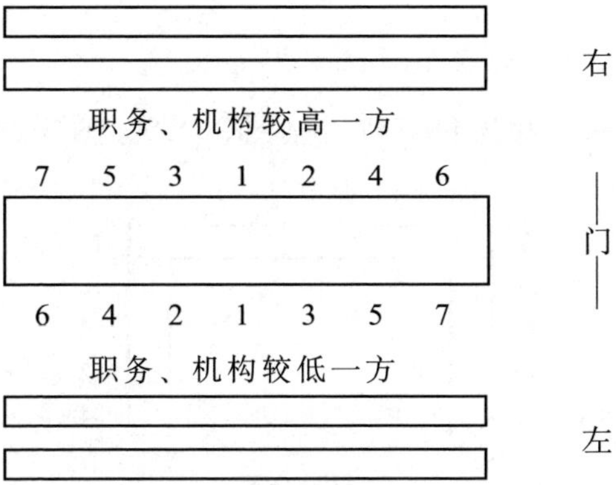

图 9－23

注：正对门无背景板时，以进门右为上。双方座谈时，职务或机构较高一方位于进门时的右手一侧，职务或机构较低一方位于进门时的左手一侧（如直辖市与省会城市之间工作交流座谈时的席位安排）；如果双方规格、职务级别相当，则客方位于进门时的右手一侧，主方位于进门时的左手一侧。

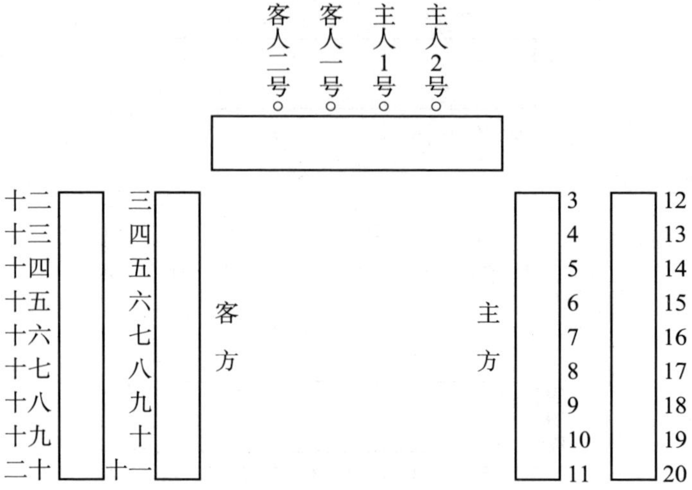

图 9－24

注：此种安排常用于国内两地之间工作交流座谈会。双方主要领导面门而坐（相当于主席台或背景设置），双方按照“主左客右”，各坐一边。

（五）U 形长台桌席位安排

U 形长台桌席位安排，见图 9－25、图 9－26。

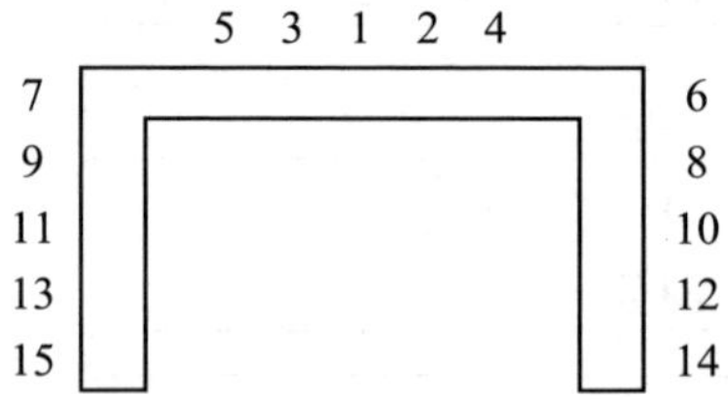

图 9－25

注：横向一左一右，依次交替排列。

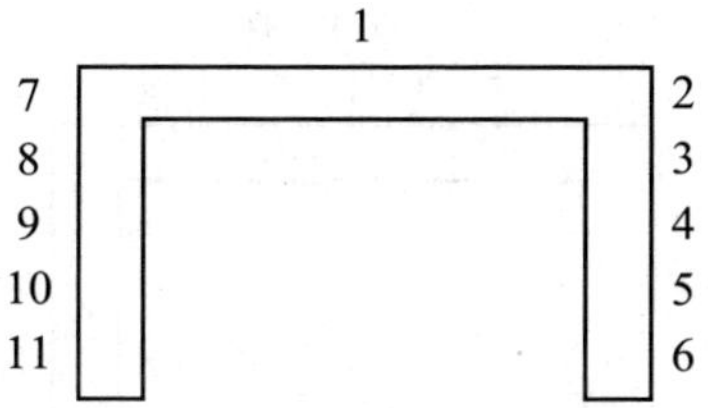

图 9－26

注：从左至右，纵向依次顺排。

（六）U 形桌、一字形桌组合席位安排

U 形桌、一字形桌组合席位安排，见图 9－27。

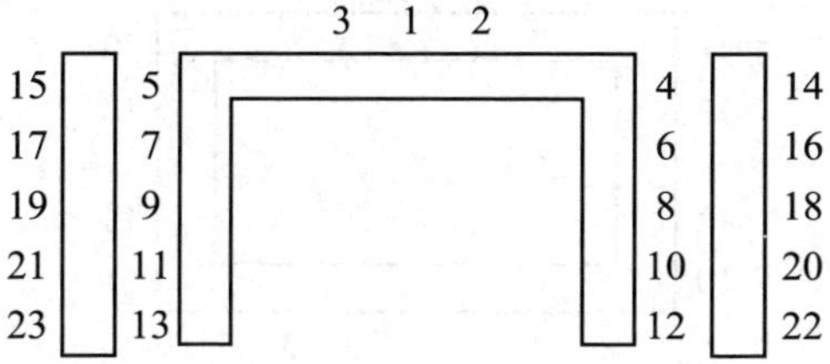

图 9－27

（七）长方形长台桌席位安排

长方形长台桌席位安排，见图 9－28 至图 9－32。

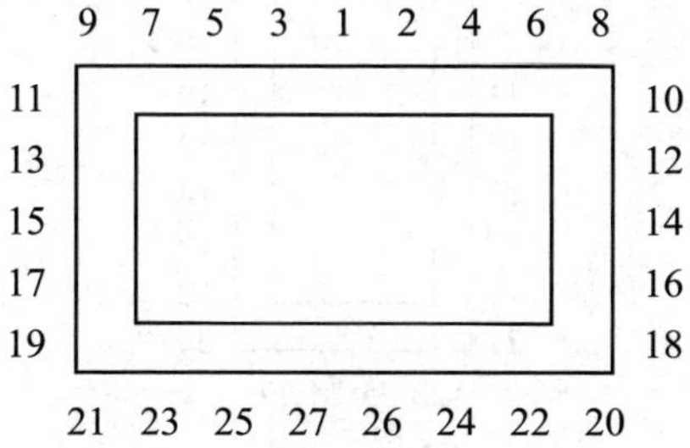

图 9－28

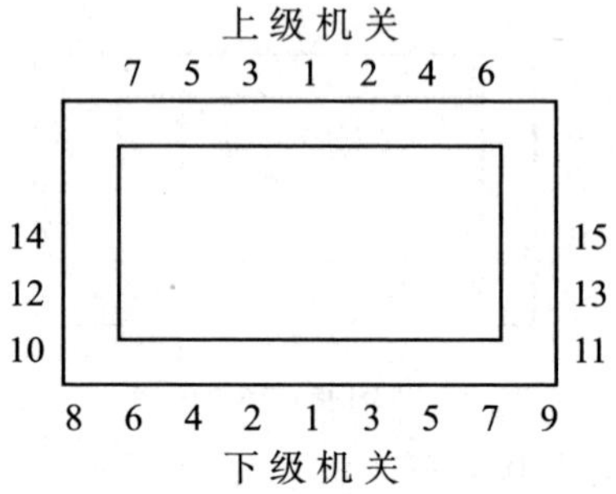

图 9－29

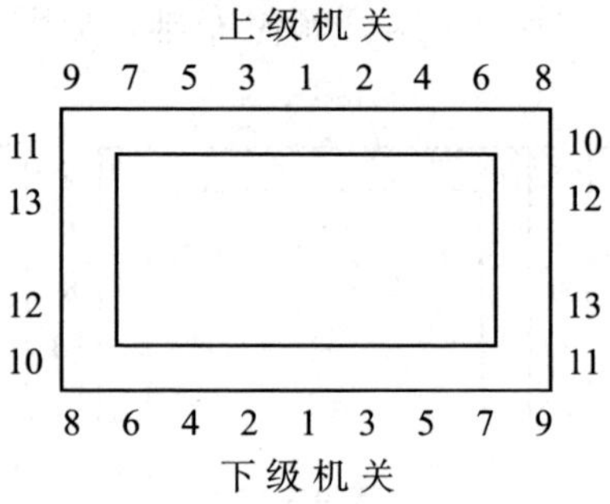

图 9－30

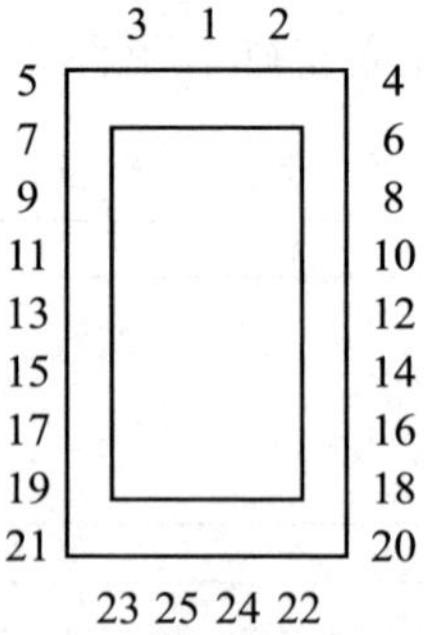

图 9－31

注：长方形长台桌竖摆。

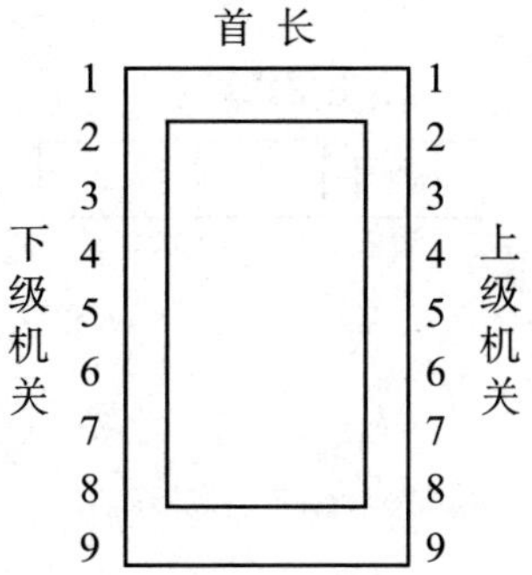

图 9-32

注：长方形长台桌竖摆，会议最高领导居中，上级机关居领导左手侧，下级机关居领导右手侧。

（八）正方形长台桌席位安排

正方形长台桌席位安排，见图 9-33 至图 9-36。

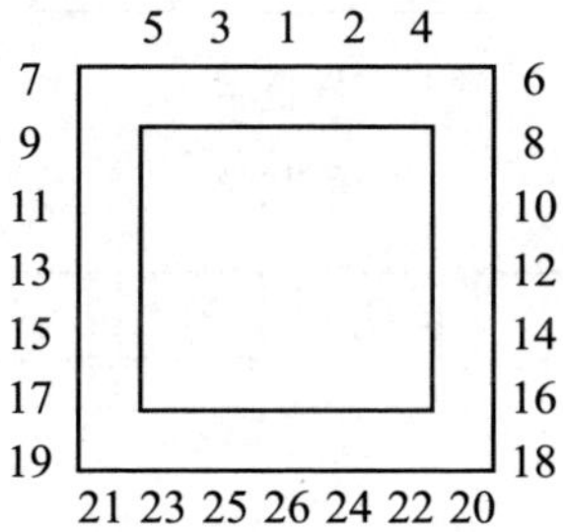

图 9-33

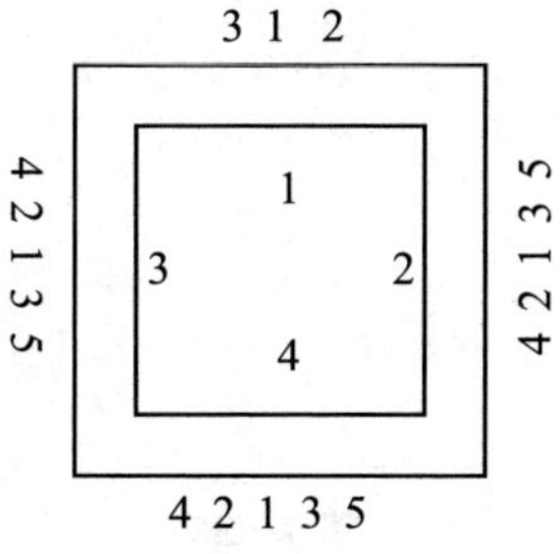

图 9-34

注：多方会议。

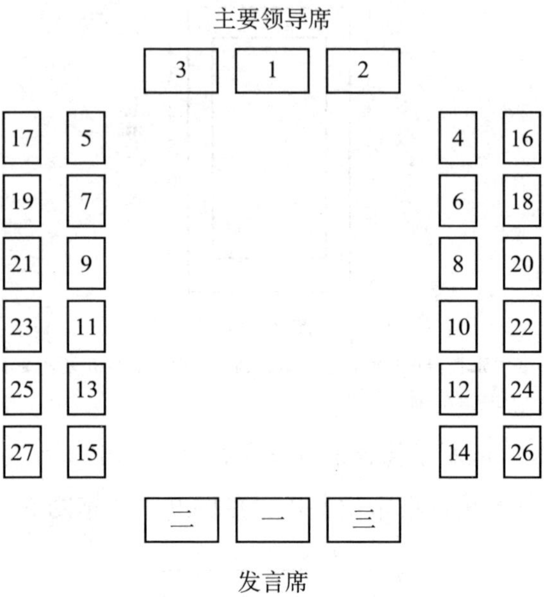

图 9-35

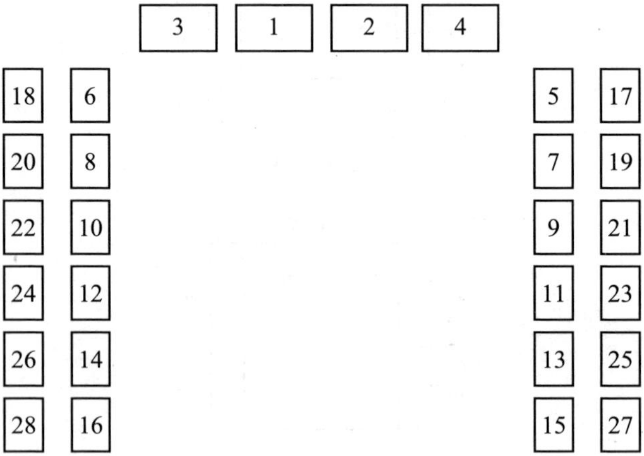

图 9-36

注：会议采用沙发椅布置，适用于讨论会、座谈会、汇报会等。沙发椅还可以布置成长方形、回字形、马蹄形等形式。

二、涉外会议

（一）圆桌形席位安排

涉外会议圆桌形席位安排，见图 9－37。

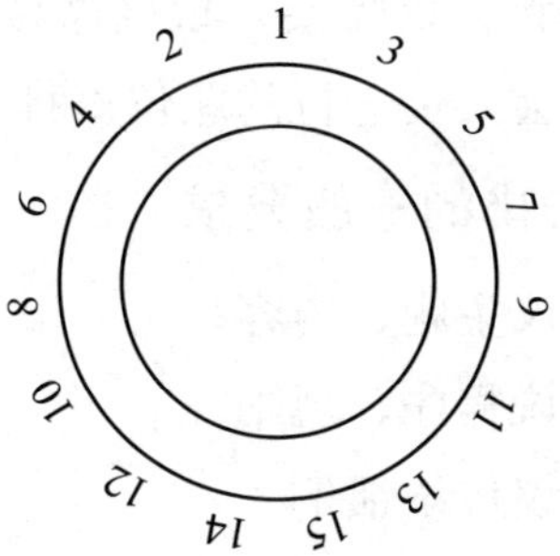

图 9－37

（二）U 形长台桌席位安排

涉外会议 U 形长台桌席位安排，见图 9－38、图 9－39。

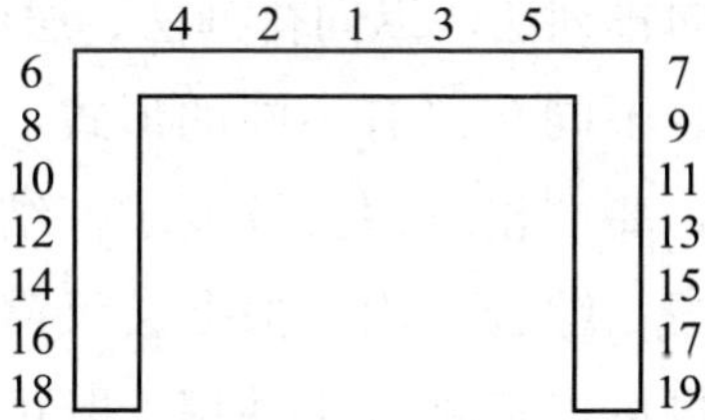

图 9－38

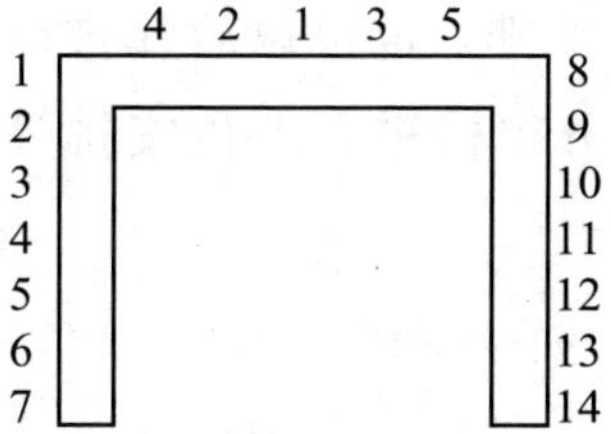

图 9－39

第三节　会议代表席

会议代表席（观众席）席位安排是指会议主办方按照礼宾排名次序和会议需要，根据席位安排规则对在代表席上就座的与会人员进行的座位安排。

一、席位安排的一般要求

（1）符合会议主题、内容。

（2）符合会议程序、规则。

（3）符合会议传统惯例。

（4）符合提高会议效率的原则。

（5）符合（面朝主席台）单数居中为上、居左为次、居右再次之，双数居右为上、居左为次的原则。

二、席位安排的几种排法

主要有横向排列法、纵向排列法、居中左右排列法、右左排列法等。不同会议有不同的形式，所以在运用这些排列方法时，要严格按照会议要求，结合实际、科学安排、统筹考虑、综合运用。根据会议需要，既可以使用一种方法，也可以多种方法并用；既可以将代表安排到“位”，也可以安排到“区”；既可以前几排按礼宾排名顺序进行席位安排，也可以后几排按区域、按排，分类别、分系统、分单位进行席位安排等。总之，形式要为内容服务。

（一）横向排列法

根据礼宾排名顺序，从第一排开始由左至右依次横向安排席位（见图 9－40）。

7　5　3　1　2　4　6

主席台

会　场

第一排	1	2	3	4	5	6	7	8	9	10	11	12	13	14	15	16	17	18	19	20	21
第二排	22	23	24	25	26	27	28	29	30	31	32	33	34	35	36	37	38	39	40	41	42

（下略）

图 9－40

（二）纵向排列法

根据礼宾排名顺序，先确定第一排各代表团席位位置，然后按照代表团团长、副团长依次由前向后进行纵向竖排。每个代表团的席位宽度可以相同，比如一个座位、两个座位或者三个座位，也可以是第一排一个座位，后面扩展为两个，或者三个座位，具体情况根据会议需要而定（见图 9－41）。

7　5　3　1　2　4　6

主席台

会　场

	一	二	三	四	五	六	七	八	九	十	十一	十二	十三	十四	十五	十六	十七	十八	十九	二十	二十一
第一排	1	1	1	1	1	1	1	1	1	1	1	1	1	1	1	1	1	1	1	1	1
第二排	2	2	2	2	2	2	2	2	2	2	2	2	2	2	2	2	2	2	2	2	2
第二排	3	2	2	2	3	2	2	2	2	3	3	3	3	3	3	3	3	3	3	3	3

（下略）

图 9－41

（三）居中左右排列法

以中心为基点，1 号居中，2 号居 1 号左侧，3 号居 1 号右侧，一左一右，依次交替排列（见图 9－42、图 9－43）。

7 5 3 1 2 4 6

主席台

会 场

	（二）	（一）	（三）
第一排	20 18 16 14 12	10 8 6 4 2 1 3 5 7 9 11	13 15 17 19 21
第二排	41 39 37 35 33	31 29 27 25 23 22 24 26 28 30 32	34 36 38 40 42

（下略）

图 9－42

7 5 3 1 2 4 6

主席台

会 场

	（二）	（一）	（三）
第一排	5 4 3 2 1	10 8 6 4 2 1 3 5 7 9 11	1 2 3 4 5
第二排	10 9 8 7 6	21 19 17 15 13 12 14 16 18 20 22	6 7 8 9 10

（下略）

图 9－43

注：中间区域按居中左右排列，两侧区域由里向外依次排列。

（四）右左排列法

根据礼宾排名顺序，按“双数右为上”的规则，先右后左，依次交替排列（见图 9－44）。

7 5 3 1 2 4 6

主席台

会 场

（四）			（二）				（一）				（三）		
14	12	10	8	6	4	2	1	3	5	7	9	11	13
28	26	24	22	20	18	16	15	17	19	21	23	25	27

（下略）

图 9-44

除了以上几种排法外，还有自由择座、按区域就座等形式。近年来，全国“两会”还采取了会议代表（委员）座位轮换制。

第十章　签字仪式

签字仪式，亦称签约仪式，是党政机关、企事业单位公务活动中常见的一种形式，经常在会谈、会见后举行，也有在会议中举行的。国家之间、地区之间、部门之间、单位之间通过协商或谈判，就经贸洽谈、文化交流、战略发展、友好往来等方面达成协议或订立合约后，一般都要举行签字仪式予以确定。

签字仪式程序严格、礼节规范、正式庄严、隆重热烈。在席位安排上，无论是国内签约，还是涉外签约，均按照国际惯例“主左客右”安排，即东道主位于签字桌的左侧，客方位于签字桌的右侧。三方或三方以上签约，其签字仪式与双方签字仪式相同，只是相应地增加签约人员的座位、签约用具。有时签约方较多，为了提高效率、节省时间，也可几方同时进行签约。

第一节　签字形式

签字桌一般为长方形，上面铺墨绿色台布。签字桌后是为签字人放置的椅子。双方出席人（包括签字人）的站位，分别安排在签字桌后方，一字排列。职务高者居中，由中间向左右两边排开。

签字仪式席位安排主要有以下几种形式（站位示意

图，见图 10－1 至图 10－4)。

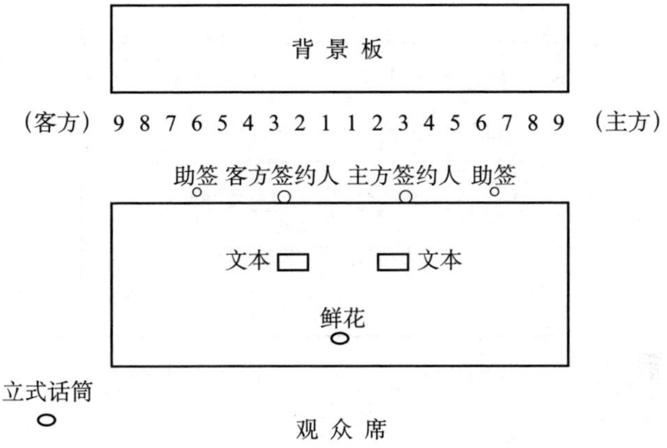

图 10－1

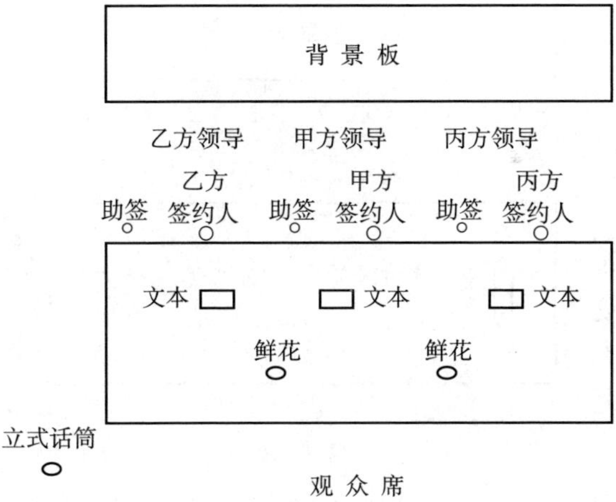

图 10－2

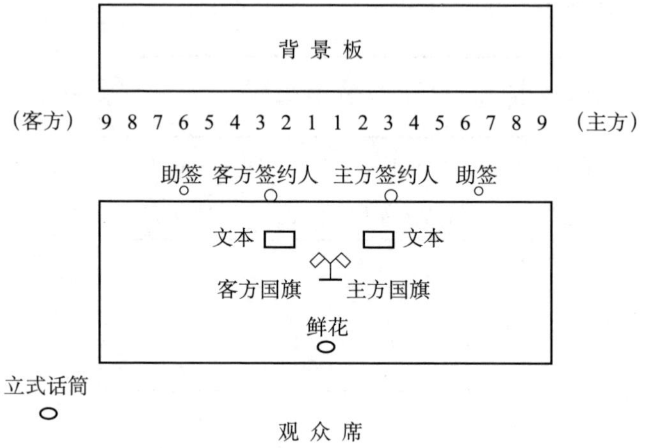

图 10－3

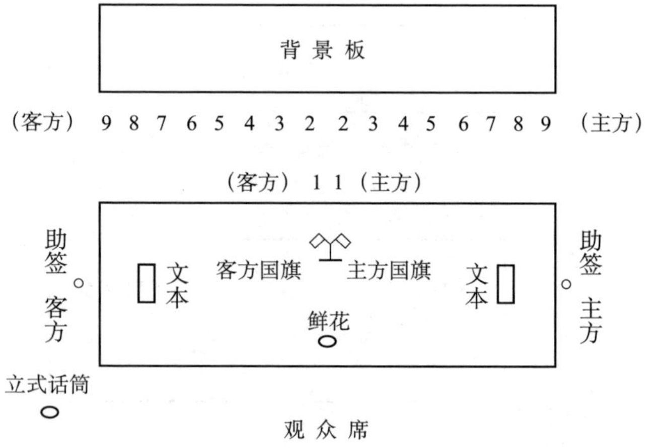

图 10－4

第二节　签字准备

（1）提前做好文本的协商、定稿、翻译、校对、印刷、装订。

(2) 提前协商签字地点、程序、着装、签字人和鉴签人（见证人），双方签字人及鉴签人的身份应大致对等，见证人员的数量基本一致。

(3) 备好签字用品，如文本夹、签字笔（有时需要备毛笔、砚台和墨汁）、吸墨器、背景板、签字桌（签字桌通常为条形长方桌横向摆放）、座椅（通常为两把，椅子之间相距约 1.5 米）、台布（桌面一般铺墨绿色的台呢。台呢的下垂部分，两端均等。外侧长，距地面约 10 厘米；里侧短，距地面约 40 厘米。台裙无褶皱、台布无折痕）、合影台阶、麦克风、香槟酒（或红酒，或不含酒精的饮料），以及托盘、口布、酒杯、开瓶器等。涉外签约还应备好旗架和签约国国旗。

(4) 拟好签约现场站位图，包括鉴签人、签约人、助签人、双方其他人员和现场有关礼宾人员的站位安排。摆好桌签、地签、椅签，并由专人负责引导与会领导和嘉宾就座。

(5) 确定签约顺序。

(6) 确定演讲台或立式话筒的设置。

(7) 确定签约音乐。

(8) 重要签约要进行演练（包括服务站位、开合签约文本、熟悉吸墨器用法、递换签约文本、挪椅离场等环节）。

第三节　签 字 程 序

签字仪式基本程序如下。

第一项，主持人宣布签字仪式开始（主持人，即司仪，常由主方有关人员担任，助签人由双方负责文本的一名工作人员担任）。

第二项，请双方主要负责人和签约人上台就位（主左客右，由中间向两边按职务高低站位或设座。当一排站不完时，可以分成两排或三排，但双方人数应大体相等）。

第三项，合影留念（亦可放在签约后进行）。

第四项，介绍双方领导及主要嘉宾（先介绍主方，后介绍客方；或按职务级别，由高到低介绍）。

第五项，请主方代表致辞并简要介绍签约背景。

第六项，请客方代表致辞。

第七项，宣布签署何种文件，由谁签署（协议书的内容一般不对外宣读，此项可视情况而定）。

第八项，请双方签字人到签字桌前就座，并在协议上签字［双方助签人提前将各自要保存的签约文本摆到签字桌上，然后站到签字椅外侧，等待签字人入座。签字人从各自站位中走出并入座后，助签人来到签字人外侧翻揭文本，指明应签字的位置并负责礼宾次序“倒本”。多方签约时，常规的做法是助签人在签字人的右手位服务。文本签署按照惯例实行“轮换制”，一般先签署本方署名在前的文本（该文本由己方保存），签字的位置在上首位；由助签人交换文本后，再在对方的文本下首位置进行签署］。

第九项，双方交换文本（此次交换后拿到的文本系各自保留的文本。交换文本时，要使用右手。交换文本后，签字人将文本交给己方助签人，并与对方握手或者互换签字笔，以作纪念。双方出席人员热烈鼓掌）。

第十项，请服务员上香槟酒（香槟酒应及时开启，倒入酒杯六七分满，以防等酒碰杯的冷场局面。如有忌酒的，可以水代酒或用不含酒精的饮品替代。让酒时，客方先端，主方稍后，继而主客双方共同举杯，碰杯庆贺。需要说明的是，政务签约活动通常没有上香槟酒的环节）。

第十一项，主持人宣布签字仪式结束。

第四节　记者厅（室）的布置

重要或大型签字仪式结束后，出席签字仪式的领导通常会共同会见记者，并答记者问。这就要求礼宾接待人员按照程序，提前做好活动转场的场地布置和有关准备工作。常见的共见记者厅（室）布置主要包括以下内容。

（1）放置背景板（如有中外文字，通常中文在上、外文在下）。

（2）背景板前搭地台（地台的高度为 15～20 厘米）。地台上摆放条形桌，桌上摆放花卉、单位名牌或国名牌、小桌旗（或用地插旗杆式国旗）。

（3）条形桌右侧设讲台，配鹅颈麦克风一支（供主客方领导致辞用），或者地台分别设置主客双方领导人讲台（按主左客右安排），并各配鹅颈麦克风一支。

（4）地台下方备立式麦克风若干支，供主持人和翻译使用。

（5）备媒体隔离绳一根，并安排两名服务员拉绳。

（6）根据领导出席情况，设同传间若干及移动麦克风若干支。

（7）台下记者席位摆放普通无扶手座椅若干（具体视出席的主客随行人员、记者数量而定）。

（8）现场备国产矿泉水、签字笔若干。

第十一章　新闻发布会

第一节　新闻发布会概述

新闻发布会也称记者会、记者招待会、吹风会、通气会。它是近年来党政机关和企事业单位常用的一种重要公务活动会议形式，是党政机关表达立场观点、回应社会关切问题、处置突发事件、服务人民群众、进行信息发布和情况通报的重要载体和平台。同时，它也是党务政务公开、密切党政机关与普通老百姓联系的重要手段。因而，它具有极强的政治性、政策性和专业性。

与西方国家相比，我国的新闻发布工作虽然起步较晚，但发展较快。自 2003 年开始推动新闻发布制度发展以来，国务院新闻办、中央各部门、各省（区、市）人民政府三个层次的政府新闻发布制度在全国范围建立起来，并已扩展至市、县级党委政府以及相关企事业单位。新闻发布制度已经成为党委政府中心工作的重要组成部分，是党代会、人大会、政协会等重要会议、重大活动和事件的惯例形式，是国内外新闻媒体所关注的热点。

席位安排作为新闻发布活动的一项重要工作，经过多年的实践，已经形成了一套具有中国传统主流文化特点、形式多元、内涵丰富、符合礼仪、内外有别的席位安排体系。

新闻发布会分为不设翻译席位和设翻译席位两种

情形。

新闻发布会层次可分为国家级、国家部委级、地方级。国家级，如国务院新闻发布会；国家部委级，如外交部、国台办、教育部、商务部等新闻发布会；地方级，如各省、自治区、直辖市及省辖市新闻发布会。新闻发布会通常由专职新闻发言人主持和作新闻发布，如国务院新闻发言人、外交部新闻发言人。除了专职新闻发言人，现在还经常由主管部门牵头主持，邀请有关部门和单位领导、专家或权威人士进行新闻发布，介绍情况。

新闻发布会根据不同的会议主题、性质内容、重要程度、规格高低、影响范围和要达到的效果与目的，以及媒体单位、新闻记者参加情况等，分别设有主持人席、发言人席、翻译席和记者席。席位安排要服务主题、突出重点、兼顾其他。根据需要，台上人员配备（不含嘉宾）主要有下列几种形式：（1）主持人一人；（2）主持人、翻译各一人；（3）主持人、翻译、点名官各一人；（4）主持人、翻译各一人，点名官两人。一般新闻发布会点名官由主持人兼任，重要的新闻发布会则需要配备专门的点名官。点名官是记者提问的点名人，负责提问阶段的点名事宜，对于新闻发布会（记者会）所要达到的效果和目的起着至关重要的作用，同时还负有保证会场秩序之责。会场布置有主席台式、口字形、回字形等摆法。

新闻发布会会前，主办方或牵头单位的领导通常会在新闻发布厅会客室会见应邀出席新闻发布会的有关领导和人员（嘉宾）。这样做，一是出于礼节，二是为了了解掌握发布的主要内容，三是为了提出在新闻发布或回答记者提问时应注意的事项。

第二节　党委、政府机构新闻发布会席位安排

党委、政府机构新闻发布会席位安排的基本规则包括以下几点。

（1）主持人一般情况下均居于主席台（发布席）正面朝前右侧边位（虚左以待），发言人或嘉宾居主持人左手位一侧。

（2）单数排列：居中为上，居左为次，居右再次之。

（3）双数排列：两人时，发言人（嘉宾）居左；四人、六人时 1 号发言人（嘉宾）居中心右位，2 号发言人（嘉宾）居中心左位。当然，重要新闻发布会，无论主席台人数是单数还是双数，新闻发言人一般均居中心而坐，如中国共产党第十八次全国代表大会新闻发布会主席台席位安排。

（4）不便排序时，可采用从主持人左手位起顺排的方法，即 1、2、3、4、5……

（5）总体上体现“左为上”的中国传统习惯做法，局部综合运用排序方法，多种因素统筹考虑，特殊情况灵活掌握。

一、不设翻译的席位安排

需要特别指出的是，不设翻译的席位安排形式，同样适用于人大、政协机关新闻发布会，但在设翻译的席位安排上略有不同、各有特点。

（1）单人，见图 11－1。

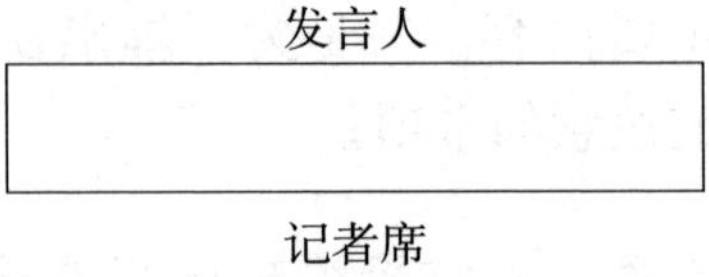

图 11－1

（2）两人，见图 11－2。

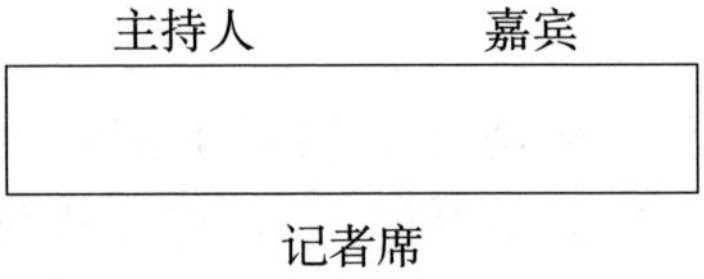

图 11－2

（3）三人，见图 11－3。

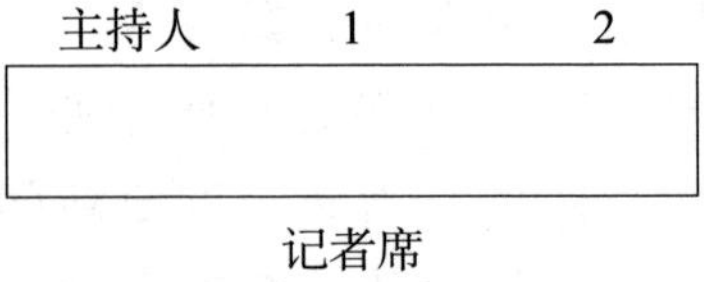

图 11－3

注：图中所标数字均代表新闻发言人或嘉宾，以下同。

（4）四人，见图 11－4。

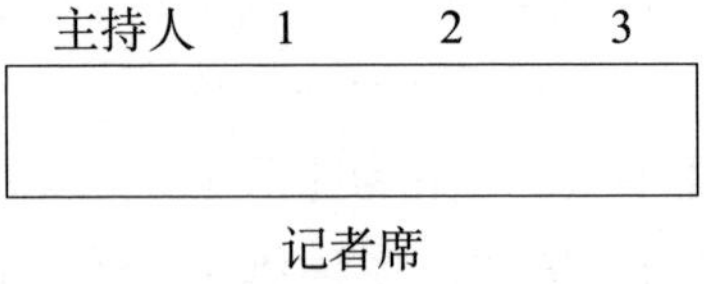

图 11－4

（5）五人，见图 11－5、图 11－6。

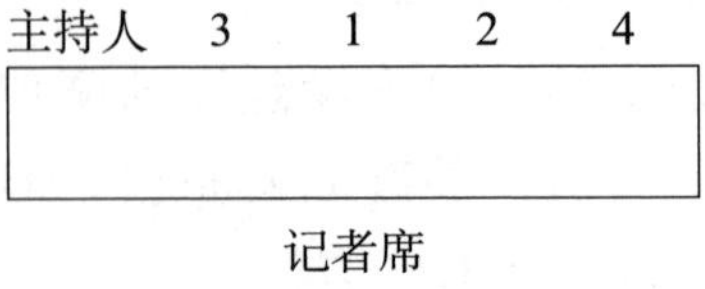

图 11－5

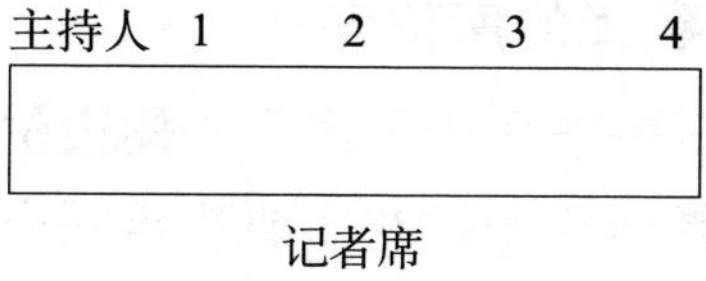

图 11-6

（6）六人，见图 11-7、图 11-8。

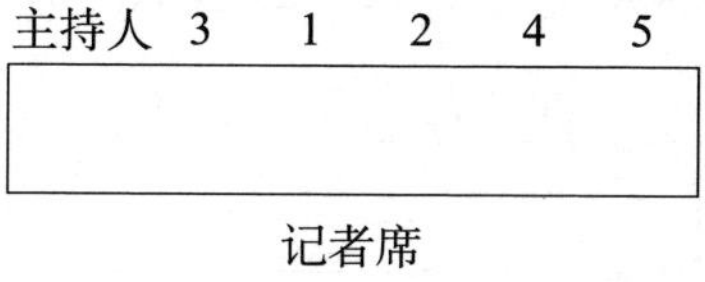

图 11-7

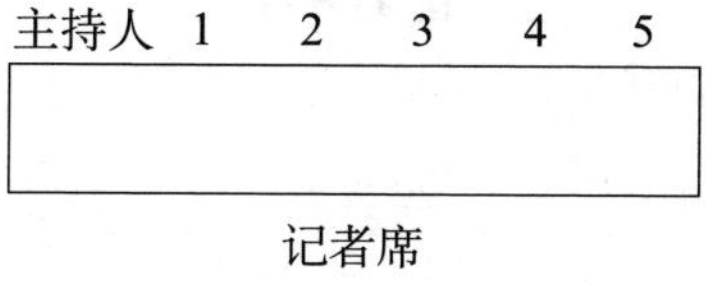

图 11-8

注：主持人兼发言人。

（7）七人，见图 11-9、图 11-10。

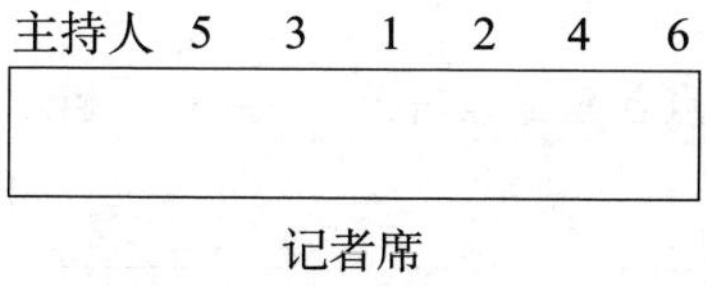

图 11-9

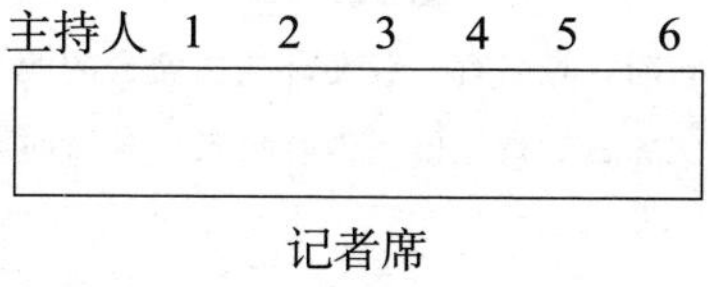

图 11-10

二、设有翻译的席位安排

翻译的位置一般居于主席台左侧边位。但重要或重大的记者会，翻译要安排在主要领导同志的左手位，并增加点名官。点名官为两名（两头各一位）。席位安排的原则是单数居中为上，双数居右为上，也可居中为上，两边呈不对称形状（见图 11－11 至图 11－19）。

主持人　　翻译

记者席

图 11－11

注：主持人兼发言人。

主持人　　发言人　　翻译

记者席

图 11－12

注：主持人兼点名官。

点名官　　发言人　　主持人　　翻译

记者席

图 11－13

注：设有点名官时，点名官一般安排在主席台的两头（当有一名点名官时，点名官居于主席台右侧边位，当有两名点名官时则主席台左右两端各一名）。

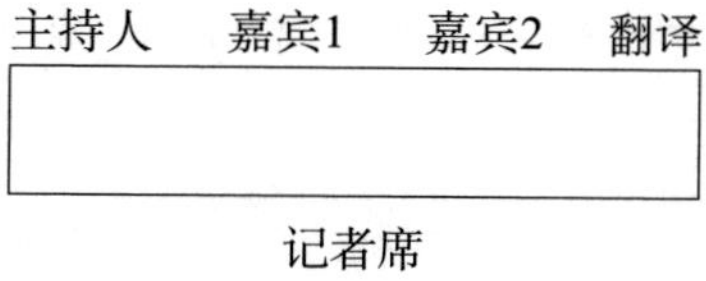

图 11-14

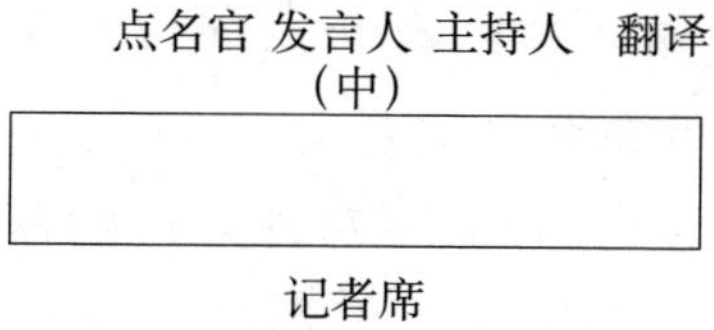

图 11-15

注：发言人居中心而坐，主持人居发言人左手位，点名官居发言人右手位，翻译位置不变。参见中共十七大、十八大新闻发布会席位安排。

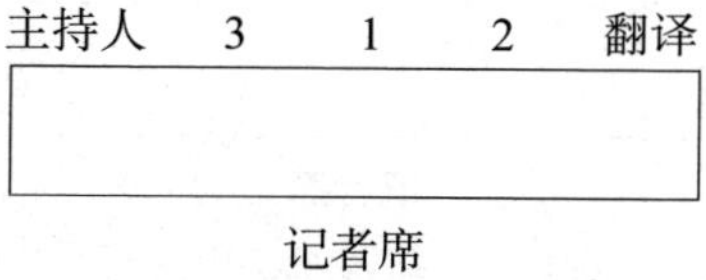

图 11-16

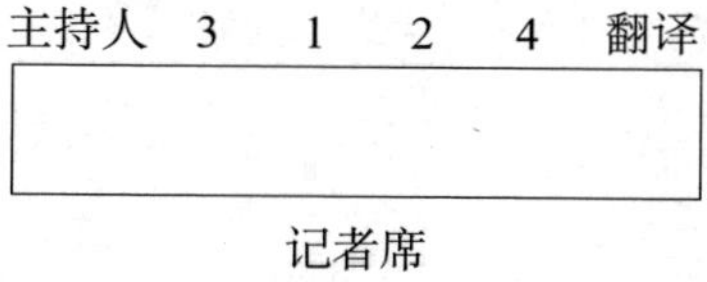

图 11-17

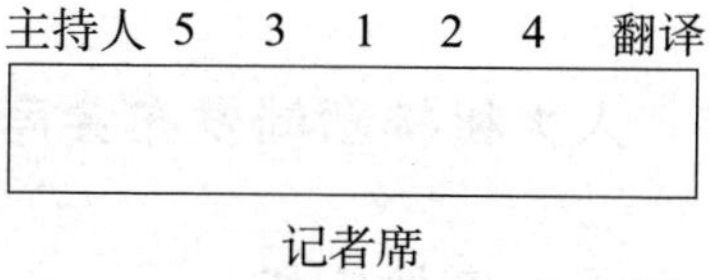

图 11-18

主持人　5　3　1　2　4　6　翻译

记者席

图 11－19

三、国内重大新闻发布会席位安排

国内新闻发布会（记者会），尤其是重要重大的新闻发布会（记者会），为了对外宣传的需要，同时也为了使国际社会更准确地了解新闻发布会（记者会）主席台在座人员的位次情况，在席位安排时应遵循国际惯例（见图 11－20、图 11－21）。

点名官　主持人　领导人　翻译　点名官

记者席

图 11－20

注：参见国务院总理记者会席位安排。

点名官　主持人　4 2 1　翻译　3 5　点名官

记者席

图 11－21

注：参见国务院总理记者会席位安排。

第三节　人大机构新闻发布会席位安排

一、不设翻译的席位安排

参见本章第二节“党委、政府机构新闻发布会席位安排”。

二、设有翻译的席位安排

设有翻译的席位安排，见图 11-22、图 11-23。

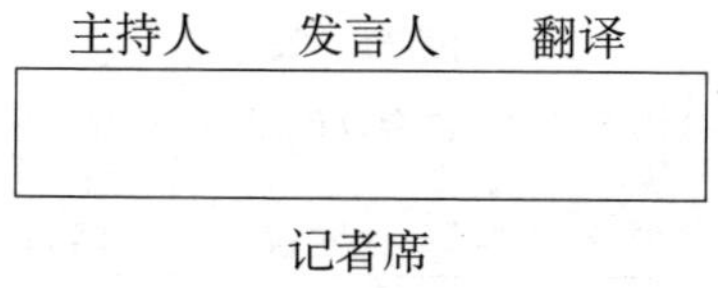

图 11-22

注：参见十二届全国人大一次会议新闻发布会席位安排。

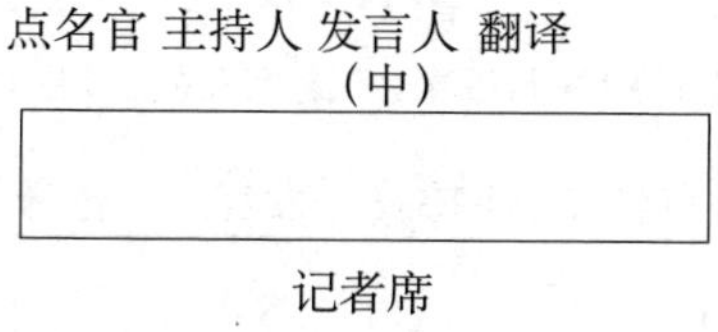

图 11-23

注：参见十一届全国人大一次会议新闻发布会席位安排。

第四节　政协机构新闻发布会席位安排

政协机构新闻发布会席位安排总的原则是居中为上、居左为上。主持人、点名官、翻译则根据会议的重要程度、规模大小和工作需要灵活掌握（见图 11-24 至图 11-27）。

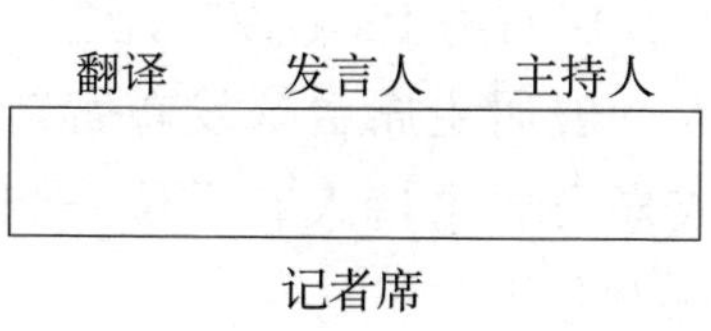

图 11-24

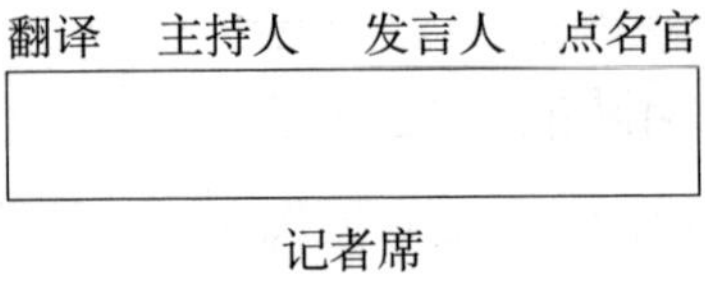

图 11－25

注：参见全国政协十二届一次会议新闻发布会席位安排。

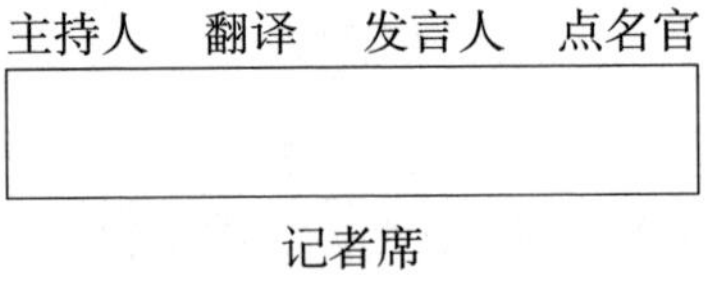

图 11－26

注：参见全国政协十一届五次会议新闻发布会席位安排。

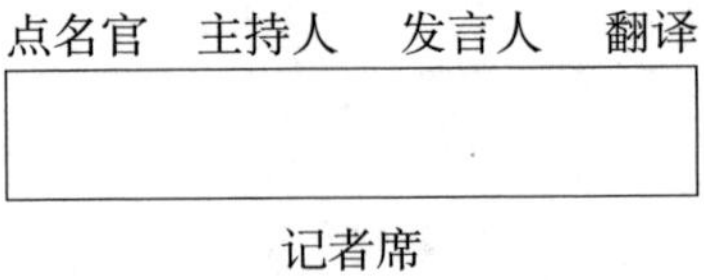

图 11－27

注：新闻发言人居中心而坐。参见全国政协十届五次会议新闻发布会席位安排。

第五节　党政机关外事部门新闻发布会席位安排

党政机关外事部门新闻发布会席位安排规则有以下几点：

（1）单数时：居中为上，居右为次，居左再次之。

（2）双数时：居右为上，居左为次。

（3）主持人一般居主席台（发布席）正面朝前左侧边位，发言人或嘉宾居主持人右手位一侧。总体上体现国际惯例“居右为上”。

（4）设有翻译时，翻译位于主席台左侧边位。

一、不设翻译的席位安排

（1）单人，见图 11－28。

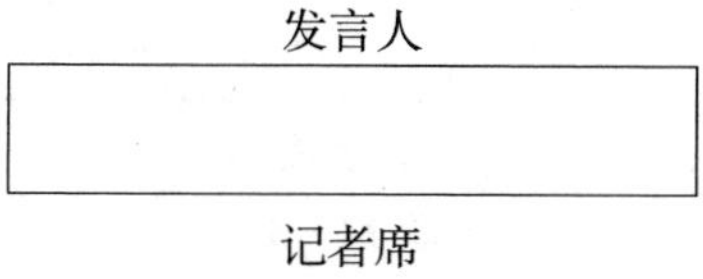

图 11－28

（2）二人，见图 11－29。

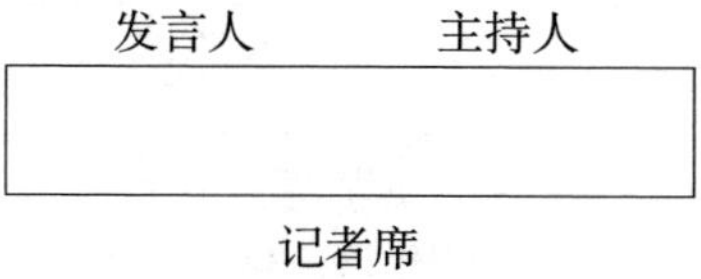

图 11－29

（3）三人，见图 11－30。

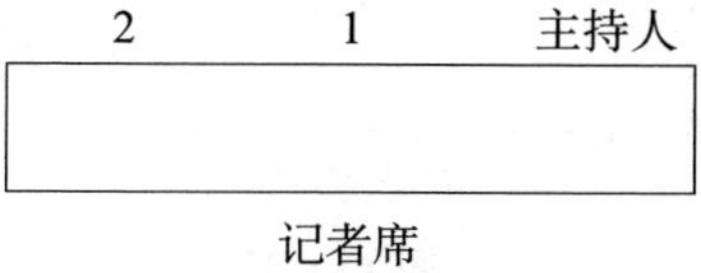

图 11－30

（4）四人，见图 11－31。

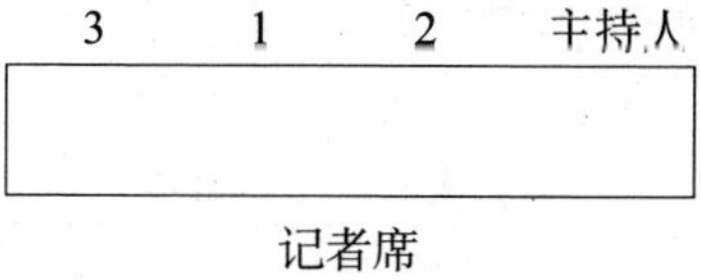

图 11－31

（5）五人，见图 11－32。

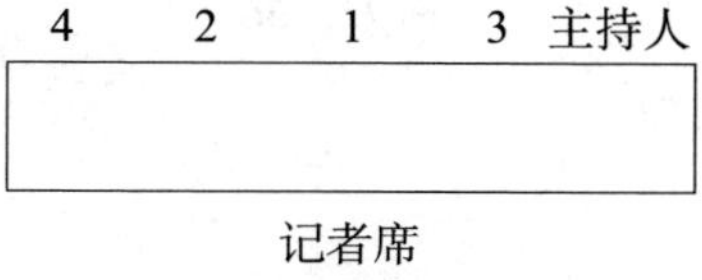

图 11－32

(6) 六人，见图 11－33。

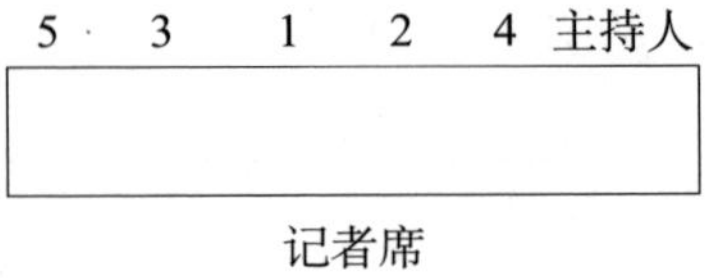

图 11－33

(7) 七人，见图 11－34。

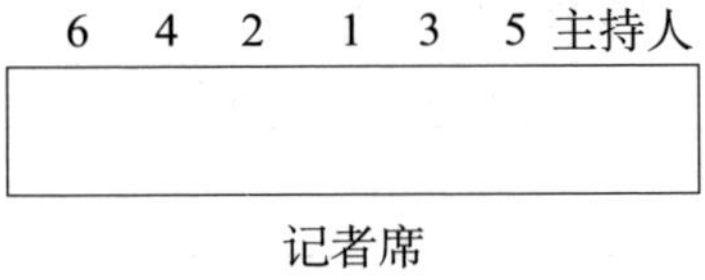

图 11－34

(8) 八人，见图 11－35。

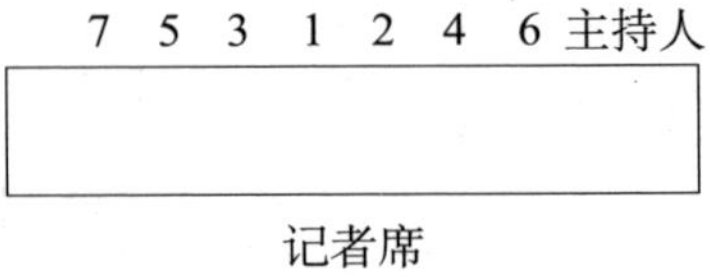

图 11－35

二、设有翻译的席位安排

翻译居主席台左侧边位。

(1) 二人，见图 11－36。

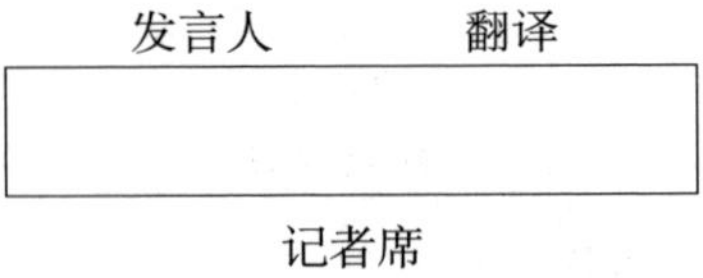

图 11－36

注：发言人兼主持人。

（2）三人，见图 11－37。

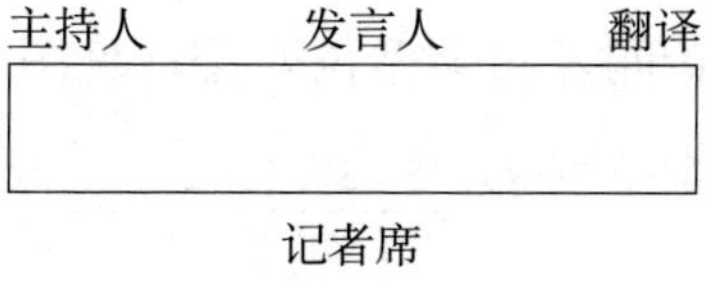

图 11－37

（3）四人，见图 11－38。

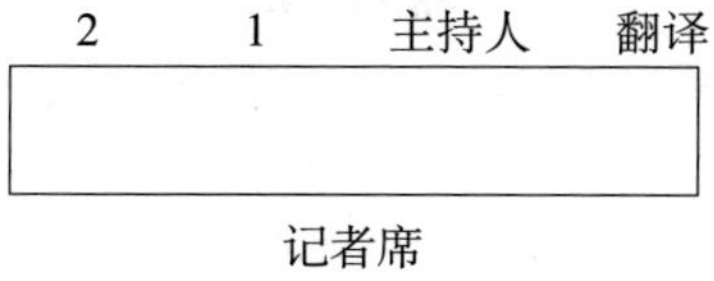

图 11－38

（4）五人，见图 11－39。

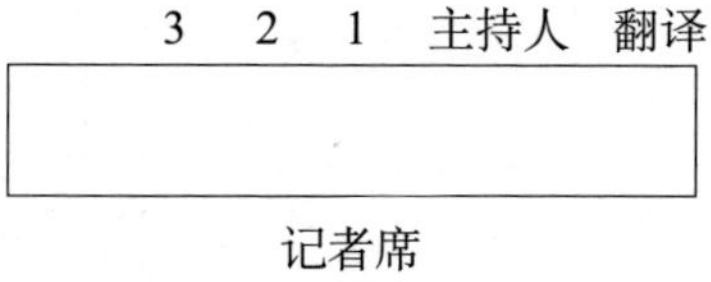

图 11－39

（5）六人，见图 11－40。

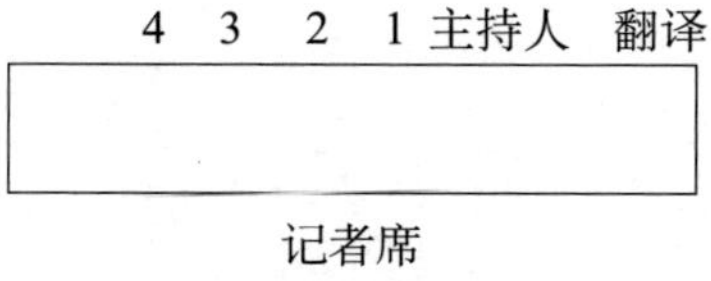

图 11－40

（6）七人，见图 11－41。

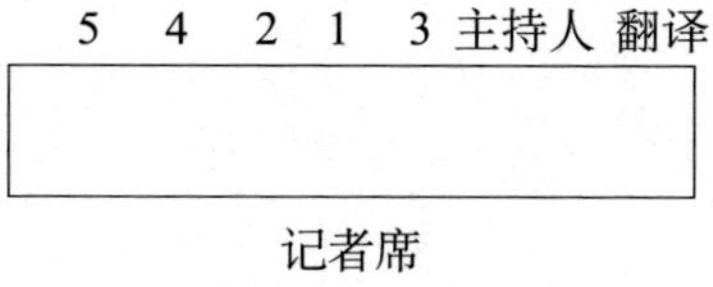

图 11－41

三、其他形式新闻发布会席位安排

其他形式新闻发布会席位安排，见图 11－42。

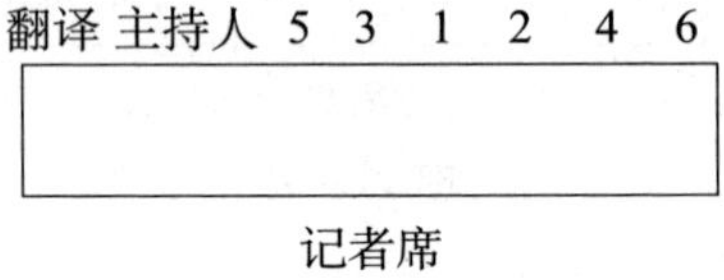

图 11－42

注：此种排法系“左为上”。

第十二章　宴　　会

第一节　宴会概述

根据国内公务活动的性质和目的，国内公务招待活动大致有两种情况：第一种是礼仪性的，例如重大节日、重大活动、国际会议、外事接待以及经贸洽谈、商务往来等活动中的宴会、招待会形式；第二种是工作性的陪餐活动，例如省与省之间、市与市之间、县与县之间互访考察、区域合作、学习交流中所举行的工作餐会，以及其他工作性质的陪餐活动。规格有高低之分，规模亦有大小之别。

一、国家级宴会

宴会按礼宾规格分为国家级宴会和地方性宴会。国宴是指国家元首或政府为招待国宾、贵宾，或在重要节日为招待各界人士而举行的宴请活动。例如，外国国家元首或政府首脑访华，我国国家主席或国务院总理为来访国宾举行的欢迎宴会，以及每年国务院总理举行的国庆招待会。国家级宴会是以国家名义招待宾客，处处体现国家形象，因而是最高规格的宴会形式。

宴会按时间又分为午宴和晚宴。通常晚宴比午宴更为隆重一些。根据宴会情况，宴会在名称上多使用“欢迎午宴”“欢迎晚宴”“工作午宴”“工作晚宴”以及“欢迎宴会”“招待宴会”等词语。内事礼仪性的招待活动一般不做上述区分，只称为宴会或欢迎宴会。

“工作午宴”或“工作晚宴”由于具有“工作性”和“宴会性”，在安排时有别于正式“欢迎宴会”（标准不变）。通常每位领导的餐位均备有话筒，供边用餐边开会使用，上菜时餐具要防止碰撞，避免就餐噪声；菜单一般采用“中西合璧，中餐为主”的原则。同时，充分考虑领导的喜好和禁忌，有些菜单是不尽相同的，但菜品数量一样（由于菜品不同、同时上菜、同时撤盘、食材及口味不能重复的刚性要求，因而服务保障工作具有较大难度。大型活动如有多场宴会，通常每场宴会地点也会有所不同）。

二、地方性宴会

地方性宴会是地方礼仪性的招待活动，招待方式主要有宴会和招待会两种（在这里需要明确的是，宴会与宴请是两个不同的概念。宴会是名词，是表现形式；宴请是动词，是行为动作。弄清楚这两个概念对于接待工作十分必要）。由于招待规格相对较低，因而宴会的档次、标准、水平也相对较低，各地招待活动应严格按照有关制度规定举行。

招待会的种类主要有冷餐会、酒会、茶会、自助餐会等。（招待会一般是指各种不备正餐、较为灵活的就餐形式，备有食品、酒水饮料。通常席位座次安排只排主宾席人员，其他人员席位座次则可排可不排。如果需要排的话，可只排到桌，而不一定非排到位。也可不设座位，就餐时自由走动。）

三、公务陪餐

公务陪餐的形式可以是自助形式也可以是桌餐形式。在名称上有自助餐会、工作餐会、餐叙会、早餐会、午餐会、晚餐会等；在性质上，这类陪餐也是边就餐边对话的工作性质的餐会活动。《党政机关国内公务接待管理规定》对公务接待工作餐的性质、对象、目的、标准、场所、人数、菜肴、烟酒、经费等都做出了明确规定，必须严格执行。硬件接待有标准，软件服务无止境。在这一前提下，应当根据礼宾接待工作需要，选择不同的就餐形式，使工作餐的陪餐方式和就餐形式多样化，除了自助餐外，也可以采用中式桌餐、中餐西吃（分餐或单吃。分餐的好处是一人一份，减少浪费，方便卫生，有利于规范化的服务）、西式套餐、中式套餐等陪餐形式。

四、就餐方式

按就餐方式来分，宴会可以分为中餐宴会、西餐宴会和中西合餐宴会。中餐宴会就餐方式普遍采用“中式桌餐”（古时，中餐宴会为分餐，后演变为围桌合餐）、“中餐西吃”和“中餐分餐”。“中餐西吃”的特点是既备有筷子，也备有刀叉等西餐餐具，中西结合，主客两便。“中餐分餐”方法主要有四种，即餐位分菜法、转台分菜法、餐边台分菜法、厨房分菜法。一人一份，单独用餐（单吃）。在上菜顺序上，西餐是冷盘、汤、热菜，然后是甜食或水果；中餐则是先吃冷菜、热菜，后喝汤。在数量上，高端宴会原则上实行“四菜一汤”“三菜一汤”或“两菜一汤”。

菜肴口味安排的基本要求是：突出本地特色，顾及各方习惯，主客关系时以我为主，两者兼顾，上下级关系时以上级为主。

第二节 宴会设计

一、台形设计

宴会台形设计，是指将宴会所用的餐桌按一定要求排列组成的各种格局，是整个宴会设计的重要组成部分。(通常宴会都有宴会主题，宴会主题是通过宴会设计策划，运用各种宴会元素来表现的。宴会元素包括场地、环境、氛围、风格、餐具、家具、摆台、菜品、酒水、饮料、服饰等。)

宴会台形设计的总体要求是：根据宴会主题，按照宴会要求，结合场地情况进行宴会台形布局定位。宴会主宾席应置于显著位置，可以是长桌，也可以是圆桌，通常主宾席的台面应大于其他各席。

席次排列的基本原则是：圆形餐厅餐桌居中为上；餐桌横排时以右为上；有主席台时餐桌临台为上。其他桌次的高低以离主桌位置远近确定，右高左低。两桌以上的宴会，其他各桌主陪的位置可与主桌主人位置同向，也可以面对主桌的位置为主位。但主流做法还是前者；对于后者，应持开放态度。

大、中型宴会由于人多、桌多，可根据宴会的规模和要求，将宴会厅分成主宾席区和来宾席区等若干服务区。

大型宴会主宾席区，一般设五桌，即一主四副。中型宴会主宾席区，一般设三桌，即一主二副。主宾席副桌的多少不能一味讲究对称，而应该根据主宾席的人数情况来定。有时就不一定对称，如一主三副、一主五副或一主七副等。

大型宴会的主宾区与来宾区之间应留有一条较宽的通道，其宽度应大于一般来宾席桌间的距离，如条件许可应不少于 2 米，以便宾主席间出入。

宴会如有乐队伴奏，可将乐队安排在舞台上或主宾席的两侧，也可安排在宴会区的最后一排周围。伴乐时乐队规模不宜太大，以不超过 10 人为宜。乐队与主宾席应保持一定距离，演奏音量适中，演奏曲目通常以地方的民间音乐为主，适当选奏一首或两首客方家乡的著名乐曲。

如果席间伴有文艺表演，则各桌宾主位置面朝舞台安排。

宴会台形设计注意事项如下：

第一，主桌应面向餐厅正门能够纵观宴会厅的位置。

第二，注意对主桌进行装饰，主桌的台布、餐椅、餐具、台面设计等应与其他餐桌有所区别。整个场地主色调与副色调的搭配应与宴会主题相吻合。例如宴会以绿色为主题，宴会厅的布置通常会以绿色为主色调，以粉色为副色；以喜庆为主题，通常会以红色为主色调，以黄色或白色为副色；以工作进餐或经贸论坛为主题，通常会以蓝色为主色调，以白色为副色。

第三，要有针对性地选择台面。一般直径为 1.5 米的圆桌，每桌可坐 8 人；直径为 1.8 米的圆桌，每桌可坐 10 人；直径为 2～2.2 米的圆桌，每桌可坐 12～14 人；直径为 3 米的圆桌，每桌可坐 20 人。一些涉外高端宴会，为了彰显气派或者方便贵宾观赏节目，通常主桌安排更为宽松。例如某次高端论坛活动，一张直径 7.5 米、周长 23.5 米的圆形宴会主餐桌，按标准可坐 14 人，但只坐了 10 人。总之，主桌应根据人数的多少选择相应规格的圆桌或长台。通常座位与座位之间的左右距离至少保持 0.5 米，一般为 0.6 米，舒适为 0.7 米，豪华为 0.85 米。

座椅的高度为 0.45 米，餐桌高度为 0.75 米为宜。直径超过 1.8 米的圆桌应放置转台，不宜摆放转台的特大圆桌可在圆桌中央铺设鲜花。

第四，台形排列应根据餐厅的形状和大小及宴会人数来安排。桌与桌之间的距离不小于 1.5 米，餐桌距墙的距离不少于 1.2 米。宴会所用桌（台）应排列整齐有序，疏密间隔适当，既方便就餐，又便于服务。

二、餐桌摆台

餐桌摆台要求台布平整，中线对主位，四角均匀，餐椅依主位均匀对称摆放。

餐具是宴会摆台的最基本元素，也是最重要的元素。餐具色彩应符合宴会主题，与台面、台布、花卉、餐巾花（亦称口布花，主人位置上的餐巾花称为主花。主花要选择美丽而醒目的花型，并高于其他位置的餐巾花，以突出主位）、服饰等餐台环境达到和谐一致的美的效果。

布碟正对餐位，摆放均匀，碟花要正，距桌边 2 厘米，勺托和瓷勺放在布碟的正前方，勺把朝右，勺托与布碟中心线垂直，距离为 0.5 厘米。红酒杯对正布碟中心线，距勺托 0.5 厘米，白酒杯放在红酒杯右侧，水杯放在红酒杯左侧，三套杯间距 1.5 厘米，平行成一直线。筷子架、筷子放在布碟右侧，筷子架与勺托和红酒杯的中心线平行，筷子顶距桌边 2 厘米，勺把不能压筷子。公用碟放在正、副主位的正前方各一个，碟内各放一个瓷勺和一双筷子；勺在前，勺把在左，筷子顶端向右；公用碟边与红酒杯距离为 2 厘米。牙签筒分别放在公用碟的右前方。烟缸从正主位右侧开始，每隔两个布碟摆放一个，其外切线与酒杯平行线对齐，与左右布碟距离要均匀。

桌面物品的摆放，通常是“左固右液”，即左手边摆放固体（如毛巾、面包等），右手边摆放液体杯具（如茶杯、酒杯、饮料杯等），也称为“左手毛巾右手茶”。但是，会议桌毛巾、茶杯通常均放在右手位一侧。毛巾靠外，茶杯靠里，席位签居中，即“巾外杯里”。

三、花卉设计

盆花主要用于布置室内外环境；插花（中国传统插花）主要用于台面、室内卫生间、休息区。花卉布置时，应注意有关花卉禁忌。

第三节 席次安排

一、宴会圆桌席次安排

（一）一桌宴会

一桌宴会，见图 12－1。

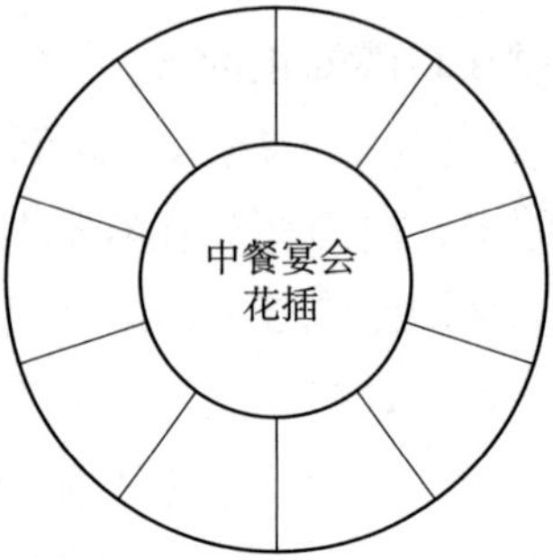

图 12-1

注：一桌宴会，餐桌应置于宴会厅的中央位置，宴会厅的屋顶顶灯对准桌心。

（二）二桌宴会

（1）横一字形，见图 12-2。

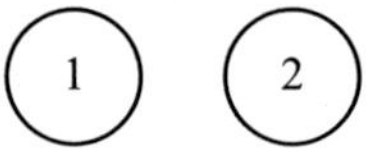

图 12-2

（2）竖一字形，见图 12-3。

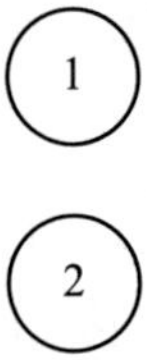

图 12-3

（三）三桌宴会

（1）品字形，见图 12-4。

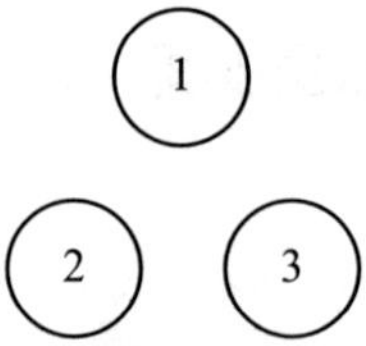

图 12-4

(2) 一字形，见图 12－5。

图 12－5

(四) 四桌宴会

(1) 正方形，见图 12－6。

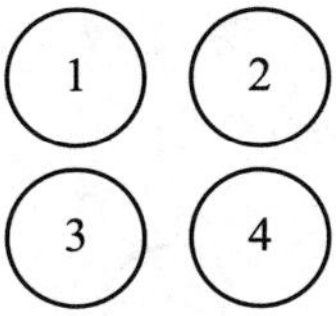

图 12－6

(2) 菱形，见图 12－7。

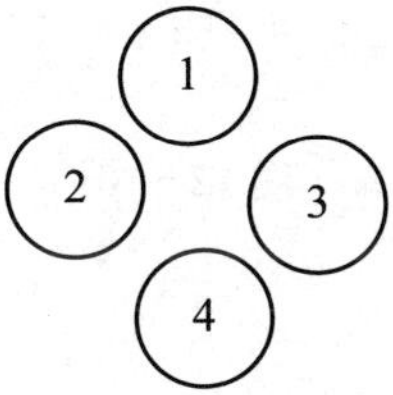

图 12－7

(五) 五桌宴会

(1) 正方形，主桌居中，见图 12－8。

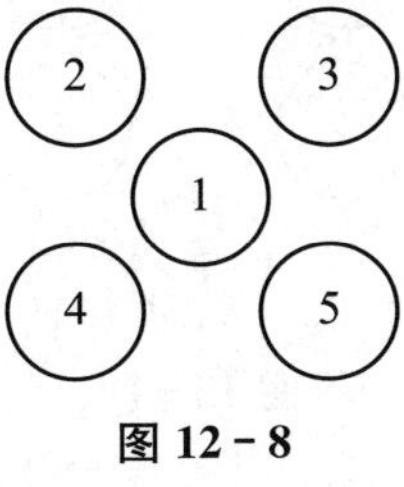

图 12－8

(2) 主桌前置，其余四桌为正方形，见图 12－9。

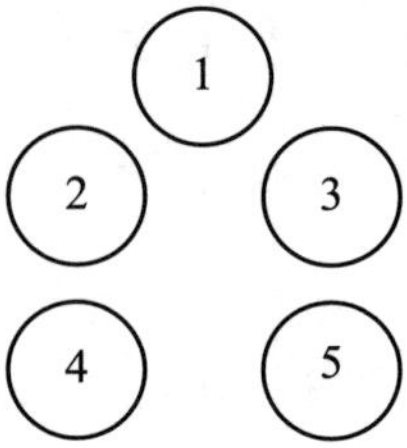

图 12－9

(3) 梅花形，见图 12－10。

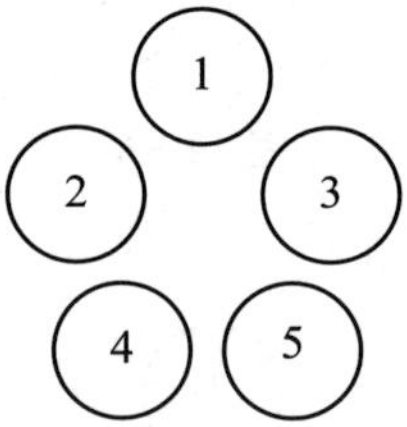

图 12－10

(六) 六桌宴会

(1) 菱形，见图 12－11。

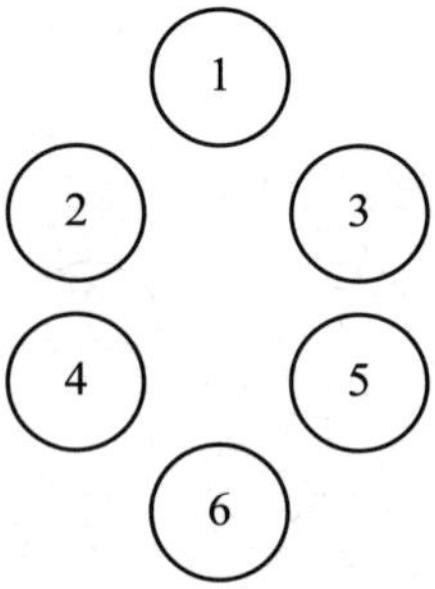

图 12－11

（2）长方形，见图 12－12。

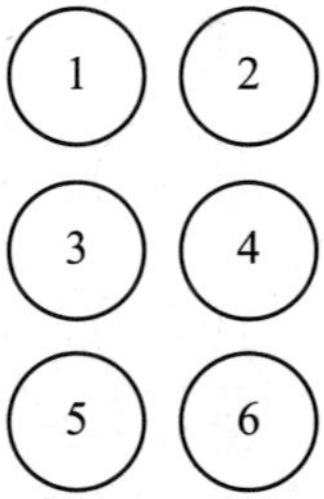

图 12－12

（3）三角形，见图 12－13。

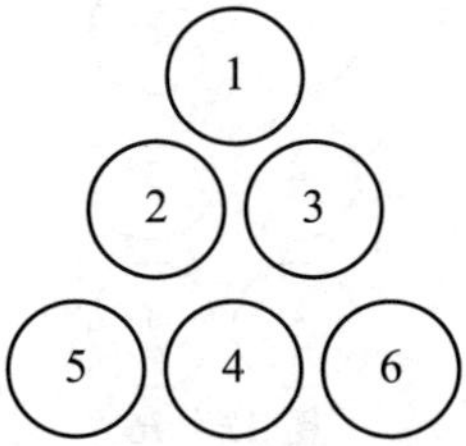

图 12－13

（七）七桌宴会

（1）花瓣形，见图 12－14。

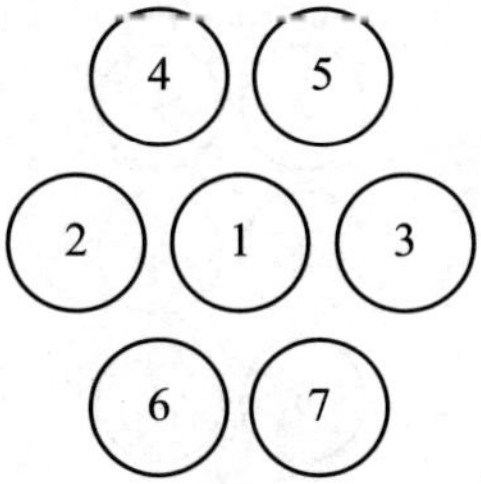

图 12－14

（2）主桌前置，其余六桌摆成横长方形，见图 12－15。

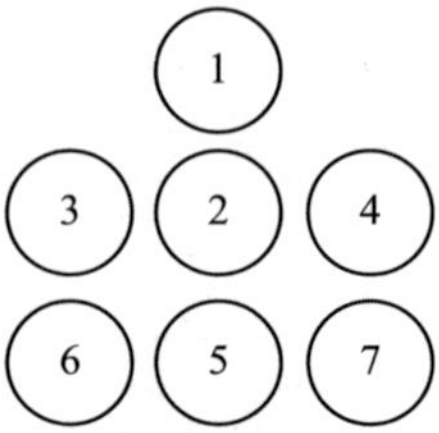

图 12－15

（3）主桌前置，其余六桌摆成竖长方形，见图 12－16。

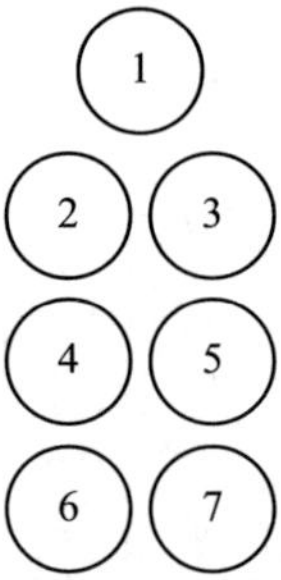

图 12－16

（八）八桌宴会

（1）中间长方形，主桌前置，8 号桌后置，见图 12－17。

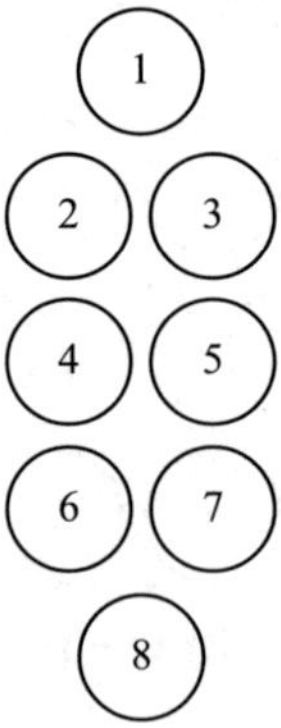

图 12－17

注：适合于长方形宴会厅。

（2）1、2 桌前置，其他桌摆成横长方形，见图 12－18。

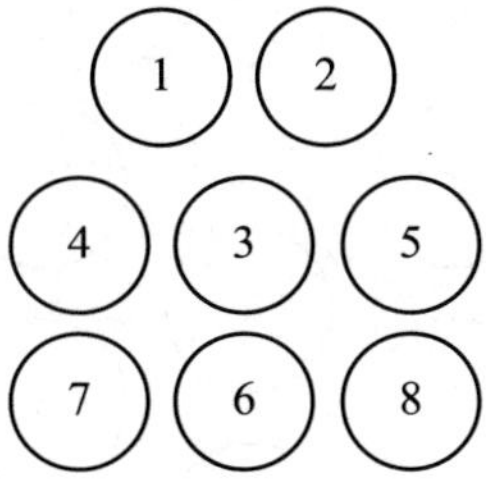

图 12－18

（3）长方形，见图 12－19。

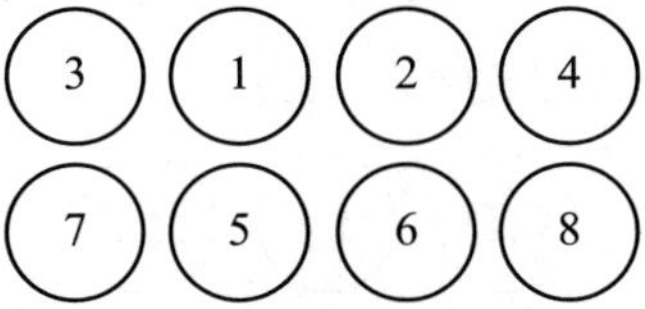

图 12－19

（4）主桌前置，其他桌摆成花瓣形，见图 12－20。

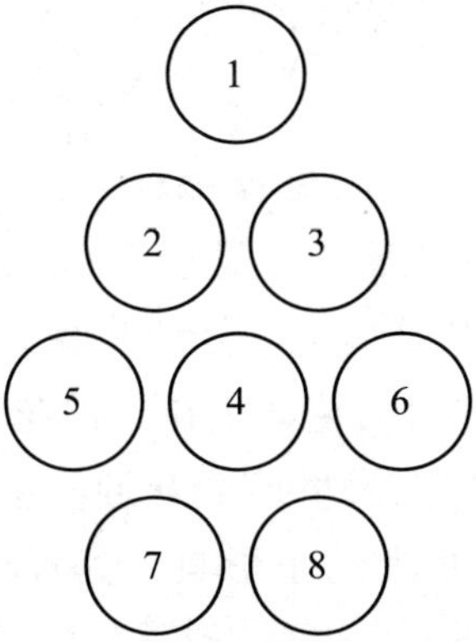

图 12－20

（九）九桌宴会

（1）主桌突出向前，其他桌摆成方形，见图 12－21。

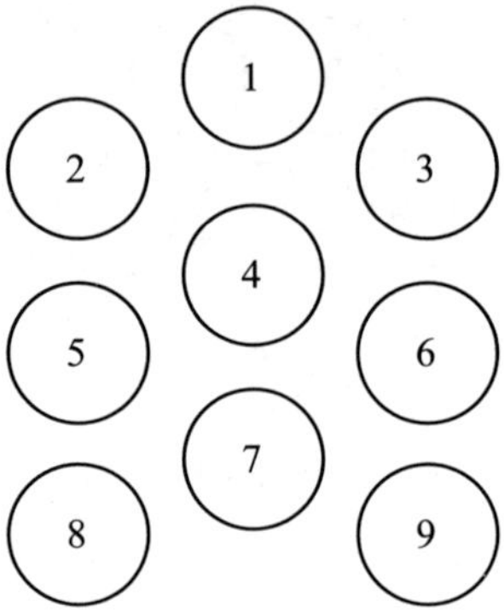

图 12－21

（2）正方形，见图 12－22。

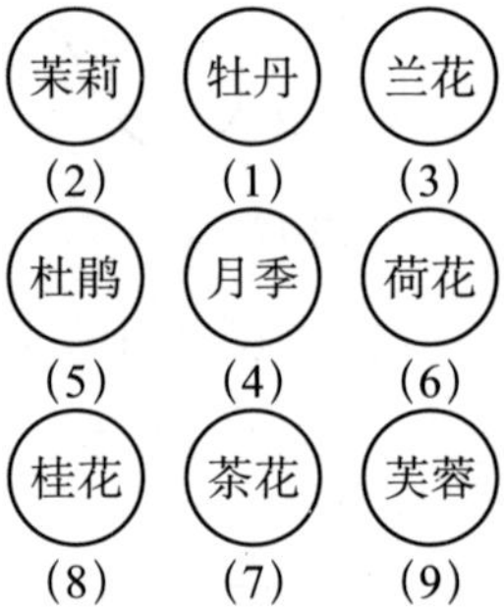

图 12－22

以花冠名，淡化席次。见于 2008 年北京奥运会欢迎宴会席次安排。排列次序，分别为牡丹（主桌）、茉莉、兰花、月季、杜鹃、荷花、茶花、桂花、芙蓉。

又如，2010 年上海世博会欢迎宴会采用的是混搭形式。主桌是长约 20 米的条形桌，另设 36 张圆形桌。离主桌最近的 7 张圆形桌也是以花冠名，排列次序为玉兰、茉莉、月季、杜鹃、荷花、茶花、芙蓉（见图 12－23）。

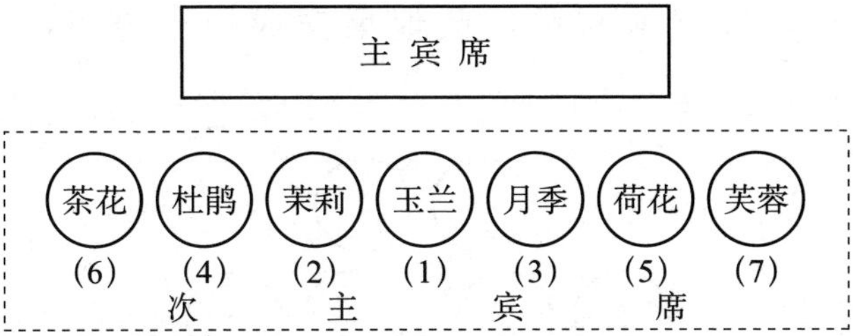

图 12 - 23

以花冠名安排席次的做法，越来越多地应用于大型的多边宴会活动中，为了确保快速入座，可在座位上贴上国旗与国名，并安排工作人员在通道处协助指位。

（3）主桌前置，其他摆成横长方形，见图 12 - 24。

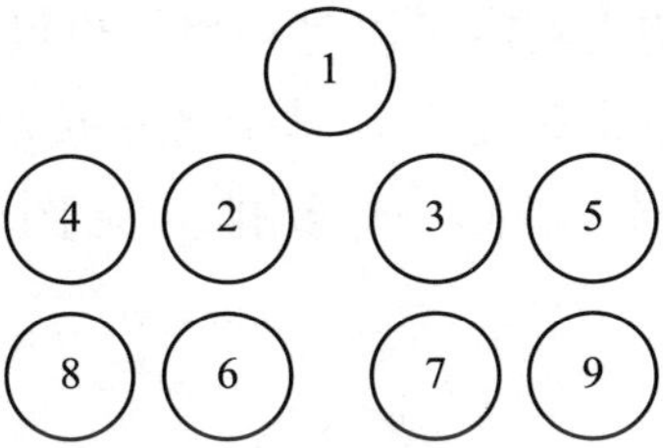

图 12 - 24

（十）十桌宴会

（1）主桌前置，其他桌摆成正方形，见图 12 - 25。

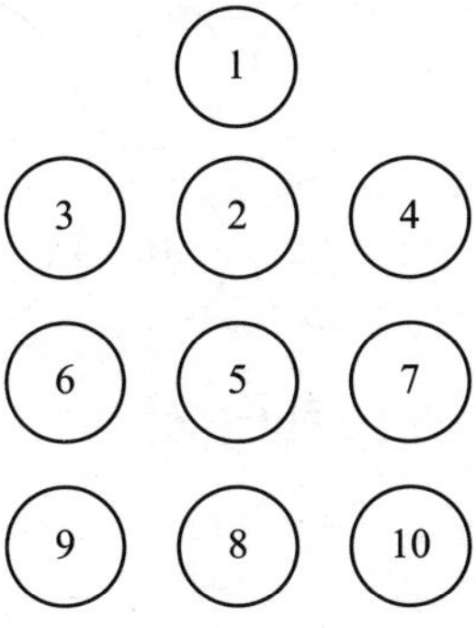

图 12 - 25

（2）1、2 桌前置，其他桌摆成横长方形，见图 12－26。

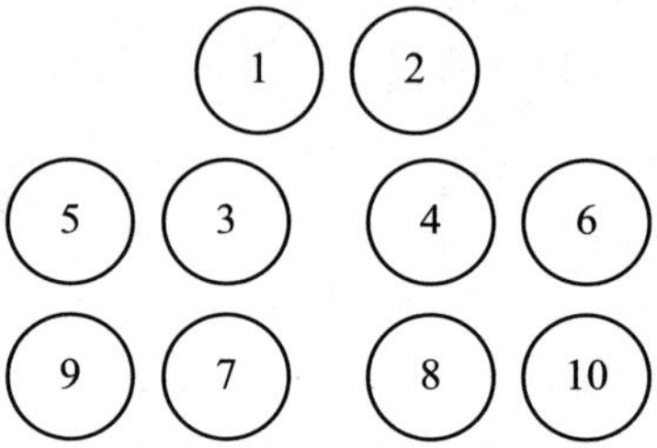

图 12－26

（十一）十一桌及以上宴会

中型宴会的主宾席可以是一桌，也可以是一主一副，或一主二副。主桌确定后，其余各桌按顺序排列，或横排，或竖排，或双排，或多排（见图 12－27 至图 12－31）。

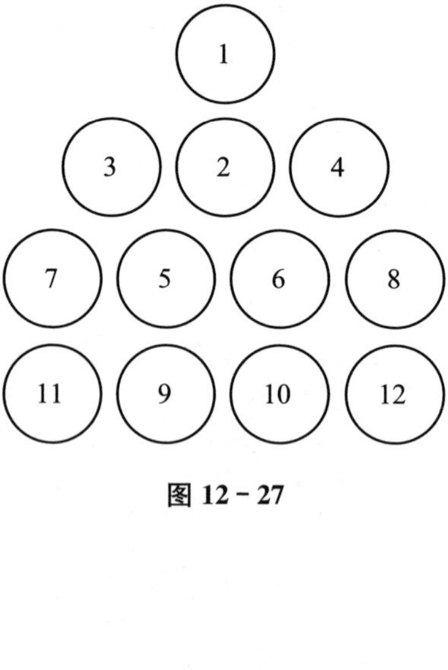

图 12－27

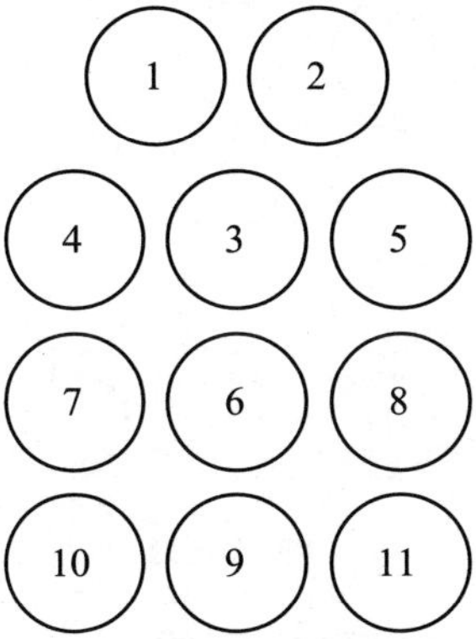

图 12-28

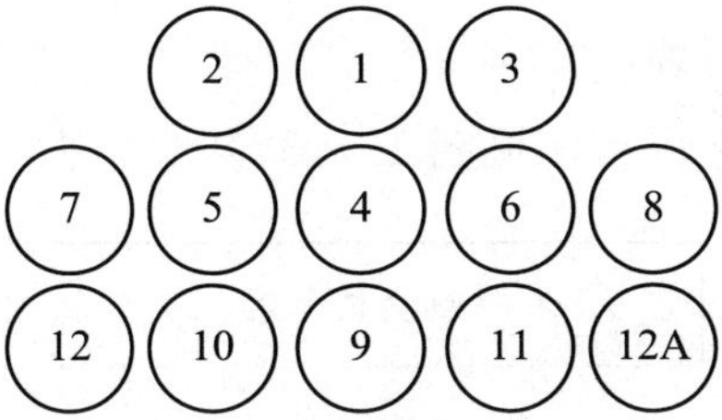

图 12-29

注：有时为照顾基督教国家忌数字“13”的习惯，在桌次序号排列中，为了不出现数字“13”，可将第 13 桌排成第 12A 桌，或者不排第 13 桌，而直接排第 14 桌。

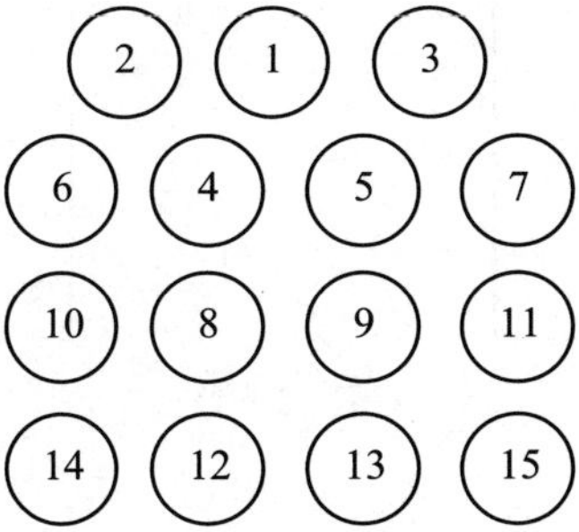

图 12-30

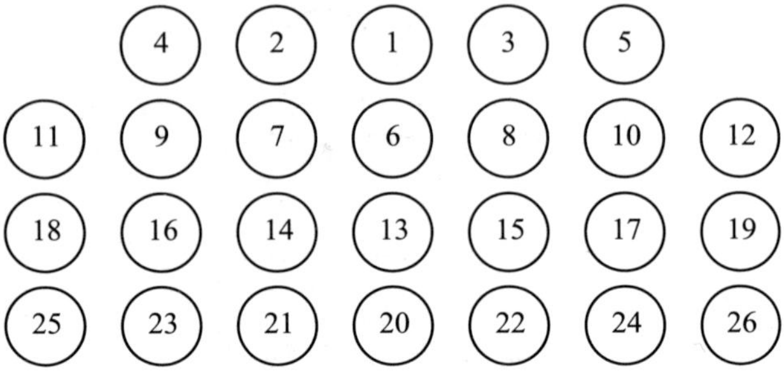

图 12－31

二、宴会长台桌席次安排

宴会长台桌形式主要有一字形、U 形、E 形、正方形、口形等形式。

（1）一字形台，见图 12－32。

图 12－32

（2）U 形台，见图 12－33。

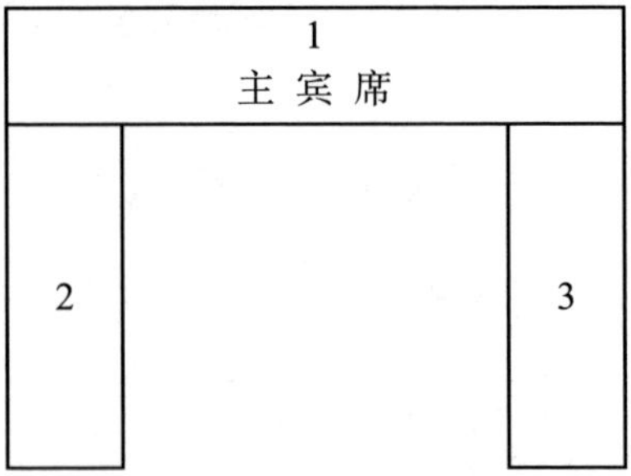

图 12－33

（3）E形台，见图 12－34、图 12－35。

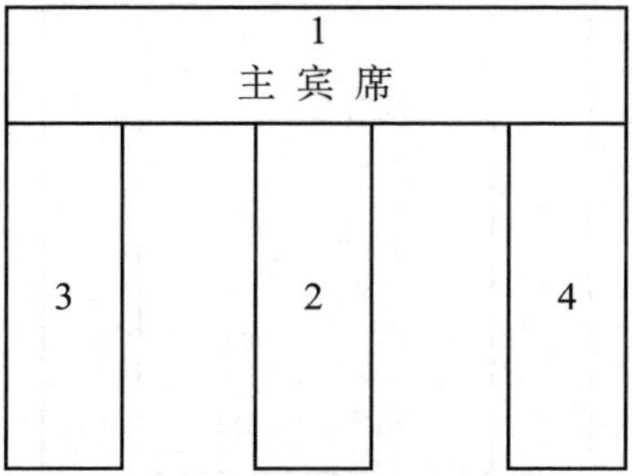

图 12－34

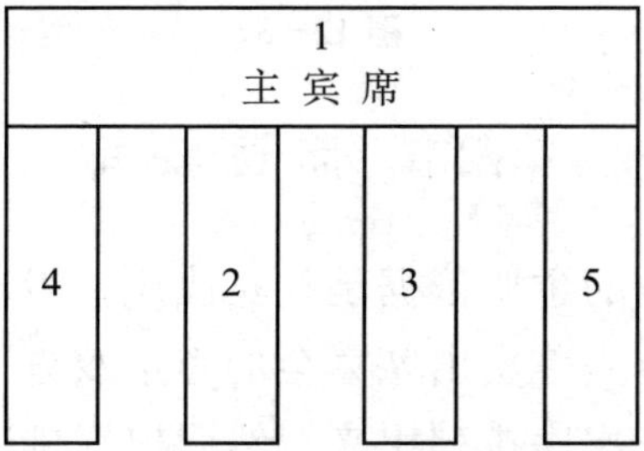

图 12－35

（4）正方形，主宾席居中，见图 12－36。

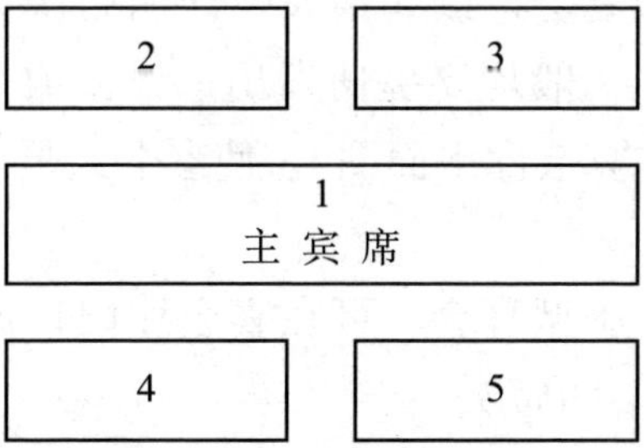

图 12－36

（5）口形台，见图 12-37。

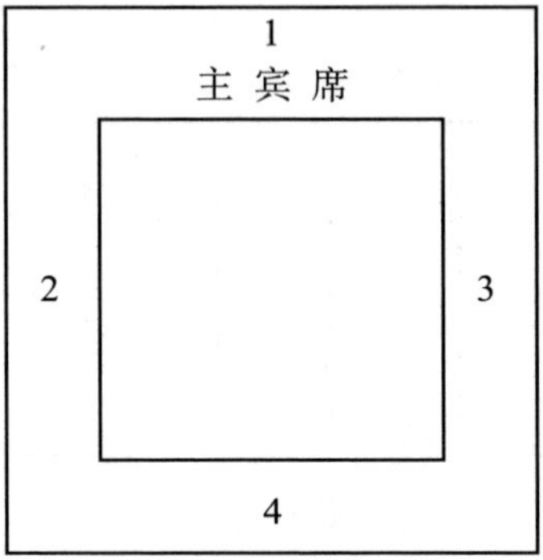

图 12-37

第四节　席位安排

席位安排的主要依据是礼宾次序。因此，在席位排定之前，要首先落实出席宴会的宾主双方人员名单，并按各自的礼宾次序排列出来，然后根据排序规则进行席位安排。席位排定以后，通知出席人员知晓席位的方法主要有以下几种。

（1）大型宴会，以在请柬上注明席次为最好（正式的大型宴会，一般均要提前发出邀请函或请柬，注明桌次，并附上“宴会厅平面图”，使参会人员入席时一目了然）。

（2）中、小型宴会，可在宴会厅门口放置一张“席位安排图”，标明席次。

（3）印制“席位安排”，宴会前发给参会者。

（4）有些小型宴会，可采取电话、短信、口头通知形式，或在入席时，由迎接人员引导入席。

重要或重大活动的宴会席位安排图须报有关领导审定。

宴会席位安排除了要把握好礼宾次序外，还需要考虑其他一些因素，如彼此间的友好关系、熟知程度、工作联系、文化差异以及民族、宗教、信仰等因素。安排席位时要避免将有分歧、有矛盾的人员安排坐在一起或对面，以照顾彼此舒适度。

在欧美国家举行宴会，其座位排列习惯，通常是女主人陪男主宾，男主人陪女主宾，其他参宴人员也大体上是女陪男，男陪女。而在我国国内官方宴会席位安排中则不论男女，只论职务；在一些非公务活动宴会席位安排中，为了谈话方便，基本上是男陪男，女陪女。

宴会上如有翻译，一般安排在主宾的右侧。如果有两名翻译，则另一名翻译安排在主人的左侧，也可分别安排在副主宾左右两侧。具体情况应视副主宾的座位和需要而定。以长方桌作为主宾席时，为便于交谈，翻译也可坐在主要客人（主宾）的对面。这里需要说明的是，我国现在举行的重大或大型宴会，翻译均不上席，为便于交谈，翻译坐在主人、主宾以及需翻译人员的宾主人员身后。

内宾接待工作中有时会遇到一些特殊情况，需要灵活处理。比如，有时主宾身份高于主人，为表示对主宾的尊重，可以把主宾摆在主人的位置上，而主人则坐在主宾的位置上，其他人员正常排定；第二主人可坐在主宾的左侧，也可按常规安排。

在涉及民族、宗教的一些仪式或节庆招待会活动时，可以由该民族、该教会的级别最高人士（宗教领袖）坐主位，而前来祝贺的上级领导同志按礼宾次序坐客位，即主左客右。如中国伊斯兰教协会 2014 年古尔邦节招待会的席位安排。当然，也可以由上级领导同志坐主位，即主宾坐主位，主人坐主宾的位置。

宴会桌（台）上除了每位前面放置席位签外，通行的做法还应放置本桌宾主双方人员名单（包括姓名、职务、单位）。客方人员面前放置主方人员名单，主方人员面前放置客方人员名单，以便双方交流使用。

一、宴会圆桌席位安排

宴会圆桌席位安排，见图 12－38 至图 12－45。

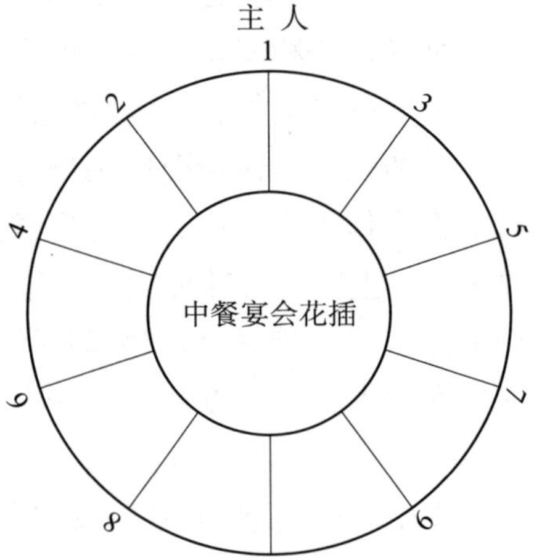

图 12－38

此种席位安排只设主人，不设第二主人，即“一个中心”。按照礼宾次序，先右后左，交替摆放。

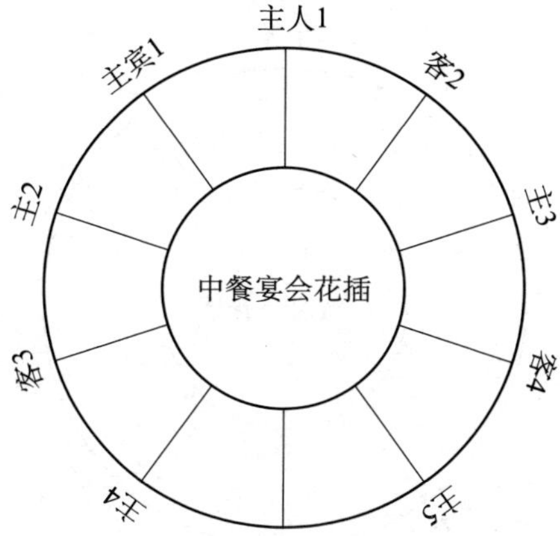

图 12－39

注：以下席位安排图示均为国际惯例“右为上”。

此种席位安排也是“一个中心”的摆法。双方按礼宾次序，先右后左，交叉排位。

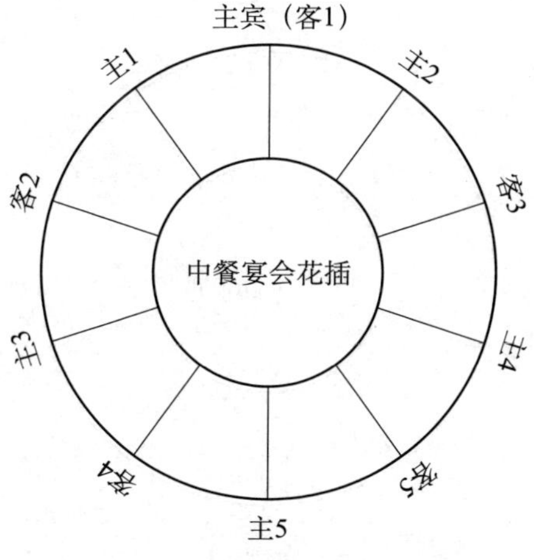

图 12－40

“主宾坐主位”，客人职务层次远高于主人，或者表示对客人特别尊敬时，也可做此安排。

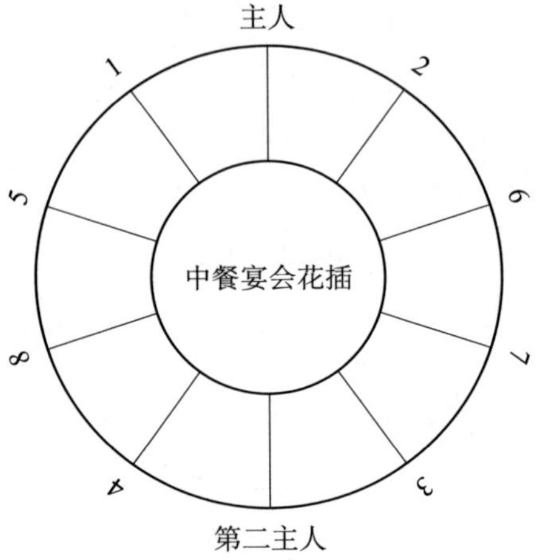

图 12－41

此种摆法为“两个中心”，即主人陪主宾、副主宾，第二主人陪第三、第四号来宾。

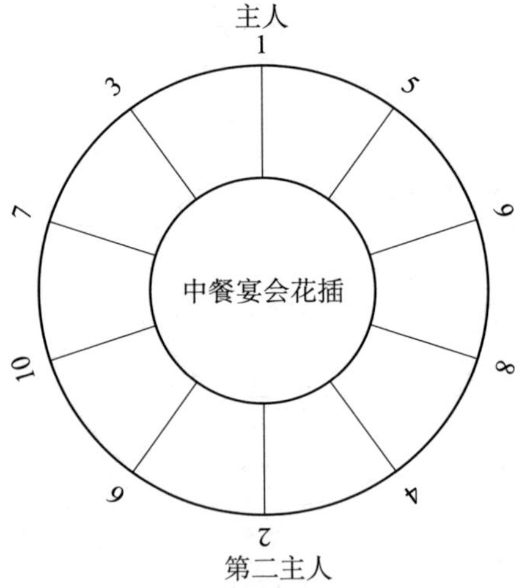

图 12－42

此种摆法也是“两个中心”，即主人陪主宾，第二主人陪副主宾，然后交叉，以此类推。

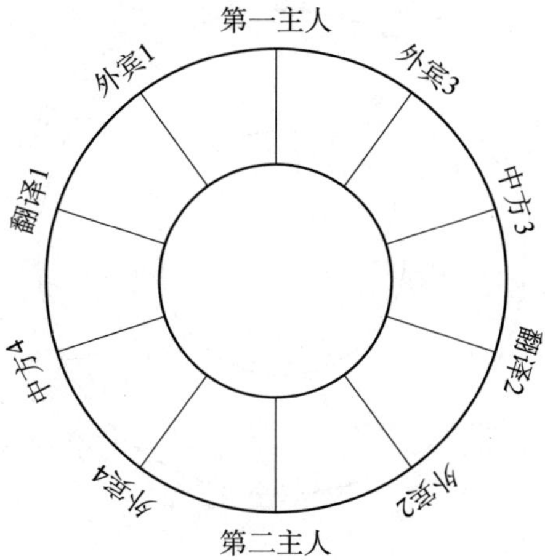

图 12－43

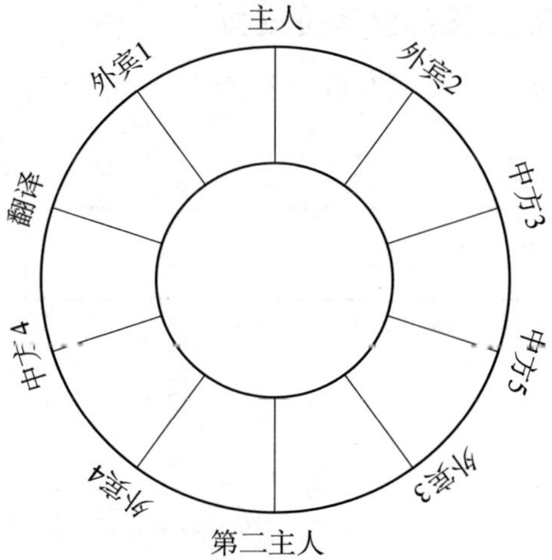

图 12－44

注：此种排法为“两个中心”。

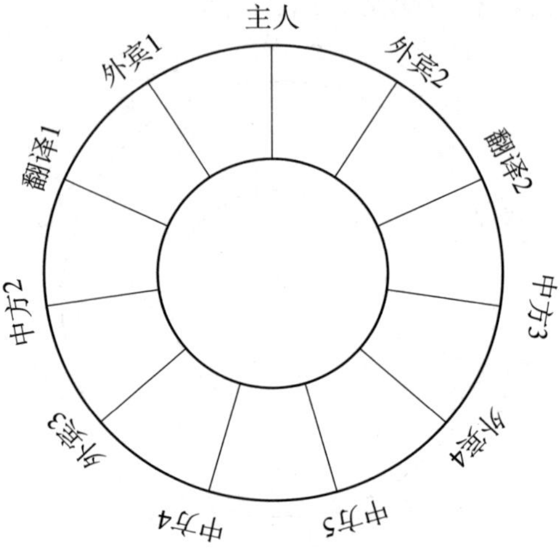

图 12－45

二、宴会长台桌席位安排

宴会长台桌席位安排，见图 12－46 至图 12－64。

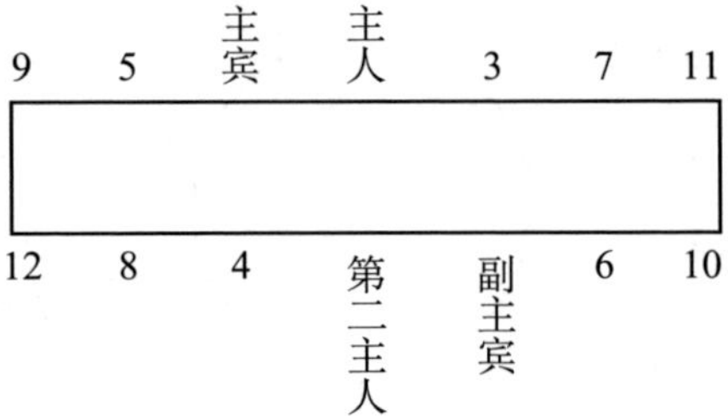

图 12－46

注：主人与第二主人相对而坐，主人陪主宾，第二主人陪副主宾，属于“两个中心”常规排法。注意安排时尽量不要让客人把边，一般把己方陪同安排在末端。

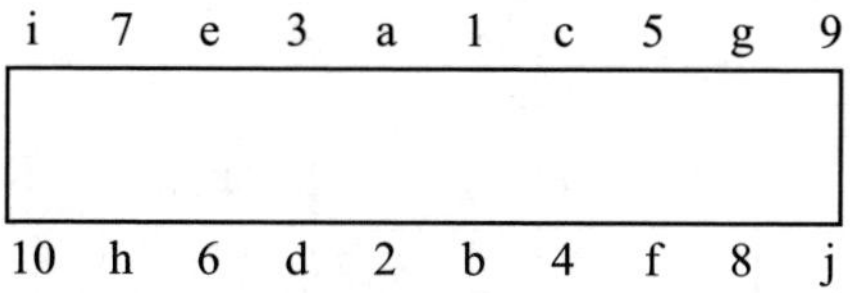

图 12-47

注：主方人员用 1、2、3、4、5、6、7、8、9、10 表示，客方人员用 a、b、c、d、e、f、g、h、i、j 来表示。人数为双数时，采用此种方法甚好。第二主人与副主宾的位置，在常规摆法的基础上左移一位，形成了主人与第二主人交叉、主宾与副主宾交叉、主人与主宾并列、主人与副主宾相对而坐的情形，这样坐的好处是主人、第二主人、主宾、副主宾均可居中，形成一中心。

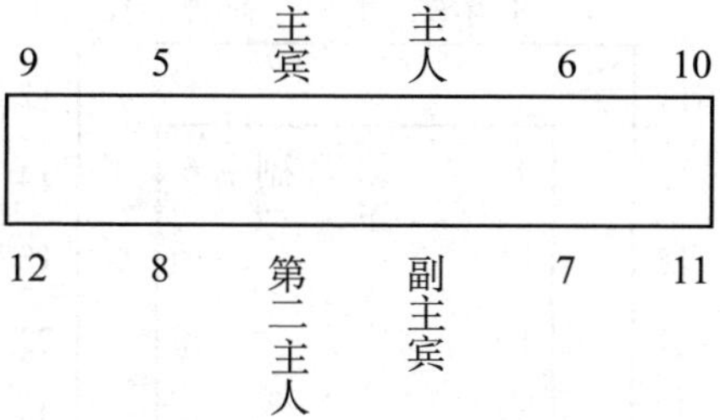

图 12-48

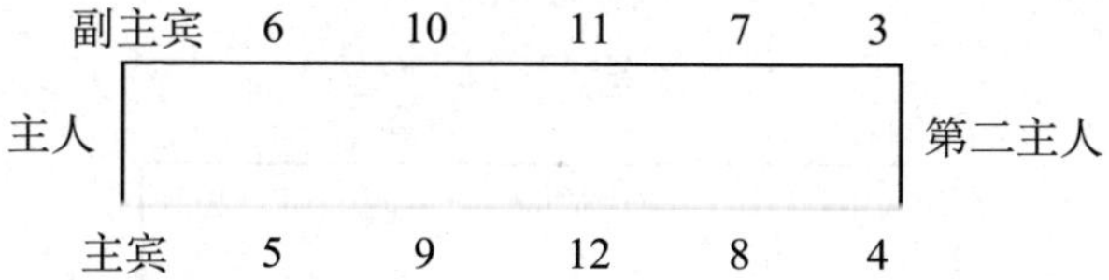

图 12-49

注：这种摆法可以提供两个交谈中心。

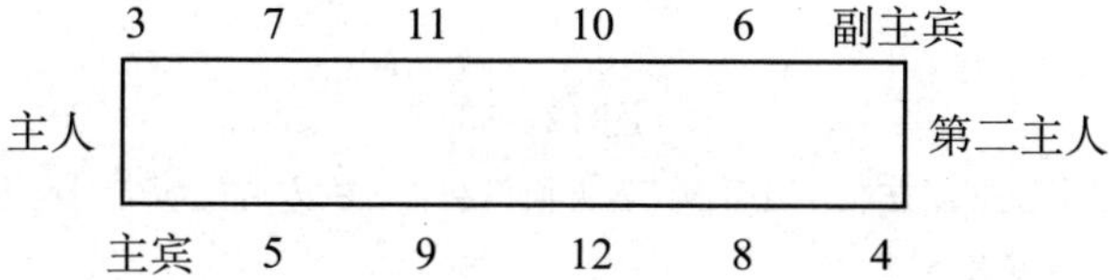

图 12-50

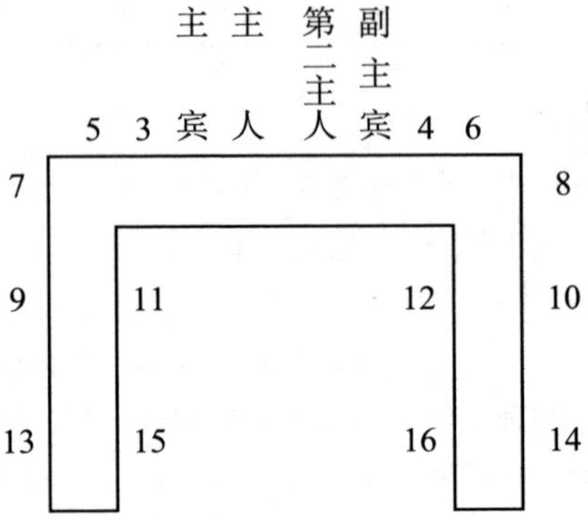

图 12－51

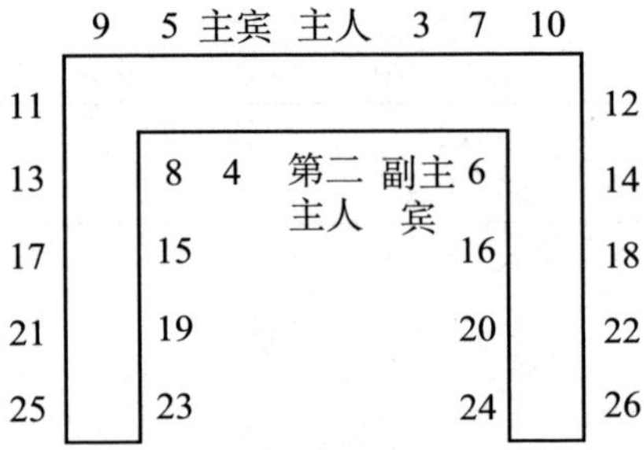

图 12－52

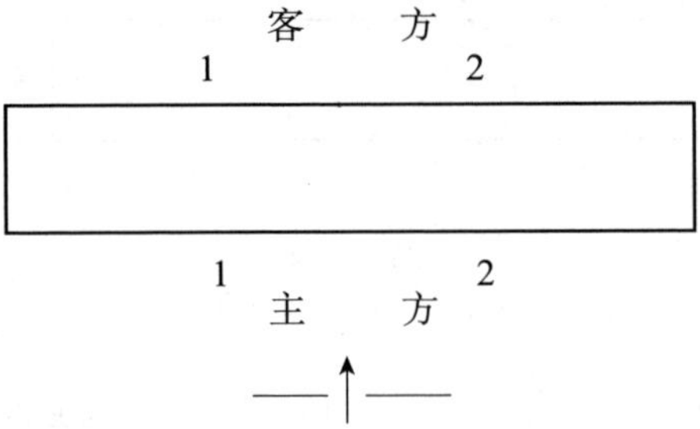

图 12－53

注：主客双方，分边而坐。客方面门而坐，主方背门而坐。宾主各坐一边，主调客不变。

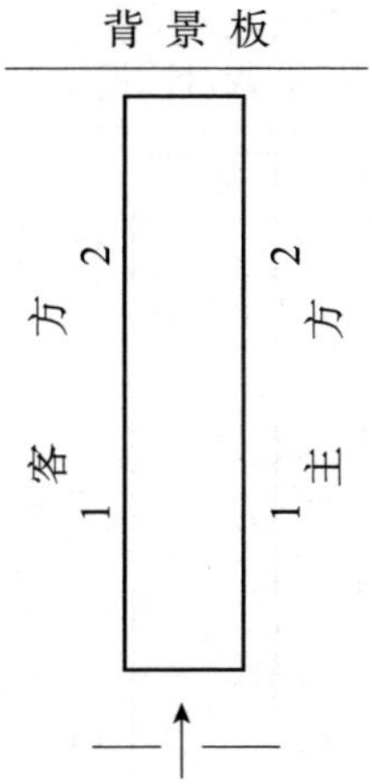

图 12－54

注：宴会以背景板或舞台、主席台的朝向为准，以右为上。客方位于背景板的右侧，主方位于左侧。

主调客不变，两边各二人。此种摆法在安排上采取的原则是：主方调整，客方不变（主方一侧调整为“左为上”，即 1 号在左，2 号居右。客方一侧仍为“右为上”）。这体现了以客为主，宾客至上的原则。

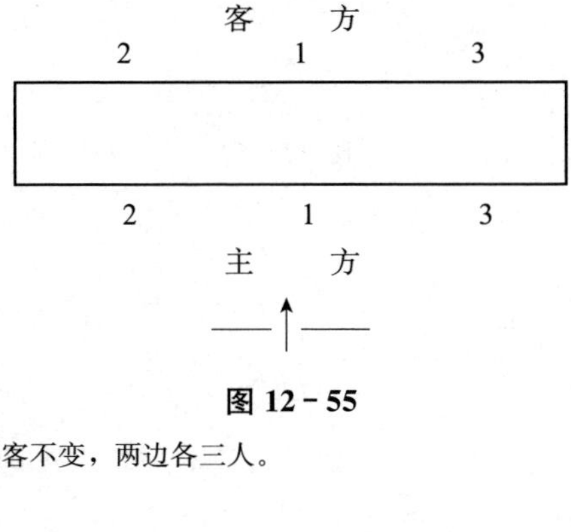

图 12－55

注：主调客不变，两边各三人。

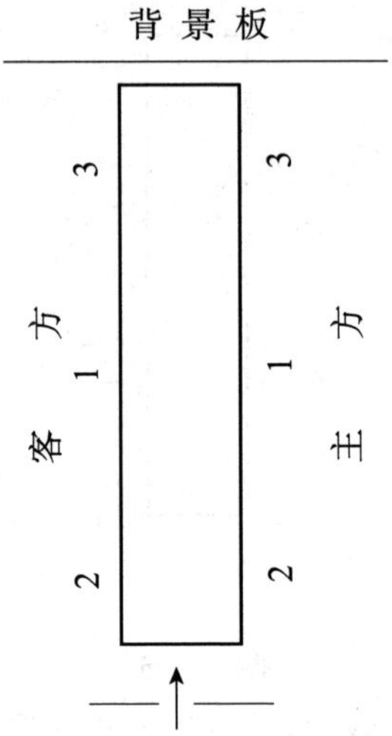

图 12－56

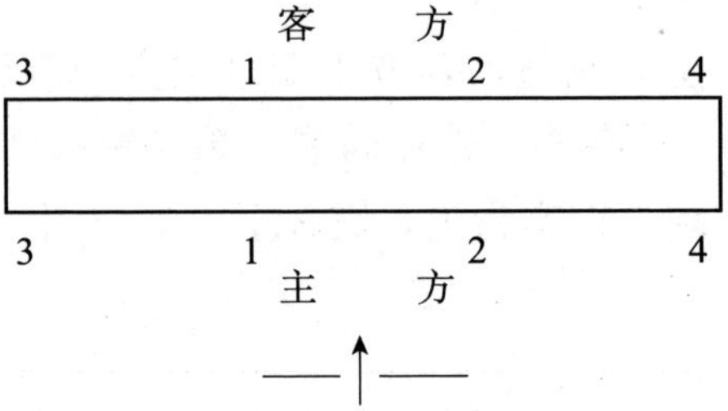

图 12－57

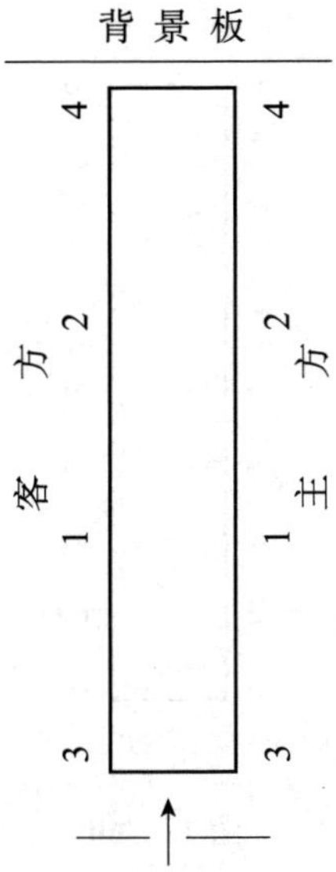

图 12-58

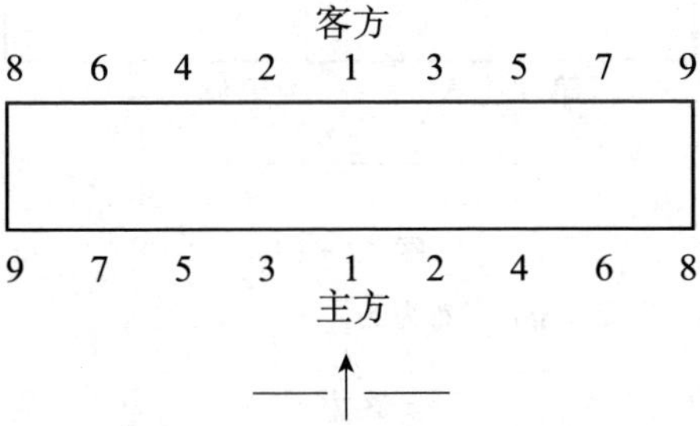

图 12-59

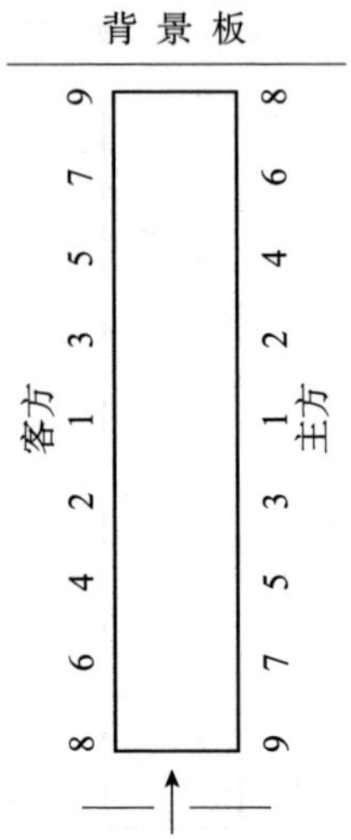

图 12-60

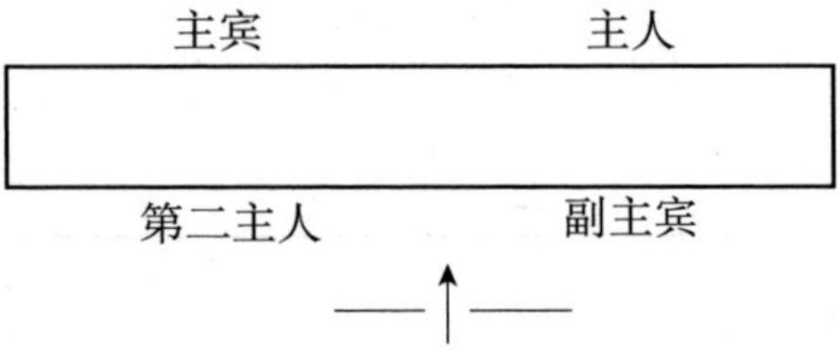

图 12-61

注：宾主双方交叉坐，以右为上。

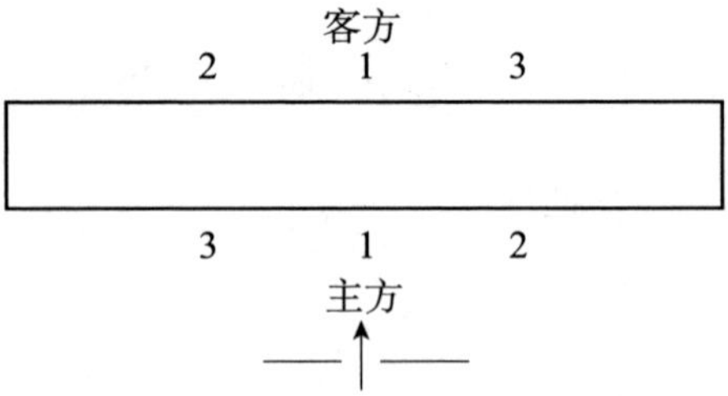

图 12-62

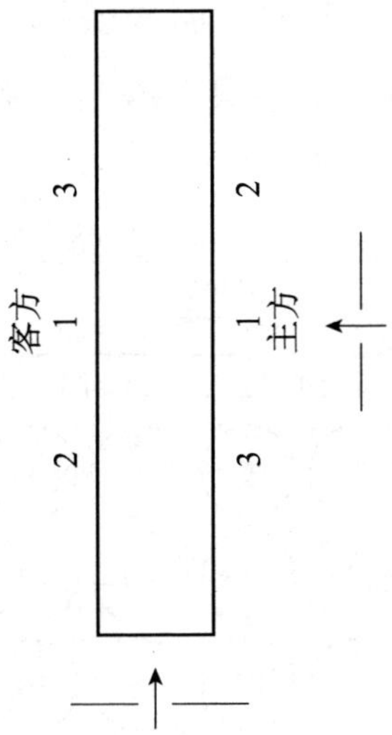

图 12－63

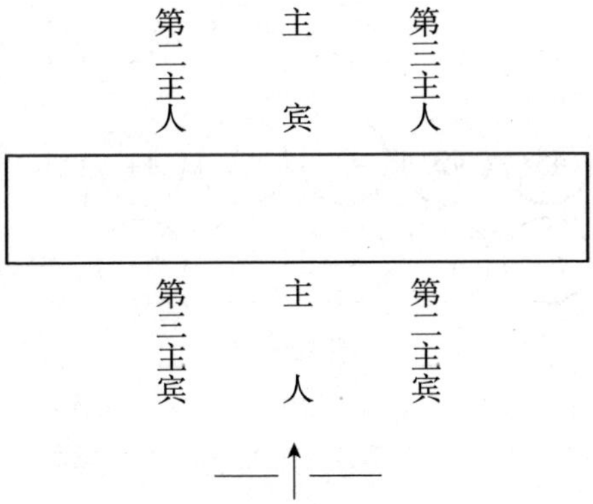

图 12－64

三、大型宴会席位、席次安排

(1) 宴会圆桌与长台桌混搭形式及席位、席次安排，见图 12－65 至 12－68。

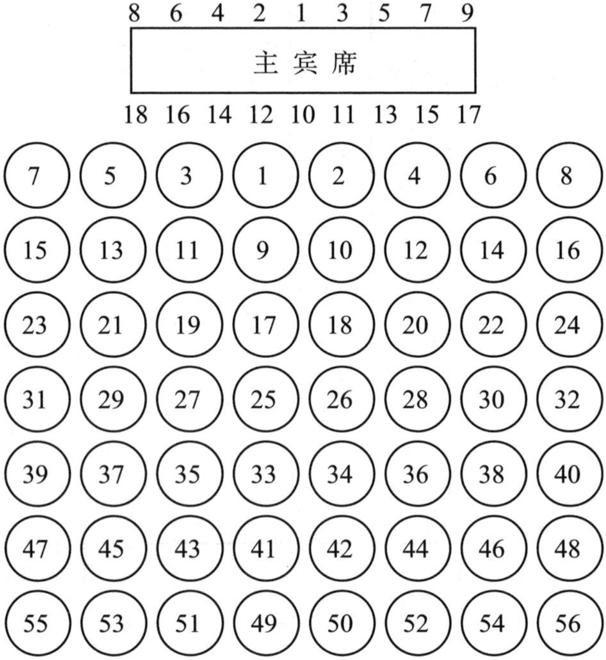

图 12－65

注：此种形式为主宾席长台双边坐，不设第二主人，其他宴会桌均为圆桌。宴会形式中西结合，既有传统文化，又有国际元素。

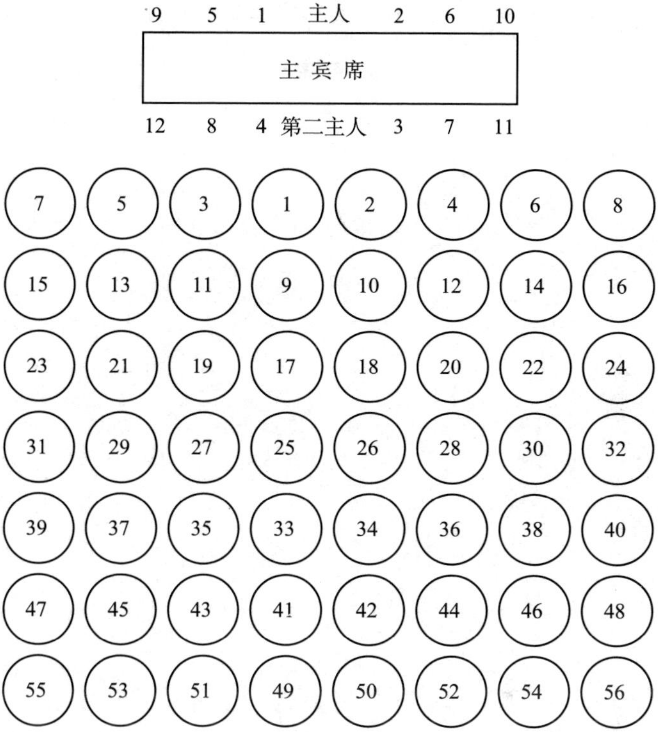
9 5 1 主人 2 6 10
主宾席
12 8 4 第二主人 3 7 11
7 5 3 1 2 4 6 8
15 13 11 9 10 12 14 16
23 21 19 17 18 20 22 24
31 29 27 25 26 28 30 32
39 37 35 33 34 36 38 40
47 45 43 41 42 44 46 48
55 53 51 49 50 52 54 56

图 12－66

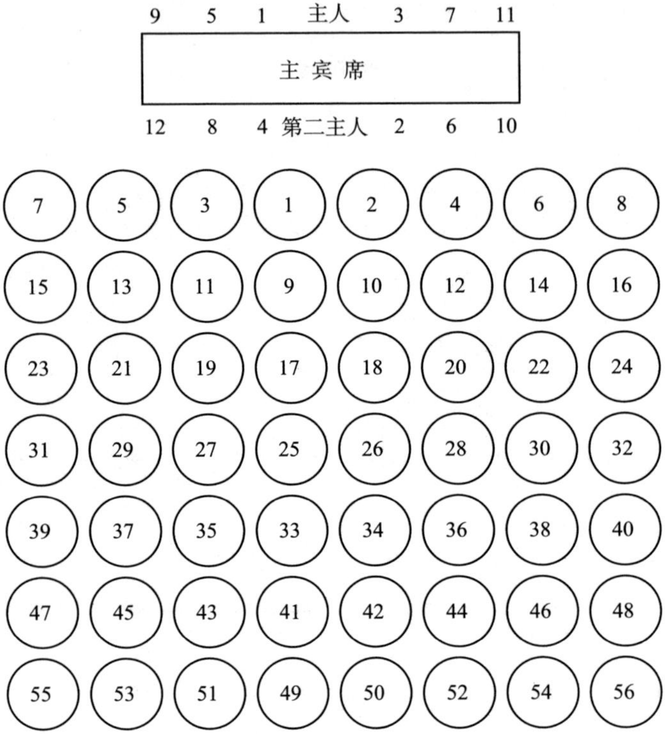
9 5 1 主人 3 7 11
主宾席
12 8 4 第二主人 2 6 10
7 5 3 1 2 4 6 8
15 13 11 9 10 12 14 16
23 21 19 17 18 20 22 24
31 29 27 25 26 28 30 32
39 37 35 33 34 36 38 40
47 45 43 41 42 44 46 48
55 53 51 49 50 52 54 56

图 12-67

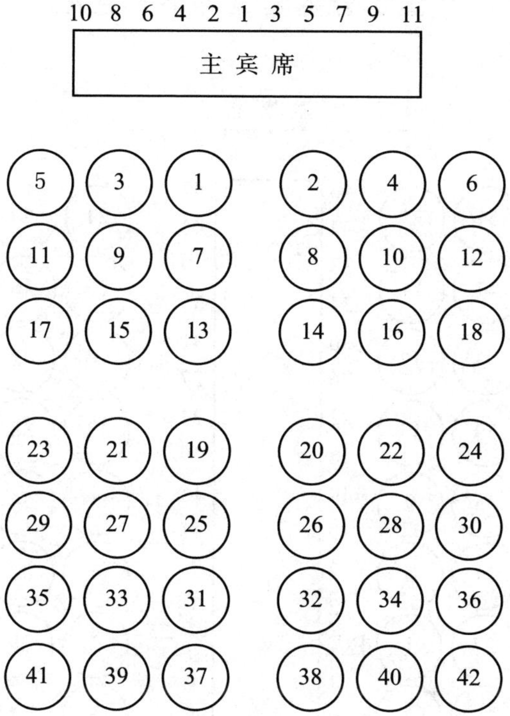
10 8 6 4 2 1 3 5 7 9 11
主宾席
5 3 1 2 4 6
11 9 7 8 10 12
17 15 13 14 16 18
23 21 19 20 22 24
29 27 25 26 28 30
35 33 31 32 34 36
41 39 37 38 40 42

图 12-68

（2）大型宴会主宾席布置，见图 12 - 69 至图12 - 72。

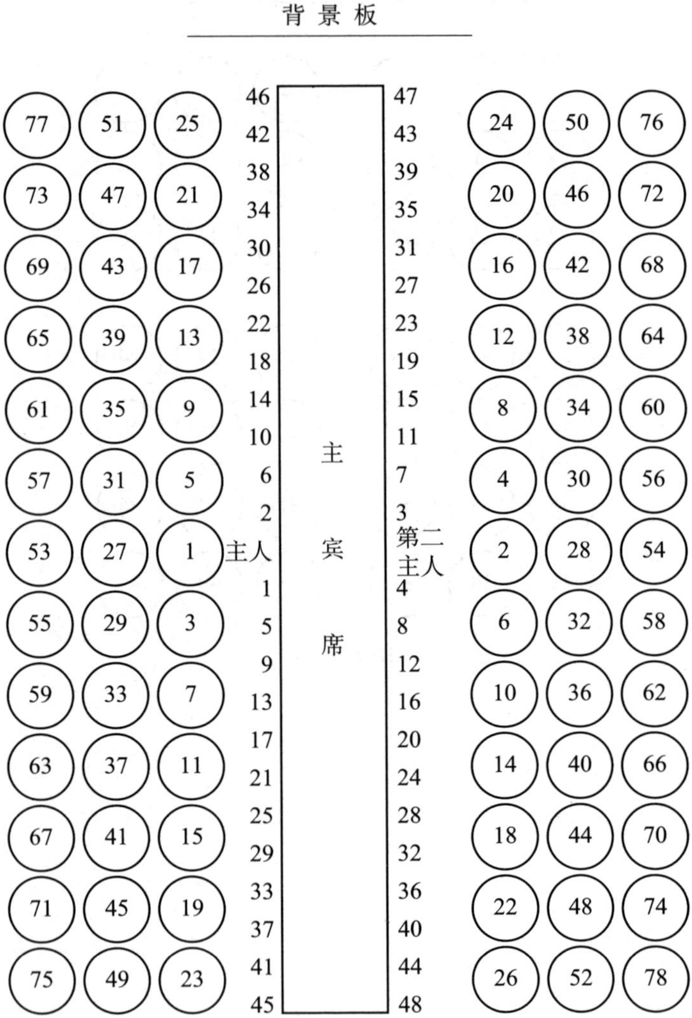

图 12 - 69

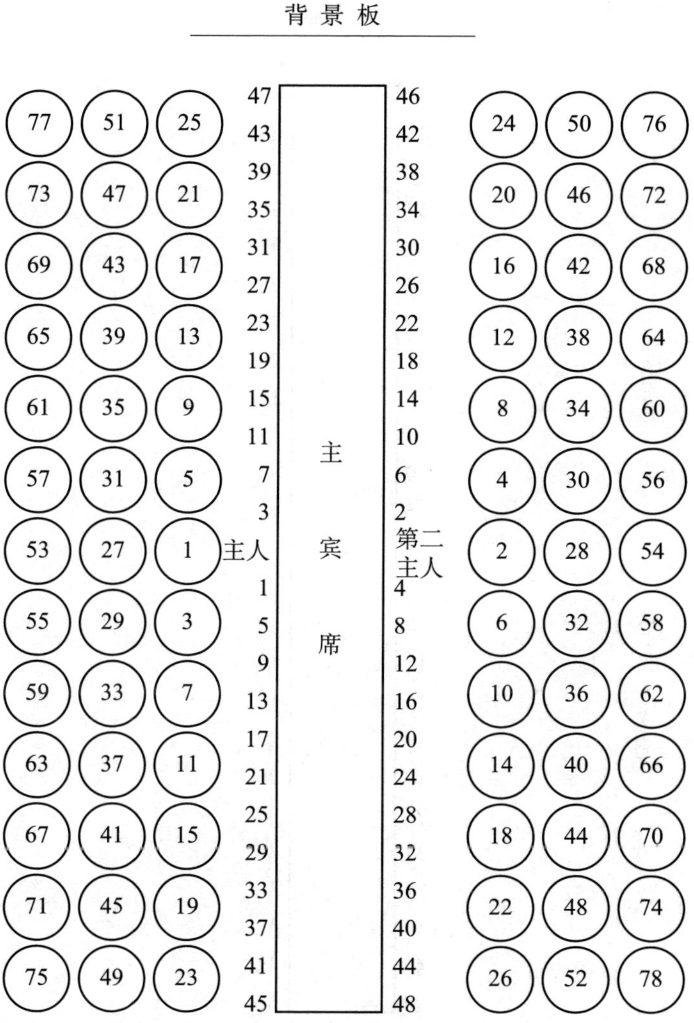

图 12-70

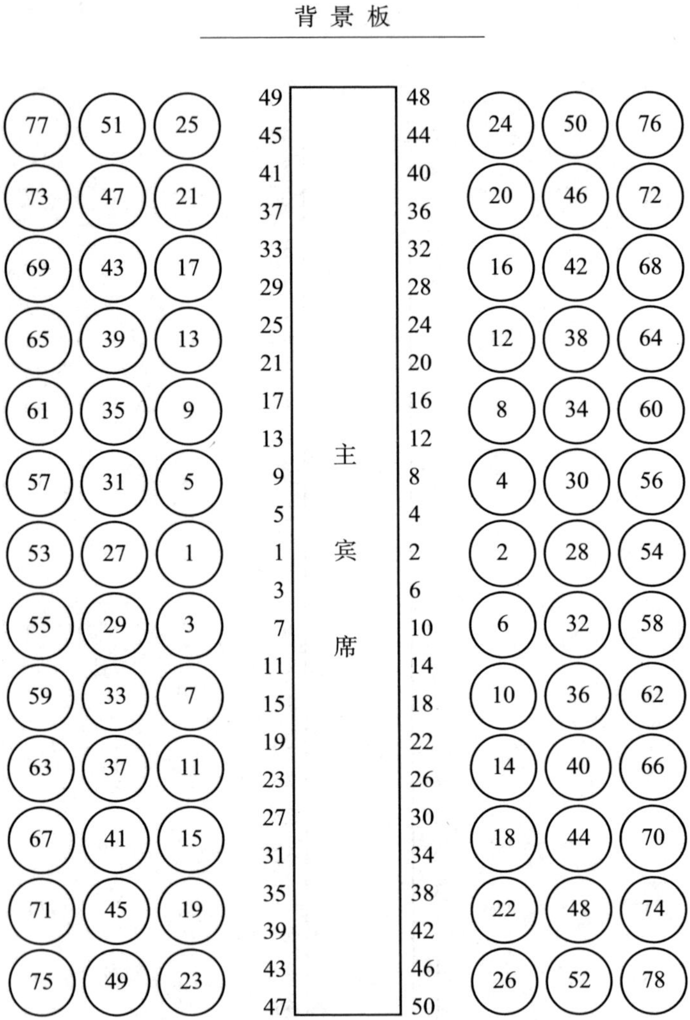
背景板
主宾席
49 45 41 37 33 29 25 21 17 13 9 5 1 3 7 11 15 19 23 27 31 35 39 43 47
48 44 40 36 32 28 24 20 16 12 8 4 2 6 10 14 18 22 26 30 34 38 42 46 50
77 51 25 24 50 76
73 47 21 20 46 72
69 43 17 16 42 68
65 39 13 12 38 64
61 35 9 8 34 60
57 31 5 4 30 56
53 27 1 2 28 54
55 29 3 6 32 58
59 33 7 10 36 62
63 37 11 14 40 66
67 41 15 18 44 70
71 45 19 22 48 74
75 49 23 26 52 78

图 12－71

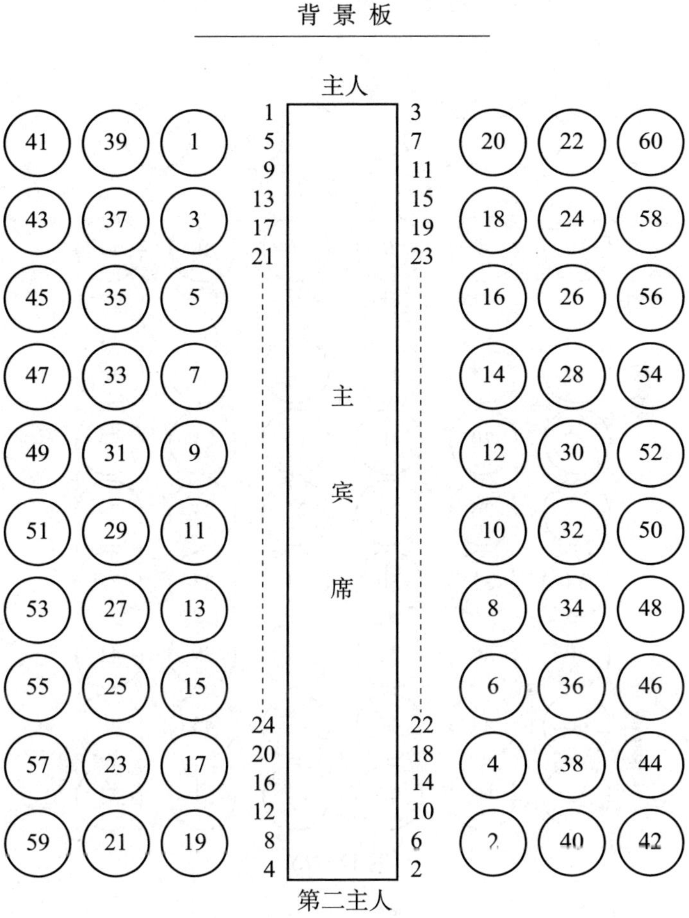

图 12－72

注：宴会有多位来宾需要上主宾席时，可考虑使用大型宴会主宾席布置参考图。

（3）圆桌宴会布置，见图 12－73 至图 12－76。

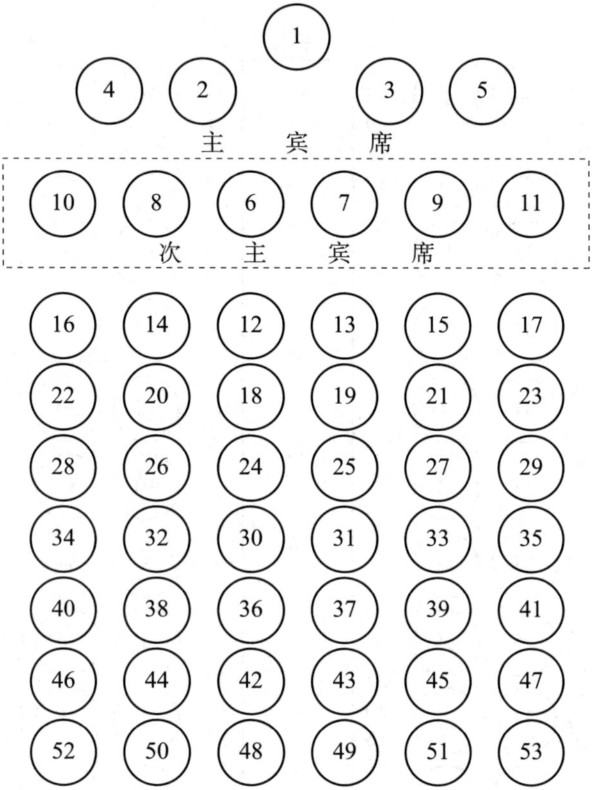

图 12－73

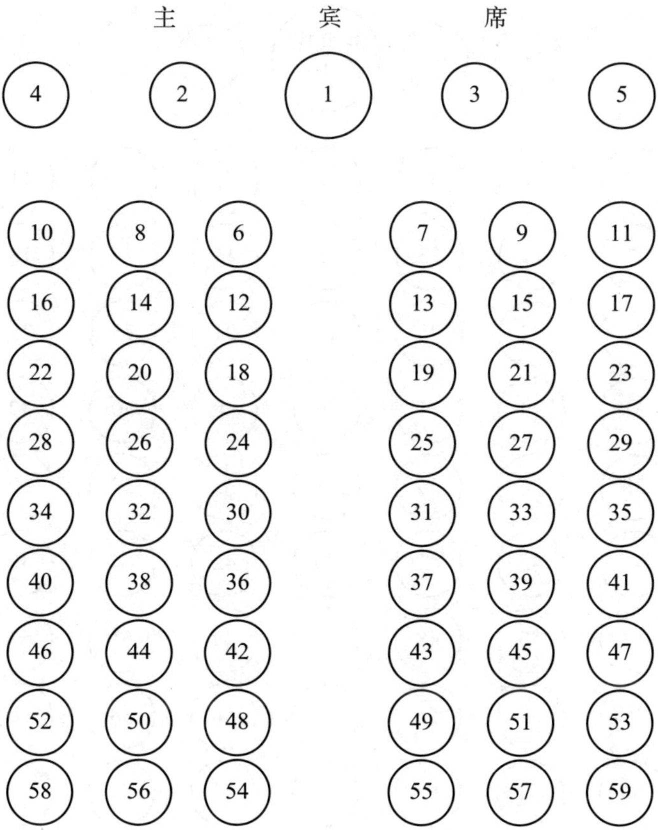

主 宾 席
4
2
1
3
5
10
8
6
7
9
11
16
14
12
13
15
17
22
20
18
19
21
23
28
26
24
25
27
29
34
32
30
31
33
35
40
38
36
37
39
41
46
44
42
43
45
47
52
50
48
49
51
53
58
56
54
55
57
59

图 12-74

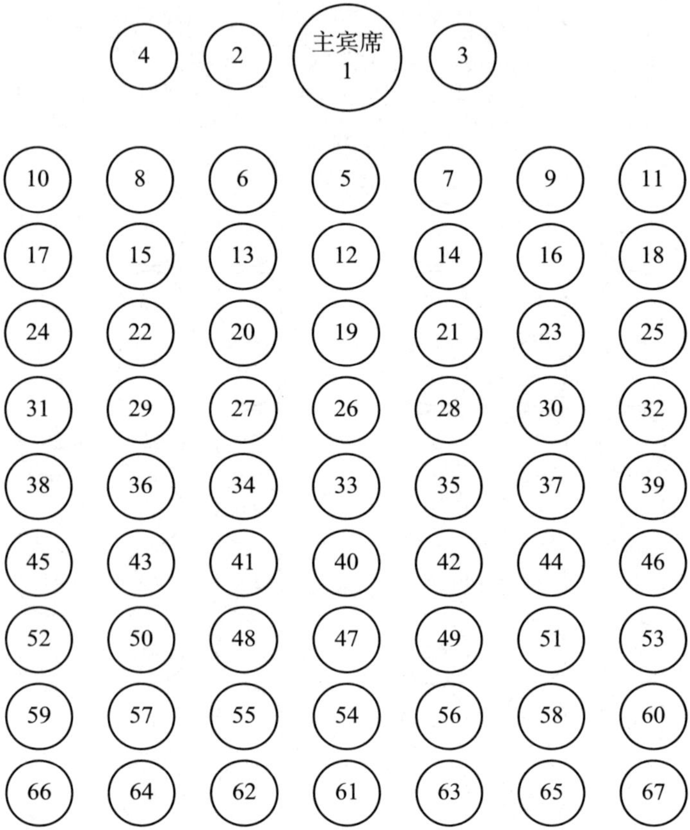

图 12－75

注：主宾席为一主三副。

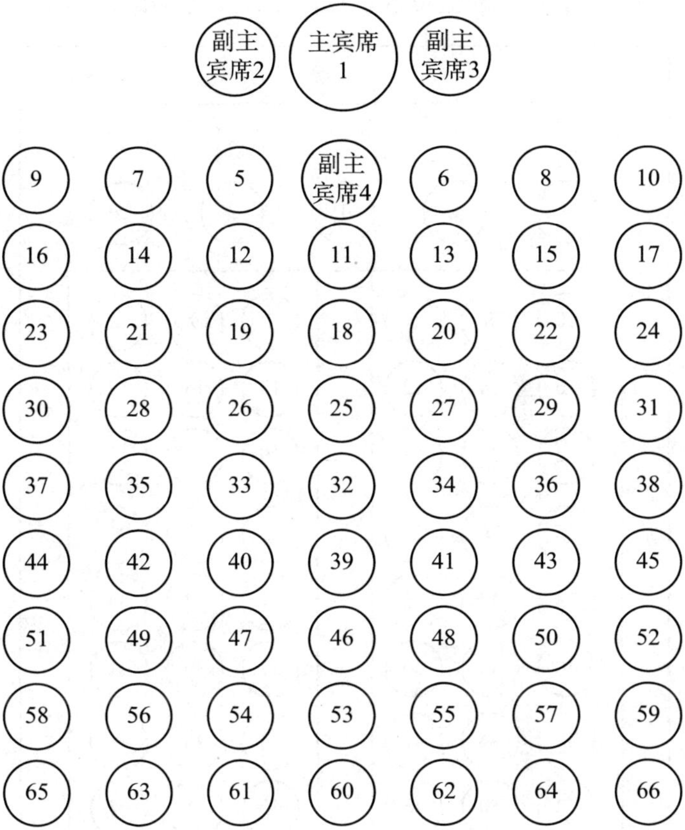

图 12-76

注：主宾席为一主三副。

（4）冷餐会席位布置，见图 12－77、图 12－78。

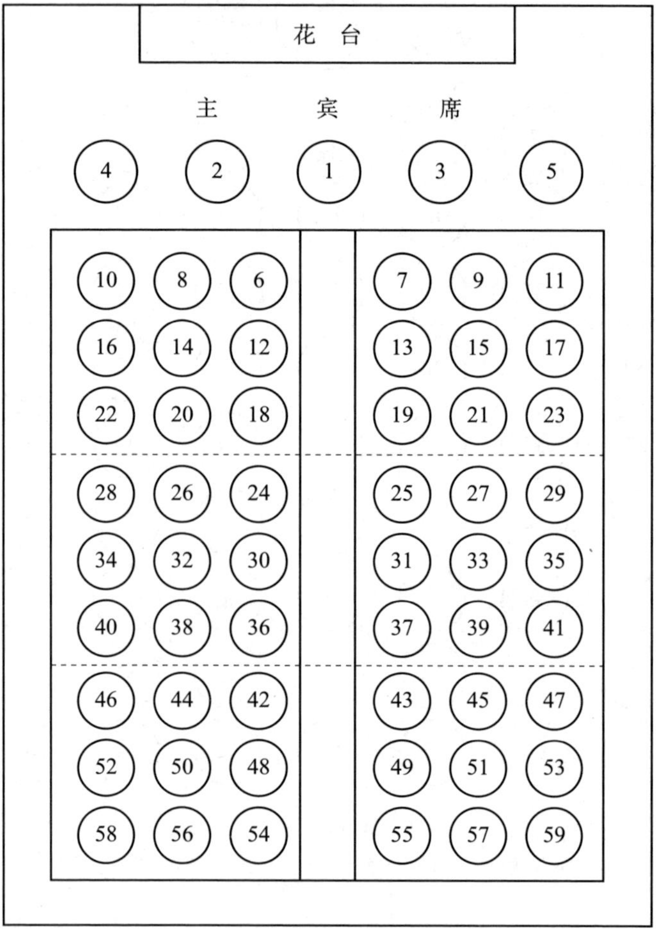

图 12－77

注：此图为设座位的冷餐酒会布置。由于冷餐酒会通常场面大、人数多，所以在安排席位时可按照“照顾重点、兼顾一般”的原则，采取下列办法：（1）主宾席排座位，摆座签；（2）一般来宾席只排席次，不摆座签；（3）其余陪同人员不排席次，在指定区域自由入座。

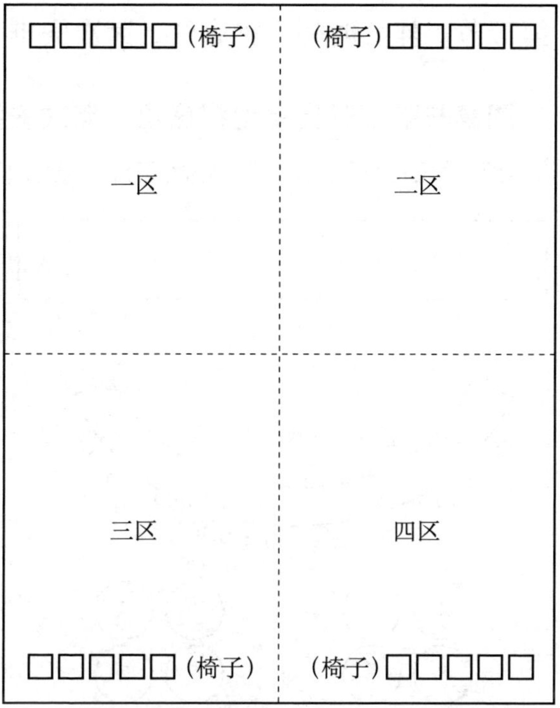

图 12－78

注：此图为不设席位的冷餐酒会布置。

第五节　伴宴时的几种席位、席次安排

一、圆桌与弧形长台桌混搭席位、席次安排

圆桌与弧形长台桌混搭席位、席次安排，见图 12－79。

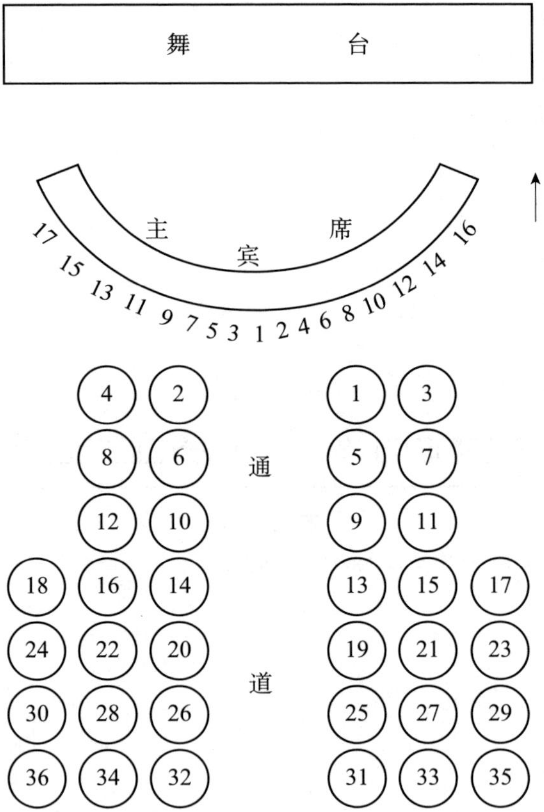

图 12－79

二、圆桌与长台桌混搭席位、席次安排

圆桌与长台桌混搭席位、席次安排，见图 12－80。

图 12－80

三、圆桌席位、席次安排

圆桌席位、席次安排，见图 12－81。

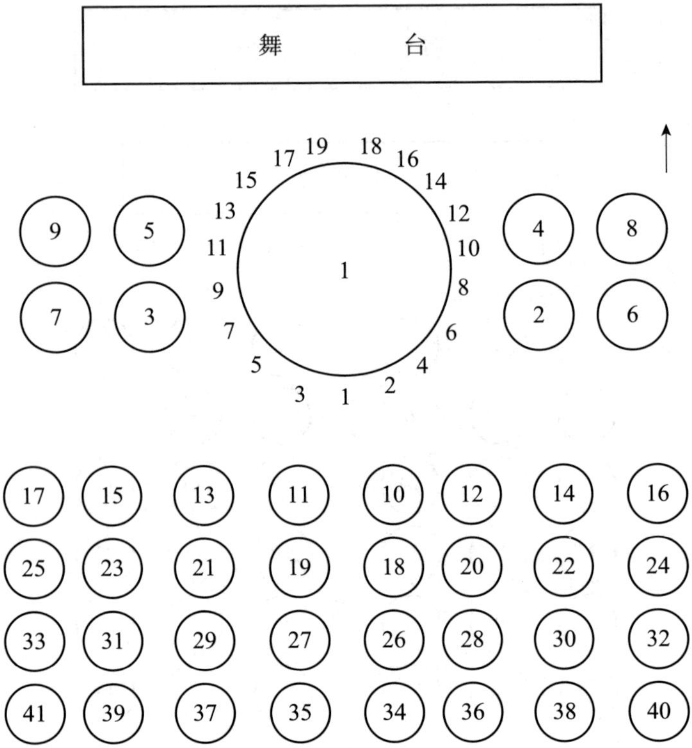

图 12－81

注：伴宴时，上菜、撤盘应在两个节目之间的空档期进行。

附件

宴会工作安排
（参考样本）

时间：××××年××月××日　19：00

地点：××宾馆××厅

负责人：×××　×接待办处长

一、参加人员

客方：参访团全体成员

主方：中共××省委书记、省人大常委会主任×××，省委副书记、省长×××，省政协主席×××，省委常委秘书长×××，省台办主任×××；上级部门陪同人员

二、宴会安排及现场布置

1. 宴会大厅门前安排引领员若干名。

2. 宴会大厅设背景板（内容“欢迎晚宴”），布置鲜花，安装扩音设备，放置座签（接待港澳台参访团时，来宾名字用繁体，主方人员名字用简体；来宾中夫妇座位不要分开）。

三、工作流程及内容

宴会开始前

1. ×××引领来宾及省陪同领导步行前往××宾馆宴会厅，从正门进入大厅。

2. 宾馆引领人员引领来宾至宴会厅入座。

19：00　宴会开始

×××省长主持

×××书记致祝酒词

××先生致祝酒词

20：00　宴会结束

四、接待要求

1. 宴会安排口字形长台，备1组立式话筒。

2. 宴会使用××干红酒，不上香烟。

3. 宴会前，背景音乐播放欢迎乐曲；席间背景音乐播放参访团所在地民间乐曲。

4. 记者在宴会开始后离开现场。

5. 工作人员在××宾馆×号楼餐厅用自助餐。

6. 上菜时间控制在50分钟内。

第十三章　团拜会、茶话会

第一节　团拜会席位、席次安排

团拜会是“团体拜年”的意思，是一种集体祝贺节日的礼仪形式，同时也是一种公务活动的会议形式。这种形式既能体现民族风俗，又有益于融洽内部关系。我国党政机关、事业单位、社会团体通常在春节前夕举行团拜会。

团拜会一般程序是：（1）领导致辞讲话。（2）领导向来宾拜年。领导同志分别到各桌同与会人员互相拜年、互致问候（此时工作人员应乘领导同志离席之际，迅速将会议形式摆放的1号桌席位调整至观看演出的形式，其他席位不变）。（3）观看文艺演出。（4）结束。

团拜会席位、席次安排形式同样适用于联欢晚会、茶话会等伴宴式的餐叙、茶叙活动。

国内团拜会按“左为上”原则安排席位，其席位、席次安排见图13－1至图13－5。

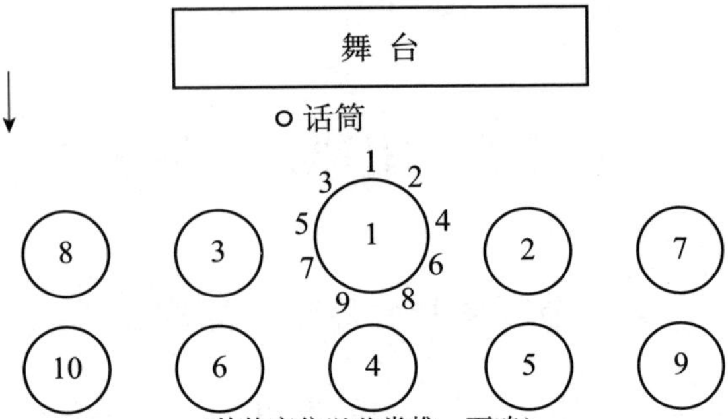

（其他席位以此类推，下略）

图 13－1

注：此图为观看演出前的席位安排。

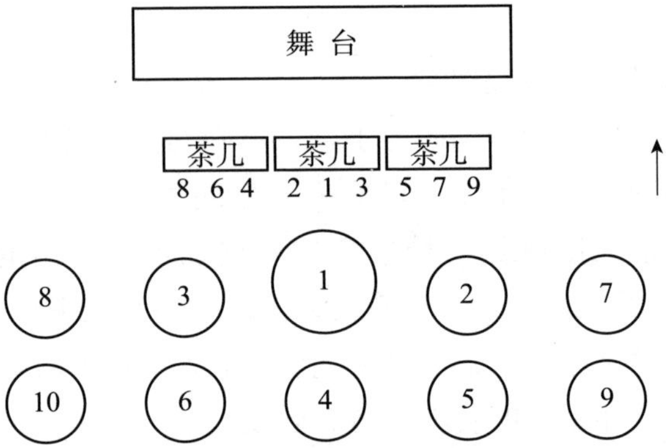

（其他席位以此类推，下略）

图 13－2

注：观看演出时，1 号桌席位前摆放茶几，按国内会议主席台席位安排，其他桌席位、席次和人员不变。

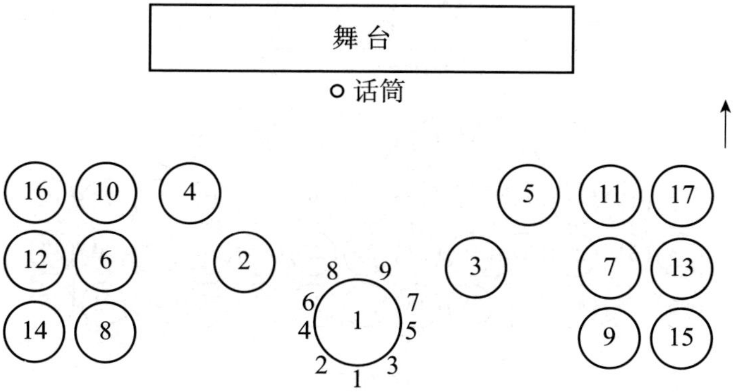

图 13－3

注：其他桌席位安排及朝向与 1 号桌同向，下同。

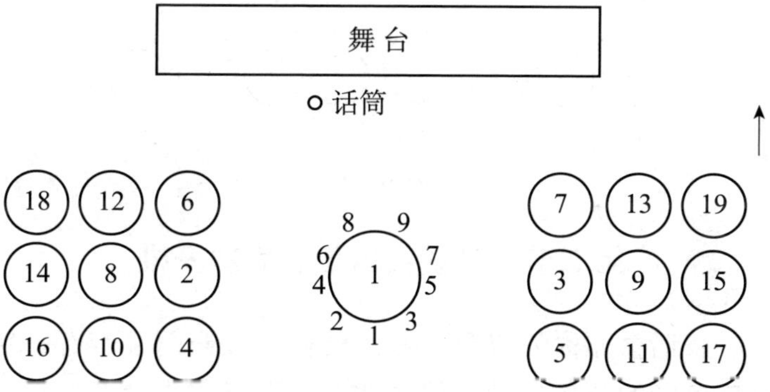

图 13－4

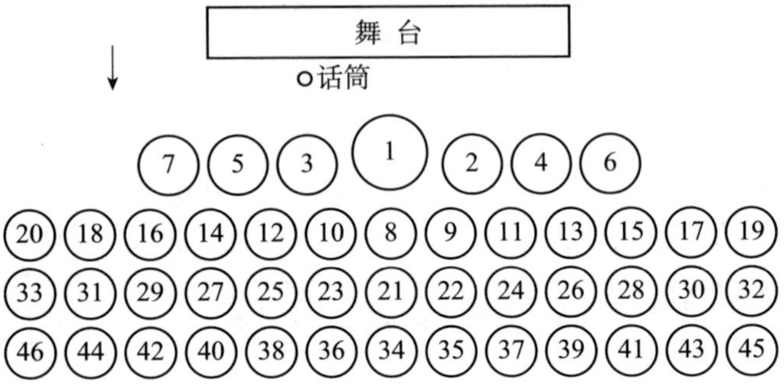

图 13-5

注：此图为不安排联欢、文艺表演时的席次安排，主宾席为 1 主 6 副。如果主宾席为 1 主 7 副，则 1 号桌仍居中而设，在其右侧为 3 号桌，左侧为 4 号桌（见图 13-6）。

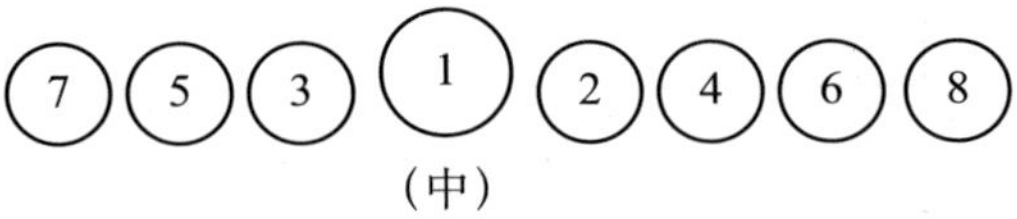

图 13-6

第二节　茶话会席位、席次安排

茶话会亦称茶叙会，是一种较为宽松而又带有一定喜庆色彩的公务活动会议形式，如迎新春茶话会、五一茶话会、七一茶话会、八一茶话会、国庆茶话会等。其规模可大可小，人数可多可少，形式多种多样。

茶话会可以在会议室（厅）举行，也可以在宴会厅举行。一般来说在宴会厅举行较之在会议室举行更为隆重。在宴会厅举行的茶话会，桌子摆放均以宴会形式布局，在会议室举行的茶话会则以长条桌、座椅、沙发、茶几摆放，按不设主席台会议形式安排。桌上（茶几）

通常配有水果（果盘）、饮料、茶水、小吃等。根据不同节日，有时还会上月饼、元宵或者饺子等食品，以烘托气氛。

茶话会通常使用带盖茶杯，杯中放茶叶以 10 克左右为宜。正常情况隔 15、30、45 分钟分别添加一次热水。茶叶的选择应根据季节和来宾的喜好而定，通常春、夏、秋季一般用绿茶，冬季用红茶。不饮茶者可用咖啡或其他饮品替代。

茶话会的席位安排要切合主题。一般来说，茶话会根据主题不同可以分为三类，即联谊茶话会、娱乐茶话会和专题茶话会。以联谊为主题的茶话会最为常见。以娱乐为主题的茶话会，娱乐活动可以形式多样，或精心设计，或自由参加、即兴表演。专题茶话会是在某一特定时刻，为某些专门问题召开的茶话会，以听取某些专业人士的见解，或与相关人士对话。

茶话会主宾席人员的席位签要安排到席、到位；其他人员可只排到席，而不一定排到位。国内茶话会席位按“左为上”安排，涉外茶话会按“右为上”安排。茶话会席次、席位安排可参考本章第　节“团拜会席位、席次安排”。

第十四章 合 影

公务活动中的合影就人物关系而言，主要有两种情况：一是合影者是上下级关系；二是合影者是宾主关系（主客关系）。因为相互关系不同、角色不同，所以合影时的席位安排（站位、座位、走位）也就不同。

第一节 上下级关系时的位次安排

上下级关系合影席位安排的原则是：单数以中为尊，以左为次，以右再次，以此类推；双数以右为尊，以左为次，以此类推。单数与双数的共同特点是：1 号人物始终在 2 号人物的右手位，2 号人物始终在 1 号人物的左手位。

上下级关系的合影排位主要有以下几种形式。

一、前排单数、后排双数

（1）前排人多、后排人少的排位，见图 14－1。

16 14 12 13 15 17

11 9 7 5 3 1 2 4 6 8 10

照相机

图 14－1

（2）前排人少、后排人多的排位，见图 14－2。

18 16 14 12 10 11 13 15 17 19

9 7 5 3 1 2 4 6 8

照相机

图 14－2

二、前排双数、后排单数

（1）前排人多、后排人少的排位，见图 14－3。

15　13　11　12　14

9　7　5　3　1　2　4　6　8　10

照相机

图 14－3

（2）前排人少、后排人多的排位，见图 14－4。

17　15　13　11　9　10　12　14　16

7　5　3　1　2　4　6　8

照相机

图 14－4

三、首长与基层同志合影排位

（1）一位首长参加合影时，如果其他合影人员人数是单数，则首长居中，其他人员按职务高低分别左右排列；如果其他合影人员人数是双数，则首长居中右侧，其他人员按职务高低分别左右排列（见图 14－5、图 14－6）。

5　3　1　2　4（单数）

首长

照相机

图 14－5

3　1　2　4（双数）

首长

照相机

图 14－6

（2）两位首长参加合影时，如果其他合影人员人数是单数，则1号首长居中，基层同志分列左右。2号首长此时有两种站位法：一是位于1号首长的左手位，与1号首长并肩而坐或站；二是位于1号首长左手位基层同志的左手位。如果其他合影人员人数是双数，则1号首长居中右侧，基层同志分列左右，2号首长居1号首长左手位基层同志的左手位。2号首长也可以位于1号首长的左手位与1号首长并肩而站或坐。一般情况下，1号、2号首长职务差别不大时，适合并肩而坐；如果职务差别较大，则可以选择交叉站位（见图14－7至图14－10）。

5　3　1　2　4（单数）
首　首
长　长
(1)(2)
照相机

图 14－7

5　3　1　2　4（单数）
首　　首
长　　长
(1)　(2)
照相机

图 14－8

5　3　1　2　4　6（双数）
首　首
长　长
(1)(2)
照相机

图 14－9

5　3　1　2　4　6（双数）
首　　首
长　　长
(1)　(2)
照相机

图 14－10

第二节　宾主关系时的位次安排

公务活动中的宾主关系，不仅适用于外事活动，也适用于内事活动。在我国公务活动合影中，凡以宾主关系相待时，均按国际惯例“右为上”的规则排位，即“主人居中，以右为上（客人）”，或者“主人居左，以右为上（客人）”。在合影排位时，通常有两种排法：一是宾主分列排位法，即双方人员主左宾右依次排列，各站一边；二是宾主交叉排位法，即主客双方间隔排列（此种排列，两端应由主方人员把边）。分列排位，一般用于外事活动合影，宾主双方左右分边站立（分边设座），按照各自礼宾次序很容易迅速到位，整体而言也体现了主左客右的礼宾原则。交叉排位，一般用于内事活动合影，主客双方交叉站位，给人以亲近的感觉。

一、宾主分列排位法

（1）前排单数，主人居中，见图 14 - 11。

客 方　　第三排　　主 方

客 方　　第二排　　主 方

6 5 4 3 2 主宾 主人 2 3 4 5 6 7

照相机

图 14 - 11

（2）前排双数，主人主宾居中，见图 14 - 12。

客 方　　第三排　　主 方

客 方　　第二排　　主 方

8 7 6 5 4 3 2 主宾 主人 2 3 4 5 6 7 8

照相机

图 14 - 12

二、宾主交叉排位法

（1）前排单数，见图 14 - 13。

第三排

第二排

主陪 客人 主陪 主宾 主人 客人 主陪 客人 主陪

照相机

图 14 - 13

注：主陪指主方陪同人员。

（2）前排双数，见图 14 - 14。

第三排

第二排

主陪 主陪 客人 主陪 主宾 主人 客人 主陪 客人 主陪

照相机

图 14 - 14

正式的合影，一般需要预先排列位次，制好合影图。合影时，一般应站立，必要时，可安排前排人员就座，后排人员则可梯级站立。正式场合合影不宜蹲着参加拍照。尤其是让领导同志坐着，弱势群体蹲着，要严格禁止。合影前，前排座位应贴上名签。领导同志出席重要活动站立合影时，应提前贴上地签，并告知参加合影的领导同志所处的站位地签序号（也可以纸条方式告知），以免站位次序混乱。

第十五章　剪　　彩

剪彩仪式也是公务活动中领导同志经常参加的一种礼仪性活动。参加剪彩仪式的有关领导和人员的站位，应根据剪彩项目的性质、内容来安排。国内项目剪彩仪式按照国内习惯“居中为上，居左为次，居右再次之”的原则，以此类推，安排站位；涉外项目剪彩仪式安排，按照国际惯例“右为上”的原则安排站位。具体排法与会议主席台席位安排基本一致。

剪彩仪式的站位主要有以下几种排法。

一、内宾剪彩

内宾剪彩站位安排，见图 15－1、图 15－2。

16　14　12　10　8　6　7　9　11　13　15

5　3　1　2　4

观众席

图 15－1

注：1～5 为剪彩人，下同。

11　9　7　5　3　1　2　4　6　8　10

观众席

图 15－2

二、涉外剪彩

涉外剪彩站位安排，见图 15 - 3、图 15 - 4。

10	8	6	4	2	1	3	5	7	9	11	(单数)

观 众 席

图 15 - 3

7	5	3	1	2	4	6	8	(双数)

观 众 席

图 15 - 4

注：涉外剪彩时，根据需要配备现场翻译。

第十六章　国旗位置

国旗是国家的一种标志，是国家的象征。人们往往通过悬挂国旗表示对本国的热爱或对他国的尊重。在公务活动中不少场合悬挂国旗已经形成制度或惯例，我国还专门制定了《中华人民共和国国旗法》。国内党政机关单位国旗每天“晨升晚降”。

公务活动中悬挂和使用国旗主要在国家机关、国事活动（迎送仪式、欢送宴会、正式会谈、签字仪式等）、国际会议、国际会展、国际赛事、国际合作（项目奠基、开工、落成、开业）等场合，另外还有车辆悬挂（主车）、升挂或置放中国国旗和来访国国旗。

第一节　礼仪要求

悬挂和使用中国国旗时要注意下列礼宾次序或礼仪要求：

（1）升挂国旗应将中国国旗置于显著的位置。中国国旗与其他旗帜同时升挂时，应将中国国旗置于中心较高或者突出的位置。

（2）在列队行进时，中国国旗应当在其他旗帜之前。

（3）各国国旗并挂时，各国国旗的面积应大体相等，高度应一致。升挂时必须先升挂中国国旗，降落时最后降中国国旗。

（4）一列并排时，以旗面面向观众为准，中国国旗在最右方。

（5）单行排列时，中国国旗在最前面。

（6）按弧形或从中间往两旁排列时，中国国旗在中心。

（7）圆形排列时，中国国旗在主席台（或主入口）对面的中心位置。

（8）中华人民共和国国旗与中国共产党党旗并列时，党旗居左，国旗居右。

（9）在中国境内举办双边活动需要悬挂中国和外国国旗时（包括联合国国旗），凡中方主办的活动，外国国旗置于上首；对方举办的活动，则中国国旗置于上首。

（10）根据《国务院关于在香港特别行政区同时升挂使用国旗区旗的规定》，凡国旗和区旗同时升挂和使用时，应将国旗置于中心、较高或者突出的位置；凡国旗和区旗同时或者并列升挂和使用时，国旗应当大于区旗，国旗在右、区旗在左；列队举持国旗和区旗行进时，国旗应当在区旗之前。

第二节　常用国旗悬挂位置图示

一、两面国旗并挂

（1）主方举办活动，见图 16－1。

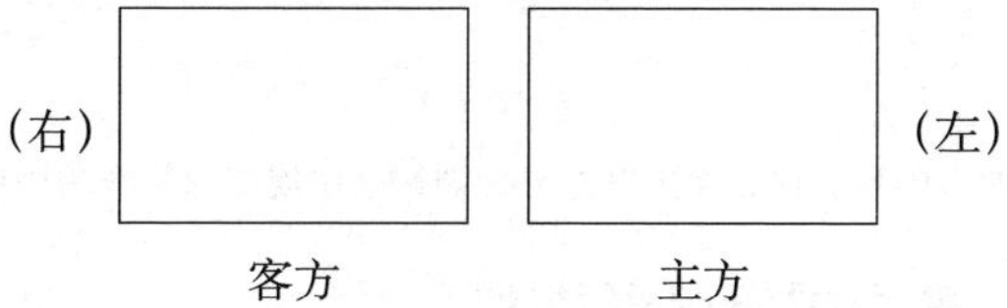

图 16－1

（2）客方举办活动，见图 16－2。

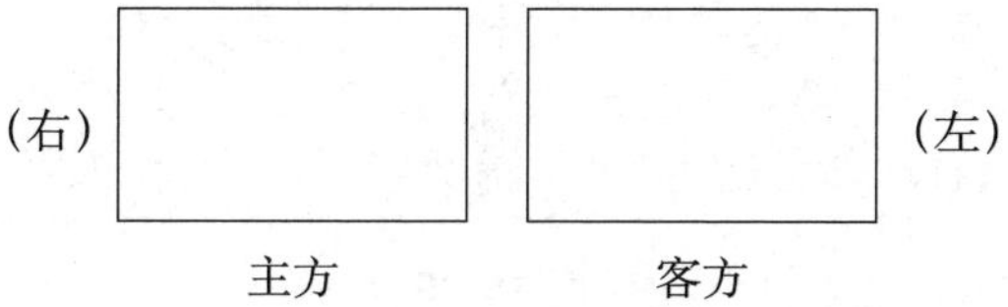

图 16－2

二、三面国旗并挂

三面国旗并挂时，位置如图 16－3 所示。

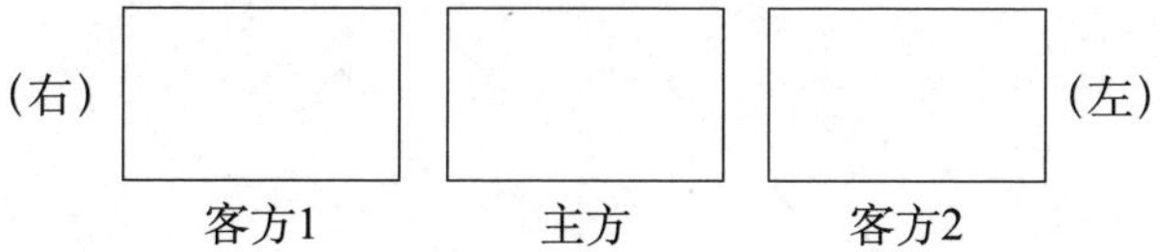

图 16－3

三、多面国旗一列并挂

多面国旗一列并挂时，位置如图 16－4 所示。

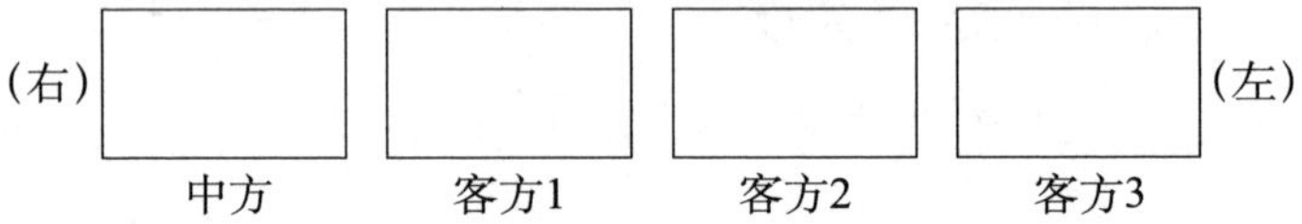

图 16－4

注：如系国际会议，无主客之分，则按会议规定的礼宾顺序排列。

四、多面国旗弧形排列

多面国旗弧形排列时，位置如图 16－5 所示。

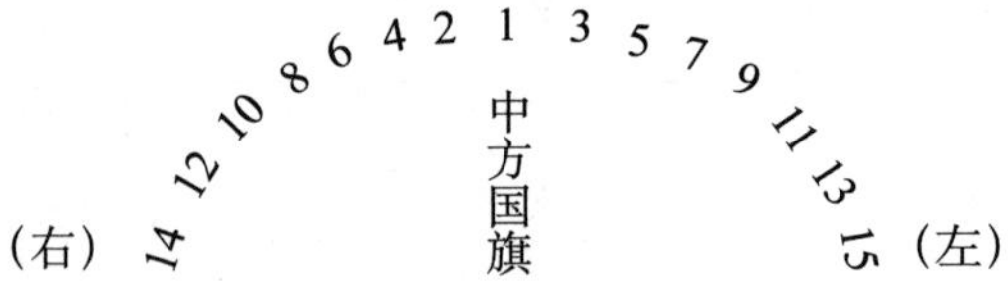

图 16－5

注：数字代表国旗的位置。

五、两面国旗交叉悬挂

两面国旗交叉悬挂，如图 16－6 所示。

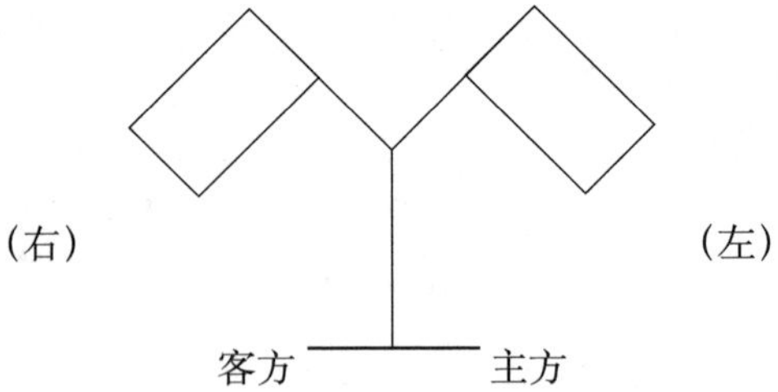

图 16－6

第十七章　党政机关名称挂牌次序

党政机关大门的名牌是机构、单位、部门的指示标志。牌子的位置及排列次序有着严格的礼仪规范和体制要求。我国在悬挂机构、单位、部门牌子时，秉承的是中国传统习惯做法，即“左为上”。这与中国共产党党旗和中华人民共和国国旗并列时，党旗居左、国旗居右的排法是完全一致的。

在这里，有必要再介绍一下“居左为上”与“居右为下”，或者“居右为上”与“居左为下”的具体运用。“居左为上”与“居右为下”可以是个体，也可以是群体。也就是说，可以是一个人、一个单位，也可以是一部分人、一部分单位。在操作时，主要有三种排列方法：第一，按照礼宾次序先排左侧部分，再排右侧部分，从而形成“左”高于“右”的格局；第二，从左至右一字形排列；第三，先左后右，交叉排列。同理，在应用“居右为上，居左为下”的国际惯例时，也可如此操作。需要注意的是，我们所讲的左和右是指事物自身朝向的左和右，而不是人们观看事物时的左和右。

党政机关名称挂牌主要有以下几种礼仪形式。

第一节　一块牌子挂法

一块牌子挂法，主要有以下两种。

（1）两根柱子一块牌子时，牌子悬挂于大门左边柱子上（见图 17－1）。

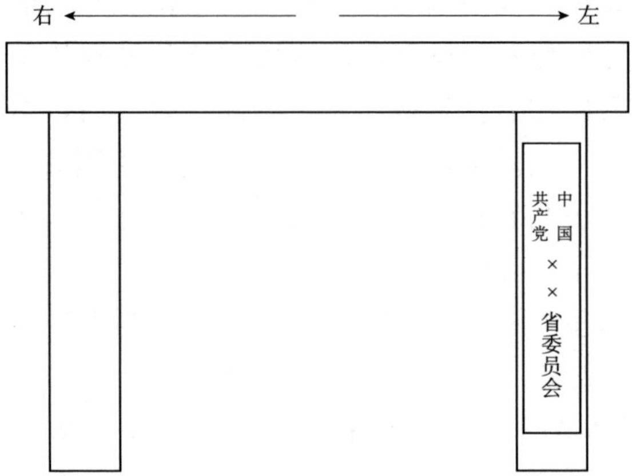

图 17－1

（2）四根柱子一块牌子时，牌子居中左悬挂。总体来看，牌子依然处于大门左边（见图 17－2）。

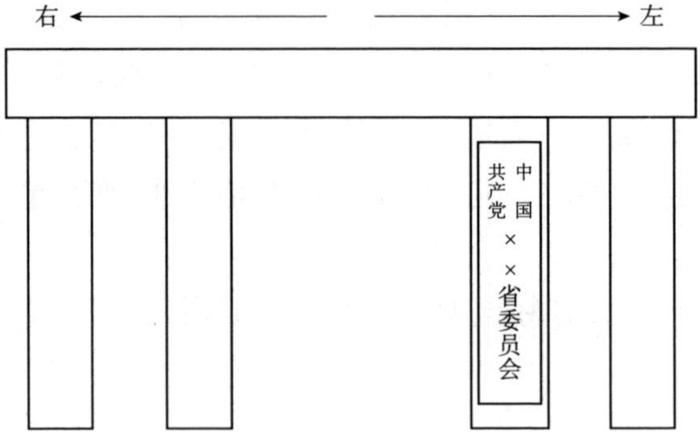

图 17－2

第二节　两块牌子挂法

两块牌子挂法，主要有以下两种。

（1）两根柱子两块牌子时，左右排列（见图 17－3）。

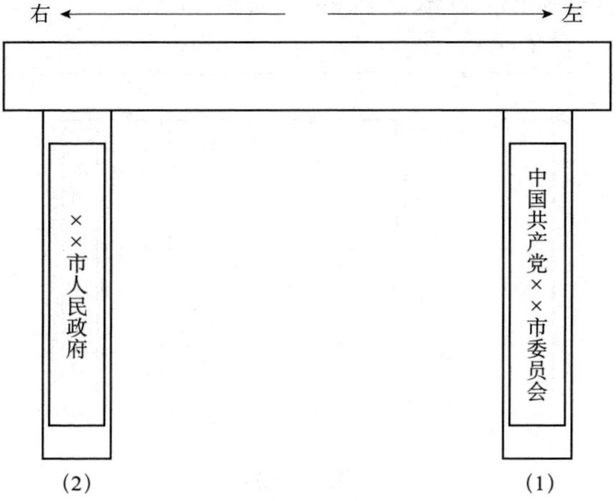

图 17－3

（2）四根柱子两块牌子时，牌子居中左、中右排列（见图 17－4）。

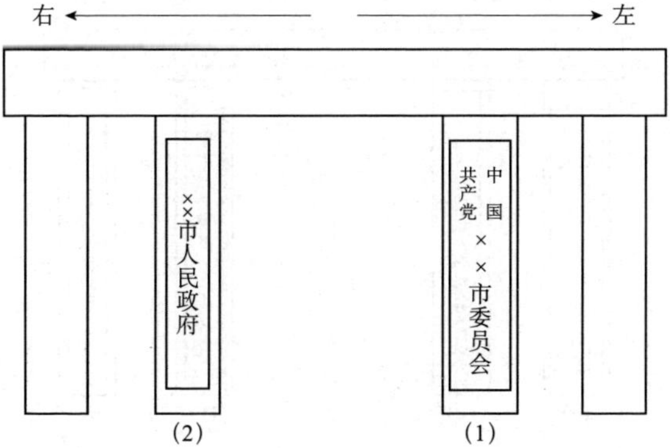

图 17－4

第三节　多块牌子挂法

多块牌子挂法，主要有以下四种。

（1）一字形排列。按照机构规定顺序和传统竖式书写习惯，由左往右依次排列（见图17－5）。

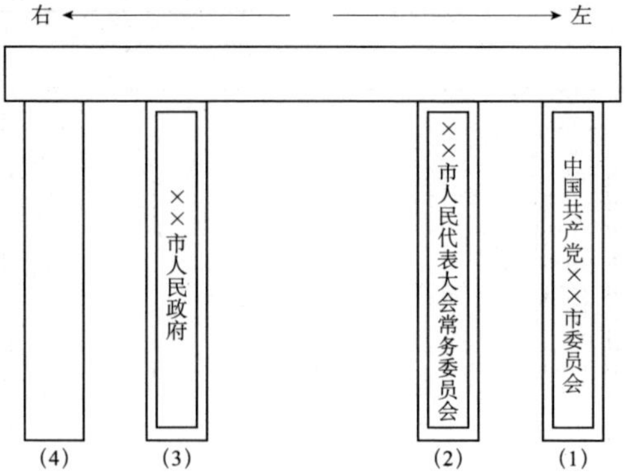

图17－5

（2）交叉排列。排列顺序为中左、中右、边左、边右（见图17－6），即一左一右，先左后右，以此类推。总体上还是“左为上”的排列。

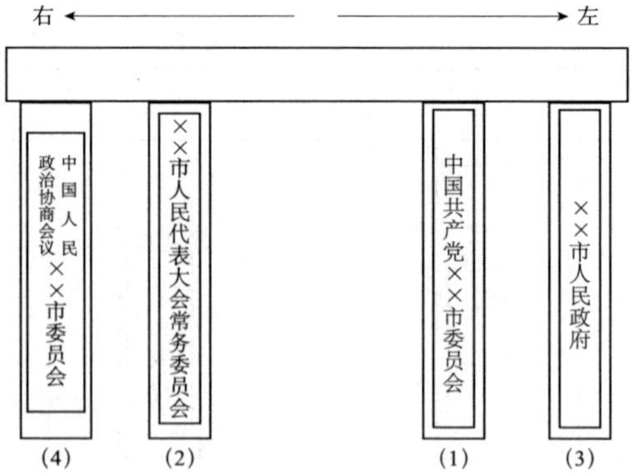

图17－6

（3）按照机构规定顺序，先左边排列，后右边排列（见图 17－7），依然体现了左边高于右边的原则。

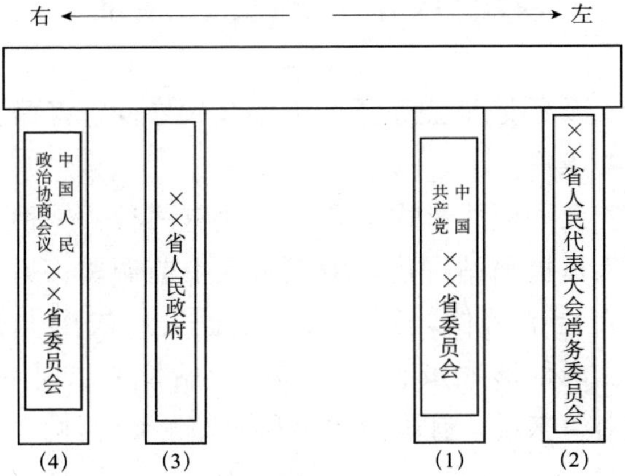

图 17－7

（4）多单位并列竖挂时，由左至右依次排列（见图 17－8）。

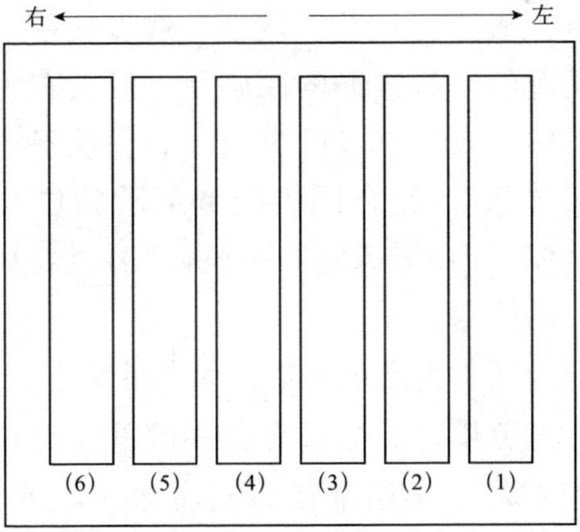

图 17－8

第十八章　颁奖、颁证

颁奖及颁证是公务活动中各级领导同志经常涉及的一项重要工作。

颁奖及颁证从形式上来讲大致有两种：一种是领奖及领证人员提前站好位，由颁奖人上前颁奖；另一种是颁奖人在台上就位，领奖人（领证人）依次上台领奖（领证）。两种形式虽有所不同，但站位要求是一致的。从颁奖对象来说，有国内颁奖和涉外颁奖两种。

第一节　国内颁奖、颁证站位

国内颁奖、颁证时的站位，一般有两种情况。

一是上级对下级、领导对部下、校长对学生、职务高者对职务低者进行颁奖、颁证，或者授衔、授勋、任命。此种情况的站位遵循的原则是：双人右为上，即颁奖人居右、领奖人居左（见图 18－1）。从形式上表明的是“上下级关系”。符合国内公务活动席位安排“双数时，1 号人物居于 2 号人物右手位，2 号人物居于 1 号人物左手位”的规则。

二是领导同志为杰出人物，如老科学家、老教育家、老艺术家、老劳模、老标兵等德高望重人士和先进人物颁奖时，其站位安排通常是颁奖者居左，领奖者居右，以示领导同志对领奖者的尊敬，即“右为上”（见图 18－2）。

背 景 板

颁奖者（右）　　领奖者（左）

（主 席 台）

观 众 席

图 18－1

背 景 板

领奖者（右）　　颁奖者（左）

（主 席 台）

观 众 席

图 18－2

注：颁发聘书时的站位，也可按此安排。

第二节　涉外颁奖、颁证站位

涉外颁奖或颁证时的站位应遵循的原则是主左客右，即颁奖人居左、领奖人居右（见图 18－3）。

背 景 板

领奖者（右）　　颁奖者（左）

（主 席 台）

观 众 席

图 18－3

注：颁发聘书时的站位，也可按此安排。

第三节　颁奖、颁证时的准备工作

颁奖、颁证时的准备工作主要包括以下几点。

一是确认主席台人数、奖品种类和数量、每轮颁发数量和顺序，是否准备用具，如托盘、红绸布、奖品推车等。

二是确认颁奖音乐。

三是确定颁奖路线，留好颁奖通道。

四是确定颁奖礼宾人员。

第十九章　纪念仪式站位

举行拜祭先贤、同胞、革命英烈、民族英雄的活动是中华民族的传统，也是弘扬中华民族优秀传统文化的重要形式，具有象征中华民族自强不息、血脉相连、薪火相传、后继有人的深远的历史意义。例如，国庆节党和国家领导人向人民英雄纪念碑敬献花篮仪式、国家公祭日纪念仪式、河南新郑的黄帝故里拜祖大典仪式、陕西黄陵的公祭轩辕黄帝典礼仪式、湖南宁远的九嶷山公祭舜帝仪式等。

现代拜祭活动仪式多为官方或半官方主办，规格较高、人员众多、场面宏大、氛围浓厚、重视规制，所以对活动现场领导和嘉宾站位安排提出了较高层次的礼仪要求。

现将现代拜祭仪式站位的两种主要形式介绍如下。

第一节　主席台式站位

主席台式站位是指主要领导同志根据礼宾次序，按会议主席台席位安排形式进行站位安排（见图 19－1）。

（纪念碑、像）

8 6 4 2 1 3 5 7 9

23 21 19 17 15 13 11 10 12 14 16 18 20 22

37 35 33 31 29 27 25 24 26 28 30 32 34 36

以下其他人员站位（略）

图 19－1

注：1 号人物居中，身后不安排人员站位，用作通道。2 号人物位于 1 号人物左手位，3 号人物位于 1 号人物右手位，以此类推。第二排起按双数右为上原则安排，以此类推。

第二节　观众席式站位

观众席式站位是指参加人员无论职务高低均在台下站立，并按照礼宾次序和活动需要进行站位安排。例如××××大典仪式贵宾区现场站位图（见图 19－2）。

根据情况，主要领导同志的站位也可安排成主席台式站位，即主要领导同志突出向前站成一排，并按照礼宾次序排列。另外，集会人员队伍还可以布置成纵向三个区域或五个区域，主要领导同志的站位居中间区域突出向前一排，按礼宾次序排列。如 2014 年 12 月 13 日在南京举行的国家公祭仪式上党和国家领导人的站位安排就是如此。

背景台

（纪念碑，像）

A区2（左）

县区领导	县区领导	市领导	市领导	市领导	市领导	省领导	省领导	省领导	省领导	第一排
献花	献花	献花	献花	现场总指挥	献花	献花	献花	献花	献花	
10	9	8	7	6	5	4	3	2	1	
省直	省直	省直	省直	省直	省直	省直	省直	省直	省直	第二排
10	9	8	7	6	5	4	3	2	1	
省直	省直	省直	省直	省直	省直	省直	省直	省直	省直	第三排
10	9	8	7	6	5	4	3	2	1	
省直	省直	省直	省直	省直	省直	省直	省直	省直	省直	第四排
10	9	8	7	6	5	4	3	2	1	

通道

（右）A区1

第一排	首长	贵宾	贵宾	贵宾	贵宾	贵宾	贵宾	贵宾	贵宾	贵宾
	献花	献花	上香	上香	主司仪	献花	献花	献花	献花	献花
	1	2	3	4	5	6	7	8	9	10
第二排	国家部委	国家部委	国家部委	国家部委	国家部委	国家部委	国家部委	国家部委	国家部委	国家部委
	1	2	3	4	5	6	7	8	9	10
第三排	贵宾	贵宾	贵宾	贵宾	贵宾	贵宾	贵宾	贵宾	贵宾	贵宾
	1	2	3	4	5	6	7	8	9	10
第四排	贵宾	贵宾	贵宾	贵宾	贵宾	贵宾	贵宾	贵宾	贵宾	贵宾
	1	2	3	4	5	6	7	8	9	10

B区2（左）																						（右）B区1
10	9	8	7	6	5	4	3	2	1	第一排		第一排	1	2	3	4	5	6	7	8	9	10
10	9	8	7	6	5	4	3	2	1		通		1	2	3	4	5	6	7	8	9	10
										第二排		第二排										
10	9	8	7	6	5	4	3	2	1				1	2	3	4	5	6	7	8	9	10
										第三排		第三排										
10	9	8	7	6	5	4	3	2	1				1	2	3	4	5	6	7	8	9	10
										第四排	道	第四排										
10	9	8	7	6	5	4	3	2	1				1	2	3	4	5	6	7	8	9	10
										第五排		第五排										
10	9	8	7	6	5	4	3	2	1				1	2	3	4	5	6	7	8	9	10

注：C区、D区嘉宾站位安排同上，略。

图 19-2

第四编
礼宾统筹与接待保障

第二十章　重大涉外活动礼宾接待与服务保障（地方）

根据国家发展战略和整体布局的需要，大量的全国性、国际性的重要和重大活动相继在全国各地举办，其中许多是区域性、全球性、世界级的国际知名品牌会议、会展、论坛、峰会、赛事等多边活动。其间，会有许多国事活动在首都以外的其他举办城市举行。国事活动属于国家层面，体现国家意志，规模大、规格高、影响广、场次密、要求严格、礼仪讲究，备受当地党委、政府的重视，往往是举全省、全市之力予以承办。举办如此高规格的活动，对于地方来说，是一个光荣的政治担当，负有崇高的国家责任和历史使命。同时，也为活动举办地扬名国际社会、展示发展成果、宣传发展优势、营造投资环境、升级城市形象和品位、促进接待服务标准化建设、提升国际化水平提供了难得的历史机遇。

各地接待部门在这些重要和重大活动中，主要工作就是礼宾接待与服务保障。礼宾接待与服务保障工作贯穿整个活动始终，对活动的成败起着至关重要的作用。通过多年来公务接待的工作演绎和礼宾实践，许多地方接待部门已经遂行了一套符合中国国情，具有地方特点，同时又接轨国际的重大活动礼宾接待与服务保障的做法和“接待模式”。

第一节　工作机制

举办重大涉外活动，在礼宾接待上要有“世界眼光、国际标准、中国特色、高点站位”，通常在组织上由党中央、国务院直接领导（中办国办直接组织，地方的任务是做好协助和配合工作，参与有关礼宾接待事宜），其中礼宾工作分工为：中方领导人由中办、国办负责，外方领导人由外交部负责。国家筹委会由国务院多个部门参加，如外交部、公安部、原文化部等。筹备期间地方政府的工作机制是：在国家筹委会的领导下“省市联动、以省为主、市里落实”。

为此，举办地的省级政府需要成立与上级筹委会相对应、相衔接的筹备工作领导小组和工作机构；举办地的市级政府成立与省里相对应、相衔接的筹备工作领导小组和工作机构。市里领导小组和工作机构的负责人同时兼任与省里对应的副职。领导小组设立若干个工作组，通常设有综合保障组、礼宾接待组、安全保卫组、新闻宣传组、文艺演出组、经贸论坛组、环境整治组、工程项目组、志愿者组、交通保障组、医疗和卫生保障组、社会稳定组、会场驻地组等。与此配套的是，共建联络员工作机制，从上到下每个层级（国家、省、市、县）分别成立联络员（或称接待秘书）工作团队，各层级联络员工作团队根据客情组成若干个礼宾接待小组（由上一级联络员、下一级联络员和本级联络员组成）。每个礼宾接待小组设有主联络员、副联络员和助理联络员，负责所承担任务的上下左右内外的联络联系、工作分工、请示汇报、协调对接和专人专团服务照料工作（重要客人实行“一人一团队”礼宾接待小组重点服务，一般采用“1＋1＋2＋2＋1”模式，即陪同领导 1 名、联络员 1 名、志愿者 2 名、保障车辆 2 台和酒店联络员 1 名，并制定专项单体接待方案）。

各联络员工作团队的构成是：本团队承担任务所涉及的相关方、相关单位和相关人员（包括纵向的、横向的）。如省级联络员工作团队的构成：省直机关有关单位、有关高校、有关地市接待办（外办）等。

由部省共同主办的大型节会活动，礼宾接待服务工作通常是由当地省或市接待办（或外办）总指挥、总牵头、总调度，并负责管理和指导整个活动的礼宾接待与服务保障工作。

下面，介绍一下国内重大或重要国际活动（会议、论坛、峰会、展会、博览会、赛事等）中涉及地方的与接待部门关系最直接的高端礼宾接待与服务保障工作。国内举办的重大或重要国际活动，是一个极其庞大的系统工程，具有极强的政治性、政策性、专业性。既要统一领导、分工负责，又要统筹协调、相互配合。与接待办工作关系最为密切和直接的是礼宾接待组。

下面重点介绍礼宾接待组的工作分工、主要职责和统筹协调（限于篇幅，其他各组略）。

第二节　职责分工（市级）

一、综合保障组

职责分工：按照上级要求，落实会议、会见、宴会、演出、参观等各类场地、场所；按要求进行场地布置或必要的场地改造；按要求进行设备、设施采购，保障会议期间会场内硬件设施全面到位并良好运转等；按要求做好礼品、纪念品以及其他物品的设计、制作；配合国家有关部委做好各场会务活动的现场礼宾工作。

组长单位：市外办、市财政局。

成员单位：市接待办、市监察局、市审计局。

二、礼宾接待组

职责分工：配合上级部门，负责中外政府代表团的接待工作，为中外代表团及领导人配偶团组等分别配备助理联络员及接待小组，与其他部门各团组主联络员及有关各方保持沟通，安排上述各团组参会和活动行程，保障和尊重相关民族宗教习惯等。

其中，由接待办牵头负责中方首长代表团和部、省各内宾的接待工作，由市外办牵头负责各外方代表团和领导人配偶团组的接待工作。

配合做好会场服务、双边会见、参访活动、会议茶歇的有关礼宾安排和各代表团抵达和迎送安排。配合做好有关接待人员的培训和管理工作。

组长单位：市接待办、市外办。

成员单位：市文广新局、市旅游局、市园林局、市民宗局。

关于礼宾接待的组织架构、组成单位，应根据任务规模、影响、程度、体系以及所处层级等因素科学设置，不可一概而论。例如，有些活动接待组织机构“大而全”，称为礼宾接待部或礼宾接待指挥部，下设若干个工作小组，如迎送组、宴会组、酒店组等，以及针对每个代表团而设立的专门接待组；而有些活动的接待机构设置则可以“小而精”。

第三节　礼宾接待组任务准备阶段工作安排

（市级参考文本）

××月××日

收集整理各组工作方案、预算、进度表。协调财政、纪检、审计等部门做好各工作组合同审核，做好合同签署前的准备工作，召开筹备工作推进会，督促各工作组制定环境优化、场地布置、志愿者招募、驻地酒店预控等工作方案。完成集体办公设备采购、安装等各项准备工作（包括××部集中办公）。进一步完善指挥部工作机制，明确合同审核程序、经费支付程序。

完成本地助理联络员初步培训工作。组织本地助理联络员与××部主联络员现场勘察会场、酒店、车站、机场、港口等相关场所。初步确定外宾住宿方案。报××部礼宾部门确定礼品方案（主宾、主宾配偶、部长以及代表团成员的礼品赠送方案）。接待使领馆先遣人员。开展各外方代表团客情信息的收集工作。协同××区、工作园区预控中外方驻地周围经济型酒店。提出外方代表团访问考察以及领导人配偶活动预备方案。

根据要求，组织落实新闻中心场地、设备、设施的准备工作。落实媒体记者住宿酒店、工作车辆安排。提出新闻志愿者招募要求。与××部新闻部门开展媒体记者信息收集工作。协同×××国宾馆提出领导人共同会见记者的现场布置方案。

××月××日

确定与×××国宾馆、酒店、会场、车队等合作协议文本框架内容。确定礼品品种，经××部礼宾部门现场审核确认后，下单制作。经××部礼宾部门现场审核确认外方休息室、领导人迎宾、集体合影、领导人会晤及具体设施安排。经××部礼宾部门现场审核确认××厅经贸论坛场地设置、背景安排。经××部礼宾部门现场审核确认主会场双边会见初步方案。经××部礼宾部门现场审核确认欢迎晚宴方案。文艺演出、伴餐演奏方案和节目单提交上级部门审定。经××部礼宾部门现场审核确认现场布置，以及椅套方案。经××部礼宾部门现场审核确认××宾馆双边会见外方休息厅、中方休息厅、会见厅及会场内外挂旗方案等。

确定主宾车辆。核心车队××台及驾驶员××名由×××提供，其他配套车辆约××台，由××外事车队提供，并在审核后签署协议。其他各工作组车辆需求由××外事车队提供，并在审核后签署协议。根据车辆总体需求，做好车辆统一停放、加油、驾驶员培训等方案。

××月××日前

督促各工作组完成相关合同的签署。完成外方驻地、外宾车队、工作车辆、经贸论坛车辆、媒体车辆等合同审核和签署。经××部礼宾部门确认后，完成与×××国宾馆、××公司等关于场地布置、服务人员、设备设施保障以及餐具等礼宾用品的合同审核与签署；完成与××会议中心关于场地布置、服务保障等的合同审核与签署；汇集各部门工作方案并完成工作手册的审核制作；收集、汇总、更新相关信息，做好会议会务手册的编印准备工作；制定演练方案，并相应做好相关配合准备工作。

根据工作需要，召开制证、外部环境整治、综合保障、会场与宴请准备、中外方集中居住酒店负责人、车辆保障、预备参观点等专题工作推进会。配合安保部门做好相关人员的证件信息收集和申报等工作。

××月××日

持续跟进更新各外方代表团的客情信息。配合××部主联络员逐步细化各外宾团组在本地的日程与接待工作方案。完成组建各驻地酒店“外办＋警卫＋酒店＋志愿者”的工作团队，落实服务工作职责。根据要求，做好外方代表团访问考察以及领导人配偶活动的具体筹备工作。做好礼宾接待志愿者的培训工作。根据客情信息，按照××部、警卫局的要求，配合做好外方代表团住宿分配等工作。研究制定会议期间日常用餐方案。配合安保部门做好外宾及相关人员的证件信息收集和申报等工作。制定各代表团活动期间用车方案（抵离迎送、会议集体活动、外访考察等）。根据审核确定的礼品方案，制定礼品赠送及分发方案。

做好新闻志愿者人员分配、培训及上岗工作。配合宣传部做好新闻中心场地设备设施安装工作。细化驻地酒店、车辆安排等媒体服务保障方案。对接确认共同会见记者的现场布置方案并协同×××国宾馆、××会议中心做好各项准备工作。配合安保部门做好媒体记者及相关人员的证件信息收集和申报等工作。

与×××国宾馆、××公司等签署合作协议，并督促做好相关设备设施采购、运输、安装以及现场布置和运行保障工作。按要求落实各项礼品，交礼宾组。根据××部确定的要求，督促×××国宾馆、××会议中心对外方休息室、领导人迎宾处、集体合影处、领导人会晤处等场所进行细化布置。协同商务部门对经贸场地进行细化布置。做好菜品提升、菜单制作以及主桌以外服务人员培训等工作。督促××会议中心做好文艺演出现场布置以及椅套制作工作。督促××会议中心做好××厅从论坛开幕式转换为欢迎晚宴的翻台演练工作。根据要求，做好××宾馆×号楼外围环境、文化布置以及各外事场所的布置工作。根据要求落实会场内外挂旗工作，做好各场次国旗挂放和熨烫人员培训工作。协同文广部推进文艺演出、伴餐演奏的排练工作，做好节目现场审核工作。

加强与上对接，做好主车、主车备车接收工作，并移交公安部门妥善看管。落实车辆统一停放、加油、驾驶员培训工作。协助礼宾接待组做好外宾接待车队的编排工作，并移交管理。与××车队签署协议，落实具体车辆、人员安排和培训。与××外事车队签署协议，落实人员培训和政审，安排踩点。

以上各车辆××月××日前全部到位，参加××月××日全要素整体演练。

××月××日

各组进行内场演练，并分别总结整改。

××月××日

全要素整体演练，演练后各组进行总结整改。

第四节　重大涉外活动宴会现场、会议厅（室）的服务保障

一、出入口

主会场各入口处设置明显的“引导标识”，摆放大版桌图架（指示牌），布置有关平面示意图（如场地布局图、座位图、桌次图、行进路线图等）。

迎宾区到达宴会厅及有关厅室（如会议厅、会见厅、休息厅、演出厅等）的每个入口处，安排服务员专职负责开关门，电梯实行专控。宴会主桌人员入场前，要提前打开主桌附近的入口，关闭其他入口；主桌人员就座后，及时关闭主桌附近的入口；宴会（或伴宴演出）结束时，要提前打开主桌附近的出口，待主桌人员至电梯口（或酒店大门）时打开其他出口。

二、主席台

（1）主席台周边用鲜花和绿植布置。

（2）LED背景屏：领导同志致辞时显示会议背景，宴会期间展示地方特色风光。如果是伴宴形式，演出期间要根据演出内容切换背景。

（3）舞台侧面：通常使用LED屏、屏风或适当高度的绿植遮挡，供演员候场和换场使用。

（4）讲台：领导同志致辞时使用的讲台，高度适中，最好为木质，台前布置鲜花，鲜花及麦克风高度不要挡

脸，台面能摆得下双面 A4 纸。领导人致辞结束后，将讲台撤离宴会现场。

（5）立式麦克风：台下里侧摆放立式麦克风（数量根据需要定）供主持人或翻译使用，主持结束后（即开始用餐时）撤掉。

三、主宾席

（1）面向舞台的长条形桌，单面坐。中方领导同志或主人座位居中，所有座位避开桌腿。

（2）桌上铺桌布，布置鲜花和装饰品（避免太高挡视线和面部）。

（3）主宾席后面备翻译椅若干。

四、其他桌

设若干个 10 人座圆桌；每桌 9 把椅子，空出背对舞台区域，以便来宾观看演出；桌上布置花艺，摆桌牌号（桌次牌）、座位卡（席位签）。桌牌号可在宴会开始入座完毕后撤去。

五、宴会休息厅

大型涉外或多边活动，中外双方休息厅应分开设置。

（一）中方休息厅（中方陪同人员休息厅）

首长听取汇报厅，根据人数摆放沙发，沙发间摆放小茶几，适当摆放花艺、茶水或瓶装水、湿巾，入口处摆放大版桌图架示意图。

（二）外方休息厅（外方各代表团团长休息厅）

（1）厅内中心区域摆放若干张高脚台，高脚台上摆放瓶花、茶点小吃（点心和坚果）、餐巾纸等。

（2）厅内四周摆放若干组沙发，每组以1个小茶几为中心，分别摆放4张沙发圈椅，茶几上备瓶花、茶点小食（点心和坚果）、餐巾纸等。

（3）厅内一侧角备茶水饮料台，摆放软饮（矿泉水、饮料等）、热饮（茶水、咖啡等）和水杯等。安排服务员专门负责。

（4）厅内备少量服务员及时用托盘收取用过的水杯、餐巾纸等。

（5）厅内侧面摆放大版桌图架。

（三）中方近随、外方近随人员休息厅

摆放茶水饮料台和适量椅子。

（四）自助餐厅

准备足够量的用餐台和椅子，门口准备来宾国语言文字指示牌（上海合作组织成员国理事会为中、英、俄文指示牌）。

第五节　礼宾接待演练操作

礼宾接待演练（彩排）有专项演练和综合演练之分，是重大或重要活动取得成功的重要环节。

按照惯例，凡重要活动，接待管理部门都要对有关接待单位的各项活动的实施方案进行认真审查和严格把关，包括迎接地点、会客场所、入场、入席路线、菜肴、伴宴、演出、服务、互动、离席、送行，以及安保、救护、消防等全要素、全流程预演（或情景推演），实施现场实景模拟演练和试餐活动。各项配套活动安排要紧凑，防止脱节冷场和人员散落。按照实战要求，在规定时间内每一场活动的若干个程序、详细流程要分解，精确到分秒。每一次转场的乘车方案具体到人。重要活动场次的场地平面图、站位图、席位图一目了然。根据操作细则，落实任务分工，相互协调配合，提前进入角色，各司其职（包括内场和外场），各负其责，熟悉场地环境，掌握环节步骤，检查操作装备物品和设备设施，感受现场氛围。接待管理部门要对整个任务接待服务的全流程实施监控，坚持以问题和结果为导向，进行动态管理，确保万无一失（所有方案均有应急备选方案）。礼宾接待综合演练操作主要内容包括以下几个方面。

一、接待准备

（1）严格按照规定时间、规定内容、规定路线进行演练（包括细节对接）；宴会每道菜的原料及制作实行厨师团队负责制，烹饪时间、上菜时间均实行计时安排，与宴会进程协调统一。

（2）按照任务清单（责任、岗位、分工），参与人员及车辆各就各位。

（3）礼宾用品责任到人。包括菜单（在推荐菜品时，要将每道菜的名称、特点及配料都写清楚。每桌菜单的数量视情况而定，重要宴请活动菜单，讲究每人一份，普通宴请活动可以几人合用一份，每桌 2 份或 4 份均可。菜单的内容主要包括菜肴设计、菜名设计、菜点设计、酒水饮料及装帧设计等。菜单结构上，西餐按西式要求排列，中餐按中式要求排列。菜单也常以餐牌形式来展示宴会菜谱和酒水饮料）、曲目单、节目单、讲话稿、主持词、现场布局图、座位图、展示图、席次表、座位卡（座位卡底座及空白座位卡）、粗水笔、修改液、打印机等。此外还有对上述礼宾用品的携带、分发、摆放、保管、调试（同传耳机、音响）等项工作的落实。

二、检查场地

重大或重要涉外礼宾接待活动，通常绘制活动场地详细的平面图（场景设计），将活动场地划分为若干个功能区域。如迎宾区（接待大厅内外或大楼门前）、会议区（主会场、会谈区、会见区等）、宴会区、茶歇区、休息区、合影区、记者区、展示区、咨询区、住宿区、停车区、工作间、内场与外场等。不同的活动有不同的要求（有些活动场所是由参会方提供室内布局图，由主办方负责布置）。

重点检查内容包括以下几个方面。

（1）正门入口安检设备。

（2）各活动场所的指引标识，如接待大厅、电梯口、休息厅、宴会厅、工作餐厅、咨询台等。

（3）主宾、贵宾行走路线上的各类电梯（如首长专用电梯、中外来宾使用电梯、工作人员使用电梯等）、扶梯由专人控制。根据任务性质，决定是否铺红地毯。

（4）各厅内、厅外洗手间，根据需要进行卫生用品配备，必要时还应个性化设计，包括化妆台、化妆镜、化妆用品等。

（5）中方休息厅：沙发、大版主宾席座位图架等。

（6）外方休息厅：高脚台、茶水饮料台和沙发、坚果小吃、茶水、咖啡饮料、餐巾纸和台花、大版主桌、座位图架、脚踏、靠垫、衣架、女士手包小架子等。

(7) 中外近随休息厅：椅子、小茶几和茶水饮料台(供宴会期间中外近随休息使用)。

(8) 病媒防控情况。重点检查是否存在苍蝇、蚊子、老鼠、蟑螂和空气污染情况。

三、宴会大厅

LED背景板和切换背景图片、舞台、乐团奏乐台、讲台、讲台麦克风（话筒音响使用双路甚至三路保障)、台下话外音和翻译立式麦克风、花草、厅内餐桌布局、桌次牌、主桌、各主要圆桌、翻译椅、餐具、台面装饰等。

四、演员及乐队区域

演员上下场地与舞台之间用LED屏风遮挡，乐队区域面积适中，与宴会区距离适当。

五、试餐演练

类型包括中式桌餐宴会、西式套餐宴会、自助餐、茶歇、酒会等，根据活动内容分别进行专项演练（为了确保菜品质量，菜品从出锅到上桌，时间精确到秒，温度枪随时测温)。

按照宴会菜单要求，检查餐具配备。如西餐的主餐刀叉、甜品叉勺、汤勺、黄油刀、酒水杯、餐巾等。菜品烹饪按时间表操作，分秒必争，几点炸鱼，几点浇汁，几点上盘，上菜时间（注意菜品温度，凉菜的盘子应是冰的，热菜的盘子应是热的）等均采取计时操作。上菜时不同的走位，包括行走路线、上菜方式、标准动作、信号指示等实行统一。有时，为了照顾重要来宾的饮食习惯、禁忌和要求，会做一些特殊安排和调整，例如多少人不吃蒜，多少人不吃牛肉，多少人吃全素，多少人只吃水果宴等。在菜品数量一样的情况下，菜品的内容应有所不同。而且，前菜里用过的原料在后面的主菜、海鲜里不能再出现，各道菜之间原料不重叠使用。做到既考虑普遍接受度（环保、绿色和国际化），又接受个人需求，因人而异，统筹兼顾、创新服务。

宴会禁忌：大肠、牛百叶、心、肝、肺、肾等下水，以及以濒危动物或野生动物为食材的菜品，如熊掌、蛇类、穿山甲、鳄鱼等。西方人一般也不吃海参、海带、银耳、无鳞的鱼（黄鳝、鳗等）、狗肉等。

六、抵达引领

要提前计算好时间（时间精确到分秒），赴宴政要按顺序入场。政要乘车陆续抵达酒店时，引领工作的主要内容包括以下方面。

（1）主联络员（通常每个团都设有主联络员、副联络员）引领团长先到宴会休息厅休息（翻译可随行进厅，主联络员在宴会厅内等候）。

（2）有关责任人引领其他近随前往咖啡吧休息。

（3）副联络员引领出席宴会人员直接前往宴会厅就座。副联络员与有关责任人、各团近随会合。

（4）确认并统计来宾领导人抵达情况。

（5）此时要有专人确认以下事宜：确认主桌、讲台和麦克风、端祝酒托盘服务员、香槟酒或干红等全部就位；确认席间乐演奏乐队和文艺演出团组准备就绪；确认宴会厅翻译和翻译椅全部就位；确认宴会厅布置完毕。

（6）各责任人、主联络员确保所负责的贵宾及其翻译顺利就座。

（7）中方首长在休息厅与外方领导人见面后，共同步入宴会主桌。

七、宴会程序

（1）中方首长同与会外方代表团团长在主桌（主宾席）就座（为确保场内秩序，如是重要活动领导祝酒，或者是“先会后宴”形式，通常先斟酒不上菜。待讲话结束祝酒后，再开始上菜）。

（2）×××负责人宣布欢迎宴会开始（英文翻译），请中方首长致辞（在“一对一”或“一对多”的宴会中，为了节约时间，现在的做法是将祝酒词提前翻译好，将纸质文稿放在与会领导人的座位上）。

（3）开始用餐（乐队演奏席间乐）。

（4）上甜点时，观看文艺演出。

（5）宴会结束，中方首长同与会外方领导人就近握手道别，离开酒店（通常是主人先送走客人，而后主人再走。具体情况，应视需要而定）。

（6）外方代表团团长在宴会厅稍事休息，之后依次离开，车队返回各驻地；各团出席宴会其他人员在宴会厅内稍事等候，最后再乘车离开，车队返回各驻地。

（7）宴会结束。

八、高端招待会需要注意的几个细节问题

（1）来宾到达时，主人应在设定位置（下车处、门口、大厅、会客厅等）迎接，先迎宾后入席。如有合影，则合影后再入席。

（2）当中外贵宾步入宴会厅时，需有专人负责提醒乐队演奏迎宾乐曲。

（3）有专人确认主持人、翻译提前在立式麦克风前就位。

（4）有专人确认祝酒托盘服务人员提前就位。

（5）有专人在宴会厅接应并协助各团主联络员引领外方代表团团长就座。

（6）有专人引领主桌中方陪同人员就座。

（7）欢迎宴会开始后，各团主联络员、副联络员等中方工作人员及时自后侧门撤出宴会厅，陪同外方近随等前往××厅用工作餐。

（8）宴会结束前15分钟，有专人提醒各有关人员在宴会厅外等候；有专人负责宴会厅各门的开门、关门；各个电梯口有专人把控，提前就位；车辆按序集结，等候出发。

（9）各团主联络员照料外方代表团团长及外方近随依次离开酒店；副联络员照料各与会代表团其他出席宴会人员最后乘×—×号电梯离开。

（10）提前安排驾驶员（工作人员）举醒目国名牌在大巴车前等候。各车队出发间隔时间为1分钟。

第六节　重要宴会（招待会）服务工作

一、检查布置

提前到达宴会现场，检查准备工作，做到“八知”“三了解”。“八知”即知道主客身份、宴请标准、参加人数、宴会形式、菜式品种、使用酒水、安排桌数、起止时间。“三了解”即了解来宾的风俗习惯、饮食忌讳（包括酒水、食物、调料、气味、器皿等方面的忌讳）和特殊要求。

重点检查落实宴会标准、菜单、酒水、环境、场地、宴会形式、席面设计、餐台布置、背景板、灯光、音响、桌椅（桌椅搭配：靠背椅、扶手椅、圈椅；翻译用椅：普通椅或圆凳）、备餐台、主宾席服务人员等。

主宾席摆放的鲜花或者果蔬雕刻高低大小适中，装饰摆设不要太密集，不要遮挡宾主之间的视线，尽量避免使用香气浓郁的鲜花摆台。涉外活动时，还应注意来访国的鲜花禁忌。

大型宴会，一般用清真菜单。宴会菜单要突出中国味道、民族特色、地方特点。涉外宴会以中餐为主，内宾招待以风味小吃为主（如有可能，也可安排一道来宾的家乡菜）。制定菜单，要注意来宾饮食忌口，同时还要考虑年龄性别、身体状况、营养配置、季节气候、节日节气等因素。夏季以清淡为主，冬季以荤腥为主。尊重民族风俗，注意宗教禁忌和有关接待规定。重要任务的菜单须报有关领导审定，并附有每道菜所用食材、烹饪方式、菜品特点，甚至历史由来，体现饮食文化和情趣。

需要特别注意的是，重大或重要活动的主桌或主宾席一旦布置完毕，经过验收后的桌台上的所有用品和物品、设备和设施均不可挪动和触碰，并安排专人进行盯台守护。

二、做好迎宾

做好迎宾工作，要把握主人或下级先到原则，做好主方领导迎候衔接工作，动态掌握主宾到达时间。主宾即将到达时，主人通常在门口或大厅内迎接来宾，也可在休息厅或会见厅迎接。一般来宾到达后，可由工作人员直接引领进入招待会大厅，但不入座。主宾到达后，由主人陪同进入休息厅，双方（或多方）短暂交流，稍事休息后，主人陪同主宾进入招待会大厅，全体来宾就座，招待会开始。如果招待会规模较大，也可以请主桌以外的客人先入座，主桌人员最后入座。

三、服务顺序

服务员上菜、撤盘、斟酒、倒茶的顺序：均从客人右边上菜、分菜、撤盘、斟酒（八分杯）、倒茶；按照顺时针方向，先宾后主进行操作（敬酒也一样）。上菜时，如果两位客人紧挨着讲话，可以左上左撤。撤盘时必须征得客人同意后方可。如果客人没用完，可以先跳过，为下一位客人服务，最后再回来为未用完的客人服务。

使用刀叉就餐时，如果客人将刀叉呈八字形或交叉放在盘中，是表示还想再吃；如果客人将刀叉合拢并列放在盘中，则表示已经吃完，可以撤盘。又如客人将餐巾（口布）放在桌子上，表示不再回来；如果将餐巾放在座椅上，则表示还要回来。

四、中餐分菜

中餐分菜方法主要有餐位分菜法、转台分菜法、旁（边）桌分菜法和后厨分菜法四种。重要宴会的菜品做到“无骨、无刺、无筋、无籽、无核、无鳞”。提鲜不使用味精，而使用天然食材。

五、桌签摆放

桌签（席位签）置于酒杯前或平摆于餐具上方，勿置于餐盘内。菜单一般放在餐具右侧。有时还要根据客人临时因故不能来等情况，在入席前现场对座次进行调整。

宴会桌上除了每位前面放置席位签外，现在通行的做法还应放置本桌宾主双方人员手边名单（包括姓名、职务、单位），即客方人员面前放置主方人员名单，主方人员面前放置客方人员名单（一般放在餐具右侧），以便双方交流使用。

席位的通知，除请柬上注明外，还可以印出全场席位图，入场前每人发一张。

六、祝酒讲话

如有正式讲话，通常是双方一入席即讲话。由主方负责主持，主方先致欢迎辞（欢迎辞的最后，先提举杯，后请干杯），客方后致答谢辞。如果利用餐前时间安排主题演讲，时间则不宜太长。会议与宴会相结合也是一种常见的礼宾接待形式，这种形式通常是在同一时间场地先举行会议后就餐。会议阶段，有关领导和嘉宾在主席台上就座；宴会阶段，有关领导和嘉宾到主宾席就座。

七、送宾工作

主人与主宾起立，招待会即结束。主人送来宾至门口，与客人握别。接待人员要提前做好电梯及车辆调度（包括预留车位）工作。主宾和客人先走，然后是主方领导按顺序乘车离去。

宴会结束后，要现场审核费用，办理结算手续。

附件（一）

中餐宴会餐具摆放平面图

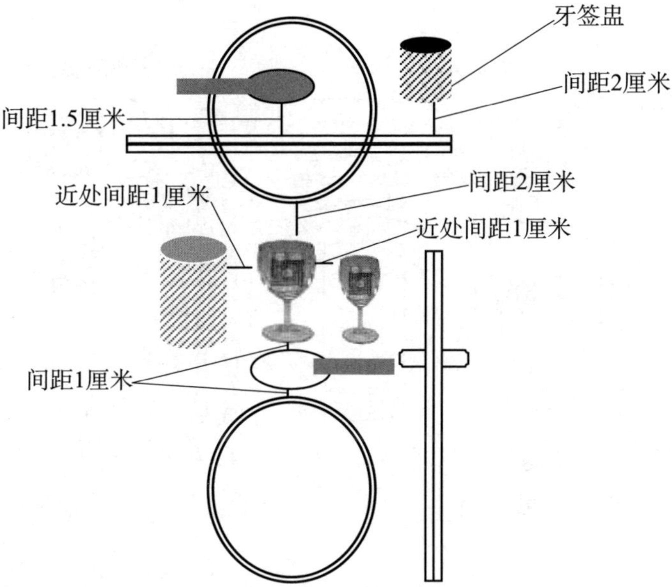

附件（二）

西餐宴会餐具摆放平面图

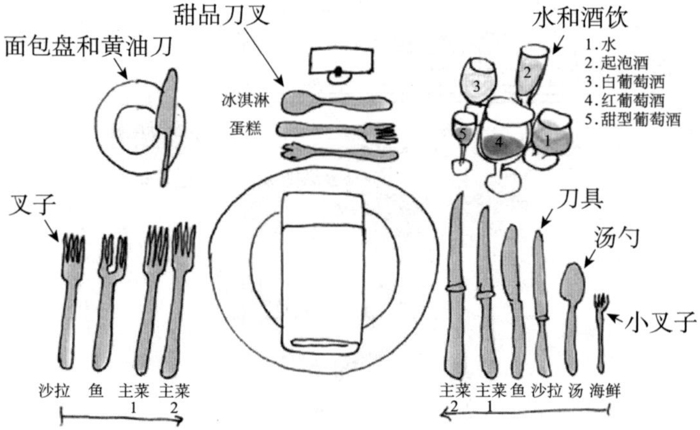

附件（三）

涉外重要宴会推荐菜单
（参考样本）

菜　单

铁棍山药烤雪花牛排

特点：铁棍山药是河南焦作的著名特产，已有三千年种植历史，曾为皇室之贡品，属于怀山药中的极品，为国家原产地保护产品，具有健脾益胃助消化、滋肾益精、降低血糖、延年益寿之功效。

雪花牛排在200℃高温中烤4～5分钟，具有补益脾胃、强身健体等诸多作用。

配料：温县铁棍山药、南阳优质黄牛排、海鲜酱、黑椒碎、胡萝卜丝、香菜、蚝油。

河南特色烩面

特点：河南烩面是“中国十大面条”之一，有着四十年的历史，以优质高筋面粉为原料，是一种荤、素、汤、饭聚而有之的传统风味主食，以味道鲜美享誉中原、遍及全国。

和面讲究“三揉三醒”。先揉成长条，掐面团，保证三光：手光、案子光、器皿光。拉面人员要求“姿态正确”。面要宽窄厚薄均匀，长度两折为75厘米，将面五指抖开，均匀入锅。

烩面按配料不同可分为羊肉烩面、牛肉烩面、三鲜烩面、五鲜烩面等。汤用上等嫩羊肉、羊骨一起煮成，辅料有木耳、黄花菜、羊肉。具有补阳调理、肢寒畏冷调理、冬季养生调理的作用。

配料：羊汤、手拉面、木耳、黄花菜、红枣。

吊炉烧饼拼蔬菜水饺

特点：将面团揉匀，折叠擀成长圆薄片，按扁擀成饼坯，将饼坯放入烧至七成热的吊炉饼铛上，盖上烧热的炉盖，烤 8～10 分钟，至饼皮金黄酥脆，里面柔软熟透。

饺子是我国人民喜爱的传统食品，制法是先用面粉做成薄而软的饺子皮，将白菜等其他配料切碎，拌以佐料为馅，包成后下锅煮至饺子浮上水面即可，其特点是皮薄馅嫩、味道鲜美、形状独特、百食不厌。

配料：面粉、登封芥菜丝、蓝莓酱、芝麻、大白菜、冬菇。

以下略。

附件（四）

××国宾馆重要活动接待工作方案
（参考样本）

××××年××月××日—××日，某个国际性重要会议在××市召开，作为×国代表团驻地的××国宾馆，为了圆满完成此次重要会议的接待服务工作，××国宾馆特制定如下接待工作方案。

一、接待小组

组　长：×××

副组长：×××

成　员：×××、×××、×××、×××、×××

二、任务分工

党委书记：全面负责服务质量的检查、人力资源调配、宾馆对服务过程的摄影及商品供应工作。

总经理：全面负责宾馆各项服务工作。

副总经理1：全面负责安全、保卫及康乐的服务工作。

副总经理2：全面负责任务前期的接洽及在馆期间的协调服务及前厅部的服务工作。

副总经理3：全面负责任务用餐、菜品、卫生服务等工作。

总经理助理：全面负责摄影准备工作及任务期间绿色植物摆放工作。

总经理办公室主任：负责根据总经理指示和协调会精神协调督查有关事宜及医务、车辆的保障工作。

人力资源部经理：负责服务质量检查及人力资源调配工作。

财务部经理、采购部经理：负责资金周转，按照卫生局、食品药品监督管理局要求采购合格物品，做好收银、网络调试工作，以及宾馆外包工程的协议签订。

营销部经理：负责前期与接待负责人的接洽及在馆期间的跟踪协调及信息传达。负责与省内各保障组签订协议并配合接待服务。

前厅部经理：负责任务的接待协调、前厅服务、通信保障等工作。

客房部经理：负责客房、会议室布置、卫生服务、洗衣等工作。

餐饮部经理：负责用餐的沟通协调工作和餐厅各项工作的落实。

康乐部经理：负责康体、美发等服务工作。

保卫部经理：负责消防安全、治安及员工政审工作，与安保、消防前期对接，配合检查。

工程部经理：负责水、电、气、暖保障工作及会议中心配电房和中心控制室的整体调试与改造工作。

园林部经理：负责馆内环境卫生及会议室、房间、餐厅的绿色植物布置。

商贸公司经理：负责商品供应及服务工作。

三、任务实施

（一）营销部

营销部负责任务前期信息的落实和传达工作，要求落实细节准确、翔实。营销部任务接待员与接待负责人保持联络，保证任务房间数量，并负责任务到馆后的全面接待协调工作，派专人提供全程跟踪式服务。

×××、×××分别负责任务前期与接待负责人的接洽、协调、落实工作，并对任务的日程、会议室、房间分配、用餐等各个细节进行落实，及时下发通知到各部门。×××负责做好入驻代表团的整体接待工作，特别是×号楼的接待服务工作。×××负责省内各个保障组的接待工作。

要求手机 24 小时开机，如遇解决不了的问题，及时上报宾馆领导，并负责检查落实所有准备情况，保证接待正常进行。

（二）前厅部

1. 组织分工

×××全面负责与此次任务相关的本部门各项需落实工作的督促、检查工作。×××、×××具体负责×号楼的接待服务工作。×××、×××具体负责×号楼的接待服务工作。×××具体负责商务中心打印、复印及条幅、指示牌的制作及布置等工作。×××具体负责通信保障等工作。

2. 具体服务方案

（1）××日前对各岗位卫生进行彻底打扫，对各班组打印机、复印机、电话、传真机等机器设备进行清洁、保养。

（2）对×号楼、×号楼、×号楼、×号楼和会议中心通信设施设备进行巡检，对各楼大堂灯具进行检修、维护，观光（摆渡）电瓶车做好保养，各种消耗品提前准备到位。

（3）针对此次会议在馆的日程安排、入住楼座分配，要求部门员工熟悉掌握。

（4）根据任务房间要求，×号楼、×号楼、×号楼、×号楼房间于××日 14：00 前全部空出，接受相关部门安检，××日上午由大堂副理和主管将房卡配至房间，并对房间进行二次检查。

（5）商务中心每班次不少于 2 人，提供茶水服务，早班上班时间从早 7：30 提前至 7：00，确保充足人手为任务提供服务。打印会议材料时要和会议接待员核对内容，避免出错。夜班人员在征得会议接待员同意后方可下班，安排住宿人员值班，大堂副理处留值班人员电话，值班人员应保证随叫随到，随时为会议提供文印服务。

（6）各班组根据会议日程做好班次调整，合理安排人手做好迎送、行李、信息传递及电瓶车服务等工作，重点做好会议到馆、外出、返回、餐叙及退房时的相关服务工作。××日晚×号楼礼宾和大堂副理推迟一个小时下班，××日早提前一个小时上班；×号楼早班副理6：00 到岗，礼宾 6：30 到岗，做好电瓶车保障工作。××日晚退房时安排人手加班，做好退房时的相关服务工作。

（7）会议期间，前台接待、大堂副理、礼宾调整业务技能熟练的老员工上岗。

（8）大堂副理做好各楼大堂的接待迎送工作，全面掌握会议信息，根据日程安排，尤其做好重要领导的接待迎送。

（9）总机通信保障方面，提前向联通公司、移动公司发送保障通知，通报会议情况、入住时间及通信方面的要求，确保会议期间的电话线路及网络畅通。于××日前对所有入住房间的电话及通信设备进行全面检查，确保通信畅通，机务员24小时留人值班。话务员全面了解各楼入住情况，随时提供话务、叫醒、问询等服务。

（三）餐饮服务

1. 明确职责，责任到人

（1）×××经理全面负责任务用餐保障。×××副经理负责任务前台的准备工作和前台服务质量，前台人员的调配工作以及部门内部协调工作。×××副经理负责部门纪律、安全工作。各区域主管（厨师长）、领班、员工层层分工，各负其责。×××负责食品安全、质量检查、厨务协调工作。

（2）前台整体分工。

×号楼前台由主管×××、×××负责。

一号餐厅，主要贵宾服务由×××、×××负责，备餐间由×××、×××负责。

宴会厅，自助餐服务由×××负责，备餐间由×××、×××负责。

×号楼××厅，前台服务由主管×××负责，领班由×××、×××协助。

×号楼××厅，前台服务由主管×××负责，领班×××协助。×号楼备餐间服务由主管×××负责，领班×××协助。

×号楼××厅，前台服务由×××、×××负责，备餐间服务由×××负责。

（3）前台服务详细分工、设计及具体工作。

×号楼宴会厅及一号餐厅前期准备工作由×××负责。

×××负责查阅以往客史档案，掌握服务原则和要领，及时与厨房做好对接沟通工作。×××负责清点所有餐具、物品数量及检查物品的规格是否合格。×××检查所有餐具的卫生情况，要求无油渍、无破损、无磨损、卫生达标，并将餐具按要求进行消毒。×××负责将所有物品整理、集中、分类存放，方便宴会摆台。×××准备个性化物品，包括靠垫、热毛巾、眼镜纸、眼镜布、烟嘴、口香糖、薄荷糖、一次性手套、衣帽签、姜茶等。

人员服装：白色牡丹花旗袍（冬装）。

台面设计：要有中国气派、民族特色、地方特点，主题突出。

布草搭配：深色底布配白色台面布、黄色垫布、黄色口布。

宴会厅自助餐餐中服务分工：自助餐餐台×××负责；凉菜、热菜区域×××负责；水果、汤区×××负责；台面讲解×××负责；明档询问、派送、跟踪服务由×××、×××负责；主桌由×××、×××负责；次桌由×××、×××负责。

备餐间传菜、拉台负责人：主管×××，领班×××协助。具体工作：清点所需桌子、椅子及其数量；检查拉台所用的桌子、椅子高低是否一致；负责落实平时宴请所用的屏风等设施；负责与园林部、工程部、音响室人员的沟通工作，将宴会所需物品与对应设备进行协调。

布草类：×号楼、×号楼由布草员×××负责；×号楼由×××负责。具体工作：提前准备好宴请所需的各类布草，清点做好分类，方便使用；检查所有布草，要求无破洞、无褶皱、无油渍、无异味、规格一致。

酒水、饮料类：×号楼、×号楼由酒水员×××负责；×号楼由×××负责。具体工作：提前准备好宴请所需的各类酒水及饮料；负责检查酒水，要求无过期、无胀包、无鼓包，杜绝无生产日期的饮品；所有出仓酒水必须由酒水员登记后，方可领用；宴会结束后，由酒水员清点宴会中所用的全部酒水，将剩余酒水集中记录、存放，并协助做好回收工作。

文件整理打印由×××、×××负责。

（4）厨房人员分工及职责。

×号楼、×号楼厨房菜肴出品质量分别由厨师长×××、×××负责，全面负责指挥厨房的生产工作，保证出品质量。凉菜出品质量由领班×××具体负责。配菜出品质量由领班×××具体负责。炒灶出品质量由领班×××具体负责。面点出品质量由领班×××具体负责。食品库由×××具体负责。

×号楼厨房菜肴出品质量由厨师长×××、×××负责，×××为第一责任人。凉菜出品质量由领班×××、×××具体负责。配菜出品质量由×××具体负责。炒灶出品质量由×××具体负责。明档由领班×××具体负责。面点出品质量由×××具体负责。食品库由×××具体负责。

洗刷保洁分工：检查督促落实餐具卫生及区域卫生保洁由×××负责；×号楼的餐具洗刷消毒工作由×××负责。

（5）整理汇总各类文档等工作由×××、×××负责。

2. 确保出品质量，突出地方特色、地方风味

（1）组织相关参与人员认真制定菜单，做到品种齐全、营养丰富，突出家常性、特色、风味，并报宾馆领导审定。

（2）增加自助餐明档品种，增加地方特色风味小吃，优化餐厅用餐氛围。

（3）结合任务要求和贵宾用餐爱好，及时调整、变化菜式。

（4）按照食品卫生要求及六常管理，冷库冰箱存放原料要生熟分开。

（5）按照规定要求做好食品留样，并填写食品留样记录表。

（6）严格按照已确定菜单出品，原则上各楼自助餐菜单保持一致，不允许私自修改。

（7）根据菜单提前进行试做，确保出品质量。

（8）增添净水器、保温箱、咖啡机、泡茶机等设备。

（9）对厨房各部位安全进行排查，保证在用电、用水、用气方面无安全隐患，无安全死角。

3. 创新服务，提供亲情化、个性化服务

（1）实行定岗、定位、定人的跟踪式服务，对重要领导进行一对一的管家式服务，了解贵宾习惯和爱好，并反馈给厨房。

（2）查阅贵宾背景资料，掌握服务原则及要领。

（3）对宴会餐台进行布置设计，突出本地政治、经济、文化寓意，要求精益求精。

（4）根据确定的菜单内容设计自助餐餐台，将相关物品准备到位。

（5）加紧培训。对参与此次任务接待的所有员工进行培训，针对任务自助餐进行模拟服务。

（6）严格按照仪容仪表要求，统一发型，女员工都必须是高山流水发式，统一化妆和统一工鞋。对服务人员的整体精神面貌提出要求，通过模拟服务让大家提前进入任务接待状态。

4. 继续进行培训，切实提高接待质量

（1）进行全员培训。按照国宾接待规范，对餐厅、厨房的流程标准、服务细节等进行岗位培训。

（2）对全员进行省情知识、保密纪律、食品卫生安全知识培训。

5. 食品卫生安全的操作要求

（1）做好食品及食品原料的验货、贮存及使用工作。

食品存放由专人进行管理，保证库存食品原料充足。严格选购季节性食用的水果，禁用凉性较大的水果。食品及原料做到专库存放，严格按照卫生要求隔墙、离地。确保酒水具有厂家卫生许可证明、产品合格证、产品检验报告。购进的定型包装食品必须有购进食品的厂家卫生许可证明、产品合格证、产品检验报告。

（2）严格执行食品安全卫生管理规定。

所有进入厨房的肉类、海河鲜类、干鲜食品原料、调料、蔬菜、水果及各种包装食品，厨师长必须亲自把关验收，杜绝假冒伪劣、变质过期的食品进入厨房。严格执行生熟分开的卫生管理规定。

所有厨师服装干净整齐，上岗前用肥皂洗手。出明档人员和凉菜间工作人员上岗操作前用肥皂洗手并用酒精对手部进行消毒，调拌凉菜时工作人员必须佩戴医用手套和医用口罩。

凉菜间所用的砧板、刀具每天要进行煮沸或蒸汽消毒。

蔬菜使用无公害绿色蔬菜，使用前要在清水中浸泡30分钟以上。

所有隔夜食品二次使用前必须煮熟、热透。

所有餐具必须达到干净、卫生标准。坚决杜绝使用不合格的食品原料。

从××日开始，每天班前会时，所有接触食品的人员，要进行一次个人卫生全面检查，头发、指甲、工装等必须符合卫生要求。严格执行晨检制度，出现发烧、拉肚子、手外伤等情况的员工要立即离开工作岗位，待身体恢复以后经宾馆医务室确诊恢复健康后再回岗位上班。

（3）对餐厅及厨房卫生进行彻底清理。

对×号楼的餐厅餐具、保洁柜、地面、墙面、玻璃、地毯等，以及后厨的地面、墙面、冰箱、台面、蒸箱、食品容器、工具、冷库、食品库以及操作现场再进行一次全面彻底的卫生清理工作。

餐具、饮具和盛放直接入口食物的其他所有容器，使用前必须洗净、消毒，清洗消毒应严格按照一洗、二清、三消毒、四冲洗的程序进行，做到餐具外表干净、无污渍、无水渍。

（4）食品留样。

每餐的每一道食品必须有专人负责留样，留样时间为48小时，留样存放的冰箱温度应在零度以下，并由留样人员签名。

（四）客房服务

部门组织召开任务动员会，各区域层层召开动员会，传达任务的重要性，使大家在思想上高度重视。从前期任务的准备到任务期间的接待服务到最后的欢送都定岗定位，突出重点，分工明确，责任到人。

1. 人员分工

总负责人：×××

×号楼负责人：×××、×××

×号楼服务人员：×××、×××等

会议中心负责人：×××

正门：×××、×××

××厅：×××、×××

一号贵宾厅：×××、×××

×××厅：×××、×××、×××（会场内换人，及时撤换会场物品）

水房准备物品：×××、×××（会场内换人，提前准备茶水、毛巾等）

×××厅：×××

二号贵宾室：×××

南侧门：×××、×××、×××

公共区域保洁：×××、×××、×××、×××、×××

熨烫人员：×××、×××（提前对现场国旗、桌裙、椅子套进行熨烫）

×号楼客房：×××

公共区域：×××

洗衣房：×××

2. 前期准备

（1）安全方面。

排查各部位安全隐患，进行记录上报。组织员工学习安全常识，并进行考核。组织学习消防应急预案，随时做好突发事件的应急处理。利用班前会，强调安全保密工作，使大家思想上高度重视。

（2）卫生清洁。

逐步落实房间、会议室、公共区域卫生计划。清理排风扇、空调出风口、蜘蛛网、壁纸污渍、马桶水箱，皮具打蜡，亮器打不锈钢水保养，电话消毒。

清洁房间布件，如枕套、床裙、床搭、沙发巾、纱帘、浴帘。

制订石材保养计划，逐步对会议中心、×号楼、××厅墙壁柱子石材进行清洁保养。

制订地毯、地垫清洗计划，逐步对会议室、房间、餐厅、公共区域的地毯、地垫进行清洗。

清理会议中心雨搭、×号楼外围。

清洗××厅绒绣，××厅水晶灯、软包。

（3）卫生防疫。

对房间、会议室、公共区域卫生死角进行清理，做好蚊虫消杀工作，保证卫生。

对各值班室、消毒间物品进行整理，保证清洁卫生，保证标识明确、清楚、详细。

对工具车、劳动工具（抹布、清洁剂、清洁工具）使用进行规范管理，要求干净卫生，标识清楚。制作抹布袋，抹布分类存放在专用抹布袋里。

杯具消毒柜、毛巾消毒柜、抹布消毒柜分开使用。

规范杯具清洗、消毒、更换流程。按要求清洗、消毒，用专用保鲜筐进行存放，由专人进行更换。

对洗衣房脏布草车、净布草车进行标识，规范使用。

做好任务期间矿泉水的备存，统一批次，保证卫生。

配合防疫部门对布草进行检测。

（4）设施设备。

排查各区域设施设备，维修明细上报，并跟进落实。

对房间沐浴器、水龙头、空调、家具进行检查试用，保证安全有效。

对洗衣房机器设备进行检修，保证任务期间的安全运行。

对部门电瓶车进行检修，保证任务期间安全行驶。

（5）物品准备。

根据礼宾接待部的要求进行物品配置。

(6) 员工培训。

组织人员参加宾馆组织的英语培训。

利用班前会时间培训人力资源部下发的材料，要求员工利用工作之余进行学习。特别是民族禁忌，在工作中一定注意，对少数民族的风俗习惯，不谈论。

利用班前会组织礼仪培训和止步问好的练习。

部门组织语言培训。

(7) 服装。

按照岗位要求定做工装。内场人员服装统一为：男士，黑色西装、白衬衣、黑领结、黑皮鞋；女士，裙装、白色小高领衬衣、肉色丝袜、黑皮鞋。员工发型统一要求，整洁、大方。

3. 其他方面

做好雨雪天应急预案。×号至×号楼、礼堂、会议中心正门、南北贵宾室门口的防滑毯准备到位，备除雪工具，会议室备足量的雨伞。

购买口香糖，在任务期间发给员工。

洗衣房对所有工装进行检查、修补，保证员工工装干净整洁。

任务期间，提前准备茶室、×号楼休息室、画室，随时备用。

对×号楼、会议室服务流程进行反复彩排，使所有服务人员熟练掌握。

(五) 后勤保障

1. 工程部

(1) 用电：配合市供电局重新铺设高压线，在会议中心增装不间断电源，保证宾馆整体用电无闪断。全力配合市供电局对宾馆所有网点进行改造，请专人来宾馆值守，并保证发电车随时处于备用状态。

（2）用水：增加水源消毒设施，确保用水安全。

（3）供暖：对空调风机系统进行整体卫生清理、消毒，增加空调风机消毒设施。

（4）配合广电部门对宾馆整体电视信号线路进行整改，增加部分房间双向收视和电视回放功能。

（5）调试房间网络线路，做好电脑、打印机等办公设备的调试工作。

（6）配合宾馆客房、餐厅对任务涉及楼座的墙壁、天花板、地面、铜门进行整体清洁维修，对灯具进行清洗、加装防护网。

（7）调试中心及各专业维修人员实行 24 小时值班制，保证随叫随到，及时做好突发事件的处理工作。

2. 园林部

（1）对院内环境卫生进行整体大清理，对路面进行冲刷。

（2）购买绿植，对各楼大厅、房间、会议室、接见室、餐厅的摆放装点进行设计。

3. 财务部、采购部

（1）与食药局一同采购餐饮食材、会议室茶叶，四方签字有效，确保食品安全。

（2）提供洗化用品检测报告。

（3）精简整合食品供应商，大部分食材从大型商场统一采购。

（4）准备好备用金，对大会期间急购用金予以及时供给。

（5）配合任务做好账单整理工作。

4. 商贸公司

配合宾馆做好任务期间的商品提供服务，保证货真价实，服务热情。

（六）安全保卫

1. 成立安全接待服务小组

组　长：×××

副组长：×××、×××

后勤保障：×××

监督检查：×××、×××

2. 具体工作

（1）召开部门会议，贯彻此次任务接待精神，强调此次任务重要性，要求所有人员从思想上重视起来。

（2）××月××日前对宾馆员工基本情况进行全面摸底，了解掌握近段时间宾馆员工思想动态并将任务服务人员报公安和警卫局政审。

（3）联系消防支队人员对宾馆消防设施进行检测，确保消防设施设备运行正常。

（4）消防检测维保公司对宾馆消防报警设施设备、强弱电进行全面检测并出具检测报告，确保消防设备良好运行。

（5）在会议召开前，配合警卫局、消防支队对宾馆的消防监控设施设备、供电、供热、供水与重点要害部位进行全面细致的安全检查，并对主要任务驻地进行全方位的检查，确保万无一失。

(6) ××月××日前通知驻馆租赁单位，任务期间全部暂停在馆办公、住宿等活动，场所内停电、停水，要求锁好门窗。

3. 出入宾馆通行证件

(1) 宾馆内部员工凭警卫局发放的工作证进出宾馆。

(2) 宾馆车队车辆、供应商车辆，凭会务组统一制定下发的汽车通行证件进出宾馆。

4. 对突发事件的处置

(1) 如在大门外发现可疑人员，及时将信息汇报给组长，协调驻地执勤公安对可疑人员进行处理。

(2) 在馆内发现可疑人员，第一发现人应及时将可疑人员控制，并迅速向组长或执勤公安汇报。

(七) 康体活动

康乐部做好物品、商品的准备，提前配合工程部对游泳馆、网球场设施设备进行检修，保证正常使用。对部门卫生进行大清理，对健身房、美容美发、游泳池、网球场等重点部位合理分配人手，做到优质服务、健康引导，并做好安全保障工作。

××国宾馆全体员工将以热情饱满的服务态度、专业的服务技能，齐心协力，尽职尽责，与上级接待部门通力合作，圆满完成此次接待任务。

××国宾馆

二〇一×年××月××日

第五编

任 务 先 遣

第二十一章　前站（先遣）工作

第一节　重要接待任务的前站（先遣）工作

重要接待任务或大型接待活动往往会派出先遣组，组成工作团队，先期对接待活动中的相关内容予以介入，进行“点、线、面”实地调研，现场察看，督查指导，掌握第一手情况。从形式上讲，这种前站（先遣）工作实质是一种调查研究、布置任务、动态管理、全程跟进、督导落实的上下级工作。

一、前站踩点方法步骤

（1）接到任务后，接待部门会同警卫部门安排前站踩点，初步确定视察路线和备选考察点位，了解各点位有利条件和不利因素，进行评估。

（2）接待、警卫部门陪同上级部门开展前站踩点工作，对视察路线和备选考察点位进行确认。

（3）任务开始前，接待、警卫部门会同上级有关部门对路线进行最后检查。

二、前站踩点主要任务

（1）视情况对当地领导和接待部门通报本次任务的有关信息，并提出具体要求，交代注意事项，征询是否有需要解决的问题。

（2）查看计划到访场所，对考察点、参观点等点位的情况进行实地摸底。

按照任务批件要求或接待方案预定的日程安排和活动内容，沿活动路线实地进行踩点、走线、勘察。重点检查沿途卫生（包括卫生间，必要时可配置移动式卫生间）、道路交通、食宿地点、安保条件、考察点和参观点的内外环境。落实会见、会谈、汇报、交流、座谈、就餐、考察项目、地陪领导、迎送站位以及会场的布置、礼宾规格的体现、活动进行的程序、所需设备物品、记者和摄影人员的安排、来宾的宗教信仰和宗教活动及饮食禁忌和喜好等工作的准备情况，以问题为导向，逐项检查，堵塞漏洞，严格把关。

（3）对来宾下榻的宾馆、酒店，进行入住前的全面细致检查，包括环境、安保（监控）、楼层、朝向、房型、房间设施、内部物品的配备及摆放、温度调节、餐厅设备和有关活动地点等。

三、选择考察点的基本要求

（1）掌握任务内容、主题和目的要求。比如，看是什么产业，内容侧重什么，听不听汇报，现场讲不讲话，开不开座谈会等。理解吃透要求后，根据停留时间筛选推荐出合适的、成熟的、具有代表性的、符合上级意图和任务要求的考察点。

（2）现场了解接待单位的接待能力和接待条件，包括食宿、服务、卫生、通信、网络、治安、里程、路况、海拔等要素，对其进行综合评价。科学规划、合理设计考察路线、时间、内容、地点。根据任务主题、接待要求和实际情况提出活动日程建议方案。做到日程科学、路线合理、操作性强。

（3）现场准备工作部署。对迎送、陪同（陪车）、讲解（包括备讲人）、考察形式、抵离地点、行进路线、上下车位、何处进入、何处离场、现场服务、人员掌控、活动秩序、安全保卫等提出工作要求，对公务接待任务实施管理职能。

（4）前站中的资料收集。

● 收集接待单位概况（包括有关场地纸质或电子版平面图）。

● 收集考察点迎候人员及讲解人员基本情况。

● 收集任务单位接待负责人、工作人员名单及联系电话。

● 收集各接待场所的分布、道路交通、容量、设施、礼堂、餐厅、客房、会议室及主席台的大小座位摆放条件等。

四、现场安排原则

应按照“有利公务、务实节俭、严格标准、简化礼仪、高效透明、尊重少数民族风俗习惯”的原则，严格遵守中央禁止性规定，不为迎接考察进行专门装修布置。不得停止、限制正常的生产经营活动。不搞事先设计，不搞提前导演，更不得弄虚作假。非工作需要，不安排领导同志到名胜古迹、风景区进行考察调研等活动。

五、前站人员组成

一般情况下，前站人员以接待部门（党委、政府负责接待的副秘书长或接待办主任、副主任带队）为主，党委办、政府办、新闻、警卫以及其他有关业务部门和活动所在地的人员参加。

六、前站人员素质要求

参加打前站的人员要求具有较高的综合素质和组织协调与沟通联络的能力，有强烈的责任意识，有扎实的政策功底和过硬的业务素质、专业水平。

七、前站工作分类

前站分“大前站”和“小前站”。

“大前站”通常是指重要或重大接待任务活动前期，由接待、警卫等部门组成先遣组，对此次任务所进行的一系列全面的、系统的实地勘察、调查研究、综合协调的组织活动，是整个任务极为重要的基础性工作。

“小前站”通常是指在整个接待任务活动中，为完成某个单项活动而先期到达点位所进行的活动跟踪、督导检查、任务衔接、人员对接的一项动态性工作，是确保任务实施的重要环节。

一般情况下，前站（先遣）人员至少提前 30 分钟先于主车队到达指定地点，对现场准备情况进行再检查、再落实，对安排不到位、准备不充分的环节进行督促完善。同时，要保持与主车队联络畅通，做好对考察点沿途及现场动态情况的信息掌握、报告和处置工作。遇到突发情况，要果断采取措施，确保主车队到达前处理完毕。另外，如遇出发时间临时调整或增减考察项目等情况，要及时通知陪同领导、有关单位和点位迎候领导。

八、前站工作应把握的几个重要环节

（1）加强沟通。与上级先遣组人员保持密切联系，掌握任务信息，做好联络服务工作。任务进展信息，正常情况下均应通过随团任务负责人获取。特殊情况下，有时也可以通过随行秘书、司机以及活动考察点、下榻宾馆的有关人员等渠道获取。

（2）积极配合。重要任务前站工作以中央“两办”先遣组为主，地方为辅；上级机关先遣组为主，下级机关为辅。地方或下级机关要服从和服务中央“两办”或上级机关先遣组的工作要求。既要认真抓好落实，又要当好参谋助手，提出合理化建议。

（3）做好记录。参与前站人员要边看边记，边听边记，把上级先遣组提出的细节要求和点位数据全面详细、准确无误地听清记全。包括一个考察点看几分钟，步行路线怎么走，在哪里上卫生间，在什么地方加油，在哪儿停车等都要记清楚。对拿不准的问题要及时请示报告，不擅自表态，不自作主张。

（4）注意保密。先期前站中，备选点位、任务时间、日程安排、活动内容虽然处于协商待定过程，但等级任务已经受理，便处于保密时期。严格遵守接待纪律，树立“接待无小事”的保密意识。

第二节　党政考察团出访的前站（先遣）工作

前站工作也经常用于各地接待部门随党政考察团（代表团）的出访活动。这种形式的前站先遣任务一般是在同级机构或单位和部门之间进行，属于协商性质。通常考察团成行之前，各地党委、政府都会以办公厅（室）的名义向对方发出公函，并由接待办和办公厅（室）及有关单位人员组成先遣组（重大活动成立先遣团，先期进驻）打前站，与对方商议或对接考察活动的有关事宜，并将考察活动的设想（接待安排及考察提纲）以文字材料形式提供给对方，会同对方制定详细日程和接待方案，落实各项活动细节。党政考察团出访活动时的前站工作，主要包括以下内容。

一、确定考察团的性质

考察团是党政代表团还是政府考察团，抑或是专业考察团，如×××农业考察团等。

二、协商来访日期

由于双方领导同志都很忙，因而考察时间往往需要提前商定。考察时间安排最好少占用对方的双休日、节假日。

三、确定考察团人员名单

向对方提供考察团人员名单，包括人员姓名、职务、排序、性别、民族等信息。考察团人员名单的礼宾次序排列主要有两种情况：一是按照职务级别、机构序列、部门位次进行综合统筹排序；二是依据出访目的、性质、任务有所侧重，区别排序。根据考察活动需要，关联度高者或者牵头部门往前排，其他单位按惯例排列。采取何种排法，应根据工作需要而定。

四、协商日程安排

这是工作的重点，包括迎送、会见、座谈、陪餐、观礼、签约、考察项目、记者会等事项，查看和了解有关活动现场及出入口、周边环境、行进路线等情况。考察项目安排要紧凑，行走路线尽量避免重复。

五、协商食宿、交通安排

食宿安排包括下榻宾馆、客房及餐厅预订、住宿标准、就餐标准、就餐形式、结算方式，以及所需楼层客房平面图等；交通安排包括考察团活动用车、工作用车和临时接送用车等。另外，考察团成员中如有人在饮食方面有特殊要求，也应提前和对方进行沟通。

六、协商礼仪安排

较高层次的考察交流互访活动，通常主客双方都会就接待方式的很多细节提前进行磋商，如接站、迎送、陪同、会见、座谈、工作餐会、领导陪餐、车辆、食宿等。对双方由什么人出面迎送及出席会见、会谈、座谈，采取怎样的程序步骤，着装要求，双方领导是否讲话等事宜进行沟通。如果双方有物品交换，应事先了解时间、地点、场合、程序、物品名称及长、宽、高尺寸，并备好摆放、展示、交换双方物品的可移动桌台推车。

礼遇是公务接待的重要组成部分，有礼有节，热情周到地给予对方必要的礼遇，既是制度规定，也是礼仪要求。在同级接待服务中礼遇是对等互予的，双方接待部门通常会在迎接送行、食宿安排、活动安排、交通工具、接待信息、工作协调等方面，在规定范围内尽可能提供方便，实行资源共享。

前站人员须与对方协商的接待事宜中，接待规格是一项重要内容。一般来说，接待规格高低主要表现在日程安排、活动内容、项目选择、出面领导等方面。接待规格反映主人对来宾的重视程度，对考察活动起着十分重要的作用。

如有必要，可以合理地运用一些礼仪技巧，促使对方提升接待规格和重视程度。如职务级别低的拜会、拜访职务级别高的（拜会、拜访可以是个体，也可以是集体）就是一种不错的选择。

在前站工作磋商中，作为主方，在条件允许的情况下应主随客便，尽量满足客方的要求。要理解前站人员的心情和期待，如一些成熟的考察路线、考察点、参观点，前站人员如果提出来要实地再看一下，一般应予以满足。对来访客人的民族传统和生活习惯予以尊重，有时还要特殊安排。作为客方，要入乡随俗，客随主便，尊重主方对相关活动的合理安排，不提过分的要求，不提办不到的事情。既不强加于人，也不强人所难。不论是“客随主便”，还是“主随客便”，都要尊重对方，尽其所能地多为对方着想。作为接待同行，彼此之间更应该互联互通、互通有无、互惠互利、资源共享、优势互补，树立“天下接待是一家”的大接待的格局和理念。例如，日程安排以东道主为主，但拟订时也要充分考虑来宾的愿望和要求，共同协商，照顾双方关切。国内城市间的公务活动也讲究“礼尚往来”“投桃报李”的“对等”接待，这种“对等”是正面运用。“对等”是惯例，但有时由于工作情况需要，也会打破惯例，“破格接待”。另外，对于前站工作中收集到的各种考察资料，要由专人负责保存好，以防丢失。

除了以上两种情况下的先遣和前站工作外，现在各地接待部门也经常外出参与异地大型推介活动，实施接待工作的全流程、全要素延伸服务。这类活动的前站及礼宾接待与服务保障工作，就内容来讲与前述两项大同小异，但受工作条件、工作环境、接待资源等方面的局限，异地接待、延伸服务也是非常具有挑战性的工作。

第六编

礼 宾 排 名

第二十二章　礼宾排名（礼宾次序）

第一节　礼宾排名概述

一、礼宾与礼宾排名的定义

礼宾，即礼待宾客，指相互之间表示敬意和友好的一整套礼仪规范和行为准则，是人类社会交往不可或缺的重要表现形式。国内公务活动中的礼宾则是指按照政策制度规定和礼仪程序，进行公务接待活动的行为方式。

礼宾排名，又称礼宾次序或排名顺序，简称排序，是指在公务活动中按照规则和惯例对人员、机构（单位、部门）、事物进行所处位次排列的先后顺序。礼宾排名属于领导科学的范畴，是党委、政府的官方事务，涉及公务活动（包括礼宾活动、政务活动、商务活动、事务活动等）的各个领域和各个层面，贯穿于公务活动的全过程，如考察、调研、参观、会议、座谈、迎送、会见、会谈、陪同、宴请、合影、表彰、集会、剪彩、揭牌、奠基、节会、庆典、论坛、博览会、研讨会、纪念会、展会、运动会，以及日常工作等。

二、礼宾排名的意义和作用

礼宾排名是党和国家政治生活中的重要组成部分，是党政机关公务活动不可或缺的工作内容，是公务接待工作的重要依据，也是接待人员必须掌握的一门必修课。

礼宾排名是党和国家制度建设的一项重要内容，既有严肃的政治要求和规则标准，又有严格的礼仪规范和制度规定，历来为各级党政机关主要领导同志和从政人员所重视。凡党和国家举行的或经中央批准召开的具有全局性重大意义的会议和活动，无论编制与会人员名单的排名顺序，还是与会领导同志的席位安排，中央有关部门负责同志都会严格把关；凡省、州、市重要活动和重要会议，当地党委、政府有关负责同志一定会亲自安排，不少情况下都是秘书长亲自审定，主要领导同志亲自过问。礼宾排名在公务活动中之所以如此重要，是因为礼宾排名在一定程度上形象、直观、具体地传递着相关人员在工作分工、身份地位、社会声望、责任轻重、资历深浅、礼宾待遇、机会优先（外交上称为在先权）等方面的信息和内在含义，利益攸关。如果出现礼宾排名错位、越位、不到位现象，重一点说，可能会影响党和政府的公信力，给社会发出错误的信息，轻一点说，可能会损害攸关方的利益（座位连着地位、身份，涉及尊严，影响情绪），所以务必慎之又慎。

排名决定顺序，位次决定位置。排名顺序一定要准确无误，人员定位一定要恰到好处（包括席位签、桌次签、椅签、地签等），做到礼宾精准排名，确保各方利益尊严最大化。

礼宾排名的先后对于干部升迁或使用一般没有决定性作用，但对于席位安排而言则是原则性的依据。

礼宾排名的作用和意义在于：一是党和政府政权建设的需要；二是确保公务活动有序进行的需要；三是依法依规接待的需要；四是礼宾排名显示的是荣誉，关乎的是形象；五是攸关各方利益的在先权；六是攸关国家地位和民族尊严。

三、礼宾排名的方法

公务活动中礼宾排名的方法，主要有以下几种。

（1）以机构排名为序。

（2）以行政区划排名为序。

（3）以职务级别排名为序。

（4）以姓氏笔画为序。

（5）以得票多少为序。

（6）以界别为序。

（7）以任职先后为序。

（8）以资历深浅为序。

（9）以字母顺序为序。

（10）以组织关系的紧密程度为序（正式会员与准会员、正式代表与观察员等均为前者在先排列）。

（11）以抽签形式排序。

（12）不做排序。

除了这些方法外，在接待工作中往往还要遵循先来后到、宾客至上（如内外有别、中外有别）、敬老尊贤等礼节。需要指出的是，有时规则是可以灵活掌握的，也可以根据需要制定新的规则。也就是说，既要讲究等级秩序，又要综合平衡，有时还要特殊考虑。在实际工作中，礼宾排名常常是几种方法交叉使用，并综合考虑其他的因素。

四、礼宾排名的主要依据

国内公务活动礼宾排名是中国政治体制框架内的公务礼宾活动，是一项政治性、原则性和专业性很强的工作。其主要依据有以下几个方面。

（1）法规法律。依据党内法规、国家法律进行礼宾排名。

（2）组织决定。依据组织决定进行礼宾排名。

（3）活动需要。一事一议，根据不同情况进行不同的礼宾排名。

（4）上级或对方提供的礼宾排名顺序名单。

（5）惯例。

公务接待礼宾排名在公务活动中主要用于两个方面：一是机构单位的礼宾排名；二是领导同志个人的礼宾排名。这两个方面在排列次序上有两个共同点：一是固定排列，即单位和个人的排列顺序是按照组织程序或法定程序定下来的；二是临时组合排列，主要涉及多个单位参加的会议或活动的排列顺序。

一言以蔽之，礼宾排名必须为政治目的和工作大局服务，为中心任务和实际工作需要以及活动开展服务。

第二节　机构部门排序

这里讲的机构，主要是指与公务活动相关的一些政治体制性的组织机构，如党的组织机构、人大组织机构、政府组织机构、政协组织机构等。由于“党委在同级各种组织中发挥领导核心作用”和“按照党总揽全局、协调各方的原则”，中国共产党各级党的组织均排在同级其他组织之前。

一、中央国家领导机构排列顺序

我国现行的党和国家领导机构排名顺序为：中共中央、全国人大、国家主席、国务院、全国政协、中央军委、国家监察委员会、最高人民法院、最高人民检察院。

根据职能的不同和工作的需要，各个组织机构都有本机构单独的体系排名顺序。如中共中央机构体系排列顺序：中国共产党全国代表大会、中国共产党中央委员会、中央委员会总书记、中央政治局、中央书记处、中央军事委员会、中央纪律检查委员会（见图22－1）。

党中央部门机构排列顺序：中央纪律检查委员会机关（国家监察委员会与其合署办公）、中央办公厅、中央组织部、中央宣传部、中央统战部、中央对外联络部、中央政法委员会、中央政策研究室、中央台湾工作办公室（国务院台湾事务办公室）、中央对外宣传办公室（国务院新闻办）、中央警卫局……

第十九届中共中央组织结构图

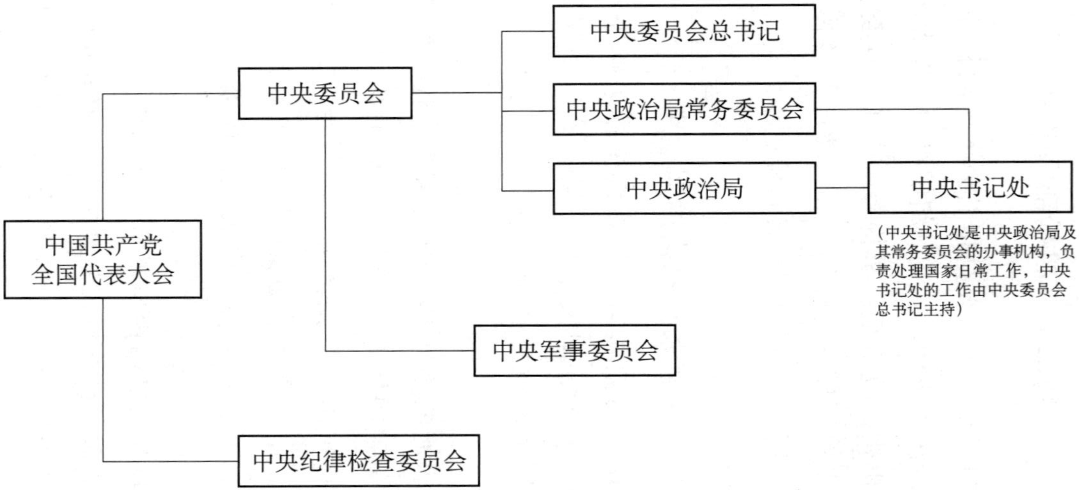

图22－1

国务院组成部门的排列顺序：外交部、国防部、发改委、教育部、科技部、工信部、民委、公安部……这一排名顺序是根据它们的职能及在国家管理中的作用和地位而排出的。国务院组成部门在排列顺序时，还涉及国务院直属特设机构、直属机构、办事机构、直属事业单位，国务院部委管理的国家局、议事协调机构等机构的排列顺序。

人大、政协、军队都有各自的体系和机构排序（需要说明的是，人大、政协各专门委员会主任、副主任、常委会委员等职务均为工作职务，无级别，其职务级别仍按原岗位职务级别对待）。

在公务活动中还会经常涉及各民主党派（民革、民盟、民建、民进、农工党、致公党、九三学社、台盟等）的排序，以及群众团体机关（工会、共青团、妇联、文联、科协等）的排序，对于这些也应该有所了解和掌握。

二、地方（含自治区、直辖市）领导机构排列顺序

省级领导机构排列顺序：中共××省委、省人大常委会、省人民政府、省政协。

市级领导机构排列顺序：中共××市委、市人大常委会、市人民政府、市政协。

关于省、市机构的综合排序，各地方党委、政府办公厅也都有本地机构部门的排列顺序表，这里就不再一一列举了。

机构设置的排列顺序具有权威性。如国务院机构设置方案是由中共中央全会研究后，交由全国人民代表大会讨论通过的。各省、市的机构设置方案也都是按照上述程序确定的。省级以下工作相对微观，工作面相对较窄，越往下越具体，且各地情况也不尽相同，所以在机构设置和排列顺序上也不尽一致，但总体是一致的，只是略有不同，这一点是需要我们弄清楚的。

按机构设置排序是公务活动中经常使用的方法之一。尤其是多个同级部门同时参加的活动，按照机构设置排列顺序，可以较好地解决同级平行部门在公开场合的排列顺序问题，相对来说较为公平公正。

值得注意的是，机构设置排序与机构主要领导的排序并不一定对应。也就是说，机构的排列顺序并不代表机构主要领导的排名顺序，二者是两个不同的排名序列。

三、机构排序的一般规则

机构排序的一般规则如下。

(1) 机构级别高的在前，低的在后。如中央、国家机构在前，地方党委、政府机构在后；省级党委、政府在前，市级党委、政府在后。

(2) 机构级别相同时，所在机构高者在前。如中央、国家部委在前，省（区、市）在后；省直厅局在前，省辖市在后；市直局委在前，县（市、区）在后。

(3) 同一机构、同一级别、不同部门，以机构序列内单位排名为序。

(4) 不同机构、同一级别，按工作分工、任务责任关联程度排序。这种排序多用于专项工作：牵头（召集）单位在前，成员单位在后；主管单位在前，协同单位在后；主导单位在前，配合单位在后；主办单位在前，协办单位在后。

案例

国务院旅游工作部际联席会议的部门单位排列次序

新华社北京2014年9月15日电（记者钱春弦）据中国政府网15日晚公布的国务院批复文件，国务院旅游工作部际联席会议制度建立，同时，撤销全国假日旅游部际协调会议，其职能并入国务院旅游工作部际联席会议。联席会议制度主要职能是在国务院领导下，统筹协调全国旅游工作。对全国旅游工作进行宏观指导，提出促进旅游业改革发展的方针政策，协调解决旅游业改革发展中的重大问题等。联席会议由旅游局、中宣部、外交部、发改委、教育部、公安部、财政部、国土部等28个部门组成。

从文中可以看出，旅游局为牵头单位，排名在前，牵头单位之后仍大致以综合排名为序排列。

另外，联合调查组（工作组）、协调领导小组等多部门参加的工作机构也常按此排名次序排列。

不同的工作需要，不同的场合，不同的角色，公务活动排名次序也就有所不同。

（5）纵向排列顺序。机构按隶属关系或垂直层级关系，从上到下、从高到低依次排列，如中央、省、市、县、乡。

（6）横向排列顺序。相对独立、互不隶属、同一层级，是平行关系的机构排序。如党委系统、人大系统、政府系统、政协系统、军队系统，省与省之间的排列；市与市之间的排列，县与县之间的排列，各部委办局之间的排列等。需要强调的是，在我国“党政军民学，东西南北中，党是领导一切的”。

（7）平级对平级。按“先宾后主”“先外后内”或“先远后近”的顺序排列。客人在先，主人在后；外单位排前，本单位排后。如接待方案人员名单的排列。

第三节　职务级别排序

党和国家实行类别层级管理，按职务级别排名是公务活动最为常用的方法之一。《公务员法》将公务员分为综合管理类、专业技术类和行政执法类三大类。按照《公务员法》，领导职务分为十级：国家级正职、国家级副职、省部级正职、省部级副职、厅局级正职、厅局级副职、县处级正职、县处级副职、乡科级正职、乡科级副职。非领导职务（综合管理类）分为八级：巡视员、副巡视员、调研员、副调研员、主任科员、副主任科员、科员、办事员。这形成了有中国特色的职务层级体系，为公务活动礼宾排名提供了政策依据。但是在实际工作中，不少地方也存在着一兼多职、交叉任职等情况，给排序工作提出了更高的要求。只有全面了解和掌握礼宾排名顶层设计的新变化，才能更好地适应礼宾排名工作的新要求。

一、中央国家领导同志职务排列顺序

党和国家领导人有严格的礼宾排名顺序，这一顺序

人们可以从党中央、国务院的发文中以及公开报道中予以确认，并总结出规律。现行排列顺序如下。

中共中央总书记、国家主席、中央军委主席

中共中央政治局常委、国务院总理

中共中央政治局常委、全国人大常委会委员长

中共中央政治局常委、全国政协主席

中共中央政治局常委、中央书记处书记

中共中央政治局常委、中央纪委书记

中共中央政治局常委、国务院副总理

中共中央政治局委员

中共中央书记处书记

国家副主席（国家级正职担任此职务时按国家级正职排名，国家级副职担任此职务时按国家级副职排名）

全国人大常委会副委员长

国务院副总理

国务委员

国家监察委员会主任

最高人民法院院长

最高人民检察院检察长

全国政协副主席

中央军委副主席

中央军委委员

二、省（区、市）领导同志职务排列顺序（以省为例）

省委书记、省人大常委会主任

省委副书记、省人民政府省长

省政协主席
省委副书记（也有位列人大、政协主要领导之前的）
省委常委
省军区司令员
省人大常委会副主任
省人民政府副省长
省政协副主席

三、副省级市领导同志职务排列顺序

（一）副省级市领导同志职务排列顺序（其一）

省委常委、市委书记
市人大常委会主任
市委副书记、市长
市政协主席
市委副书记
市委常委
市警备区司令员
市人大常委会副主任
市政府副市长
市政协副主席

（二）副省级市领导同志职务排列顺序（其二）

省委常委、市委书记
市委副书记、市长
市人大常委会主任
市政协主席
市委副书记

市委常委

市警备区司令员

市人大常委会副主任

市政府副市长

市政协副主席

四、省辖市领导同志职务排列顺序

（一）省辖市领导同志职务排列顺序（其一）

市委书记（省会城市及个别省辖市委书记兼任省委常委）

市委副书记、市长

市委副书记

市人大常委会主任

市政协主席

市委常委

市警备区司令员（一般是政委进市委常委）

市人大常委会副主任

市政府副市长

市政协副主席

（二）省辖市领导同志职务排列顺序（其二）

市委书记（省会城市及个别省辖市委书记兼任省委常委）

市人大常委会主任

市委副书记、市长

市政协主席

市委副书记

市委常委

市警备区司令员

市人大常委会副主任

市政府副市长

市政协副主席

五、职务级别排名一般规则

按职务级别排序时，需要考虑的要素很多，主要有机构序列、职务级别、实职与虚职、单位性质、隶属关系、资历深浅、政策规定、工作关系、工作分工、领导意图、活动主题等，以及这些要素的先后顺序和内在顺序。

按职务级别排名的一般规则如下：

（1）不同职务、同一级别按机构序列排名。排列顺序为：党委职务、人大常委会职务、政府职务、政协职务、军队职务、群团职务、企事业职务。这个排列顺序是一般规则排列顺序，在实际工作中我们会发现从上到下的情况并不一致，省、市级“四大班子”主要领导的综合排序就有多种排法。

第一，省委书记兼省人大常委会主任、省长、省政协主席、省委副书记（按机构序列和级别排）。

第二，省委书记兼省人大常委会主任、省长、省委副书记、省政协主席（按党的职务优先和机构序列排）。

第三，市委书记、市人大常委会主任、市长、市政协主席、市委副书记（按机构序列排）。

第四，市委书记、市长、市委副书记、市人大常委会主任、市政协主席（按党的职务优先和机构序列排）。

第五，市委书记、市长、市人大常委会主任、市政协主席、市委专职副书记（按党的职务优先和机构序列排。副省级城市的专职副书记为正厅级，所以列政协主席之后）。

第六，市委书记、市长、市委专职副书记、市人大常委会主任、市政协主席，后面还有两个副书记（按党的职务优先和机构序列排。多配两个副书记列政协主席之后，属于特殊事例）。

各县（市、区）主要领导同志的综合排序基本上是按照当地上级机关的做法进行。

省、市级主要领导同志综合排序的多样性、地域性必须予以高度重视。在工作中绝不可以想当然，自以为是，搞一刀切，而是要认真了解，仔细核对，确保排名顺序准确无误。

省、市委书记是各省、市“总揽全局、协调各方”的“一把手”，这个职位是中国政治体制有别于西方的独特设置，是党领导国家政治体系中的关键一环。书记兼任人大常委会主任，副书记兼任省长、市长，是党在不同时期和阶段做出的政治安排，主要是为了加强党对人大、政府工作的领导和协调。

省、市级“四大班子”副职，按党委、人大、政府、政协的机构顺序进行排序，这在全国各地是一致的。

（2）职务同级，任职上级机关者在前，任职下级机关者在后。例如同一职级的三位领导分别来自中央、省、市，在排序上中央第一、省第二、市第三。

（3）职务同级，领导职务在前，非领导职务在后。

（4）同一职务，现任领导在前，卸任领导在后；先退休者在前，后退休者在后。

公务活动中党和国家现任领导人与卸任领导人的礼宾排名次序为：现任中央政治局常委，政治局委员，卸任的中央政治局老常委（老常委们的排名顺序与在任时一致），中央书记处书记，全国人大、国务院、全国政协副国级领导人，卸任的全国人大、国务院、全国政协副国级领导人（排名顺序与在任时一致）。地方省级、市级现任领导与老领导在公务活动中礼宾排序，原则上也可参照上述排列次序。同时要注意，中央领导同志担负着国务活动任务，各地不应简单比照。

为了表达对退休老同志的敬重，在出席公务活动席位安排上，通常会将他们往前安排（或就座于主席台，或就座于前排，或就座于主宾席，具体情况具体对待，一事一议）。如中共中央、全国政协庆祝中国人民政治协商会议成立 65 周年大会主席台的席位安排，国务院庆祝中华人民共和国成立 65 周年国庆招待会主宾席的席位安排，即如此。

（5）同一职务先任者（资深者）在前，后任者排后。采用的是“先入为主”“先来后到”的事理。目前，各级领导班子成员中的副职大都是按任职先后进行排序的。

（6）职务同级，民主党派领导在前，政府部门领导在后。如民建中央委员会副主席与某部部长同时出席活动时，二人同为正部级，但排名时民建中央委员会副主席在前，部长在后。民建中央委员会代表了一个政党，这样安排表示对民主党派的尊重与重视。又比如，在出席民主党派全国代表大会时，中共中央政治局常委通常居中而坐，陪同的政治局委员均坐在 3 号位或 4 号位，将 2 号位或 3 号位安排给民主党派的主要领导就座。虽然民主党派领导在职务和排序上靠后，但为了突出会议主题，这也是必要的。当然，也可以按常规排，中共中央政治局委员就座于 2 号位，其他人员按职务高低依次就座。

（7）职务同级，按机构编制排名。先确定同级领导的部门位次，再根据部门位次排列先后。

（8）同职同级，按任职时间排序。任职早者在前，晚者在后。

（9）不同机构、不同职务，按职务级别高低排序。职务高者在前，低者在后。如省军区司令员在前，副省长在后；市政协主席在前，市人大副主任在后。

（10）不同机构（不同省、市）、同一级别，按机构序列排。如甲地市委副书记在前，乙地副市长在后；甲地市人大常委会副主任在前，乙地市政协副主席在后。

（11）同职同级同时任职按有关规定排序，无规定的按惯例排序。

（12）职务同级，按机构序列和工作分工分别排序。一位市委常委担任副市长，另一位市委常委担任常务副市长。两位在党的职务即常委的职务排名中是：常委、副市长在前，常委、常务副市长在后。但在政府职务排名中是：常务副市长在前，副市长在后。上述两位市领导的职务排名，就是根据他们在两个机构序列的排名情况而定的。不同场合，两位有着不同的排序。也就是说，在党务方面，常委、副市长在前；在政务方面，常委、常务副市长在前。“一兼多职”或“交叉任职”往往会出现此种情况。

（13）职务同级，届别前者优先。主要适用于人大、政协等。同等职务按照届次排先后，本届排在往届之前，往届按届次，届次前者列前。如十届全国人大常委会副委员长列十一届全国人大常委会副委员长之前。本届（十三届）副委员长列十届、十一届、十二届副委员长之前。又如，本届（十三届）全国政协副主席列十二届全国人大常委会副委员长之前。

（14）有时上级机关参加活动的领导同志，职级低于某些下级机关领导同志，如督导组、巡视组、考核组、检查组、视察组、工作组、宣讲团、报告团以及宣布有关决定事宜的人员，由于他们代表上级机关，肩负使命，具有权威，所以在排序时一般都要将其调到前面。通常将其安排在当地主要领导的左手位（有时下级单位主要领导为了表达对上级机关的尊重，也有将其安排在中心位置或上首位的做法）。如果是双方相对而坐，各坐一边，则上级机关位于上首位，下级机关位于下首位。

（15）实行党委领导下的××负责制的，党委书记在前，行政首长在后。

（16）实行行政首长负责制（法人负责制）的，行政首长在前，党委书记在后。如局长在前，书记在后。党务活动时，则党委书记在前，行政首长在后。

（17）实行公司化运作的国有企业，设董事会的，排序是董事长、党委书记、总经理。未设董事会的，排名顺序有三种情况：

第一，实行党委领导下的总经理负责制的，排序是党委书记、总经理（央企专职副书记在班子中排名一般在总经理之后，其他副职领导之前）。

第二，实行厂长经理负责制（法人负责制）的，排序是总经理、党委书记。同时实行“双向进入、交叉任职”，即党委书记兼副总经理，总经理兼党委副书记。

第三，实行党政职务“一肩挑”。

（18）领导机关领导在前，派出机构领导在后。即便是后者职务高于前者，也要排在前者之后。如某市副市长（副厅级）为市领导，而该市经济开发区主任（正厅级）就不一定是市领导，而是市（厅）级领导干部，这是有区别的。就机构性质来讲，一个是领导机关，一个是派出机构。

（19）主管部门领导在前，部（委、办、局）管理的同级单位（二级单位）领导在后。如市教育局副局长为副县级，市属某学校校长为正县级，在排序时副局长在前，校长在后。

（20）法定性安排（会议、活动）按规定排序。

公务活动排序的方法还有多种，如按抵达早晚、报名先后排序，按英文字母排序，按汉语拼音字母排序，按抽签序号排序，按 GDP（国内生产总值）总量排序，以及排名不分先后等。

第四节　礼宾排名综合运用举例

2015 年 9 月 6 日，以俞正声为团长的中央代表团抵达拉萨，参加西藏自治区成立 50 周年庆祝活动。中央代表团成员共65人[①]。

从名单中可以看出：中央代表团成员规格高、规模大、范围广、职务多，涉及中央、地方层面党政军领导同志及各个领导机构和部门的礼宾位次排列问题。

（一）人员组成情况

（1）正国级1人。

（2）副国级7人（含准副国级1人）。

（3）正部级14人（地方2人）。

（4）副部级43人，包括：

中央国家机关层面28人（含中管正局1人）。包括：党委口2人；人大口1人；两院2人；政府口，国务院组成部门15人，国务院直属特设机构1人，国务院直属机构2人；群团口3人；国务院直属机构中管正局1人（国管局副局长）；军队1人（相当于正司局级）。

地方党政机关层面15人，涉及15个省、直辖市（按行政区划排列）。

（二）名单所运用的排序方法

在排序上，根据职务、级别、资历、机构、部门和单位，进行若干次层级、序列分类和分项，然后运用多种排序方法（往往是多种方法交叉使用）进行组合排列，确定各自位次。该名单主要使用了以下方法。

（1）分职务。以职务高低为主线，职务级别由高到

---

① 搜狐新闻.《西藏日报》刊发中央代表团成员65人详细名单.（2015-09-08）[2018-03-12].http://news.sohu.com/20150908/n420640677.shtml.

低进行排序（第一选项）。

(2) 分类别。机构、部门从中央到地方，先上级机关，后下级机关，按上下关系排序（第二选项）。

(3) 分序列。同级机构，排列次序是党委、人大、政府、政协、军队，按机构序列分别排序（第二选项）。

(4) 分层级。同级职务，按机构序列排序；同级职务，同一机构按部门位次排序；同级职务，按先上级机构后下级机构的隶属关系排序（第三选项）。

(5) 身兼两职以上者，按最高职务排序。

(6) 根据工作分工和关联程度排序。

(7) 职级一样，按资历（先入为主）排序。

(8) 同级部门、同一序列，按部门性质排序。如政府序列的先后次序为：国务院组成部门、直属特设机构、直属机构、办事机构、直属事业单位、部委管理的局、议事协调机构、社会团体等。

(9) 职务同级，现任者在前，离任者在后（离任领导的排序参考现职）。

(10) 地方省市领导按行政区划排序，未按机构序列、职务序列和职务级别排序。

（三）排序特色

这份名单上下有序、主次分明、遵循体制、合乎惯例，是一份技术含量很高的公务接待活动礼宾排序名单。

第五节　礼宾排名与行政区划

全国性、全省性、全市性的公务活动，如各类会议、运动会、展会等，由于参加的省份多、城市多、县（市、区）多，所以为了平衡各方，在排序时通常会按行政区划进行排序。现举例说明部分省市负责人座谈会席位安排（见图 22-2）。

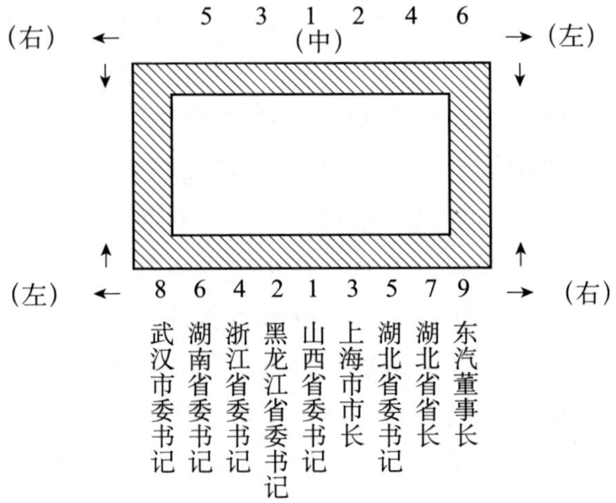

图 22-2

此图为 2013 年 7 月中央有关领导同志在武汉召开部分省市负责人座谈会时的席位安排。会议桌台形为回字形，中央领导与地方负责人各坐一侧。图的上方一侧为中央领导席位安排，共设有六个席位，中央主要领导人居中而坐。图的下方一侧为地方负责人席位安排，共设有九个席位，位次依照我国行政区划排列。华北区：山西省；东北区：黑龙江省；华东区：上海市、浙江省；中南区：湖北省、湖南省。然后是武汉市及东汽的负责人。在地方层面，按行政区划，又按职务级别，还参照了机构序列等多种因素进行排序。整个安排主次分明，非常得体，准确地反映了活动的礼宾要求。

一、中华人民共和国行政区划排列顺序

中华人民共和国成立以来，至 1969 年，各省、市、自治区的排列顺序，习惯上是以北京为首。1970 年，为了突出三线建设，当时国务院领导同志提出在计划统计方面，应把西南区排在前面。这个顺序，当时在计划统计部门使用，在全国并没有做出统一规定，公安、民政等部门仍沿用以北京为首的习惯排列次序。

随着我国现代化建设事业的发展，大量的国民经济计划、行政管理、人口普查、统计资料，以及计算机的应用都要求有一个全国统一的省、市、自治区标准排列顺序。

1980 年 9 月 29 日，国务院批转并下发了国家标准总局等六个部门《关于省、市、自治区排列顺序请示报告》的通知，统一和规范了省、市、自治区排列顺序的标准。通知要求，今后凡涉及省、市、自治区排列顺序的，均按此文执行。

这次区划顺序调整的具体排列原则如下：

第一，照顾到历史习惯和分片汇总的需要，仍保留六个大区的概念，但大区不作为实体。

第二，大区内直辖市在前，区内各省、区基本按现行习惯排列，以便使已经积累的经济资料调整工作量减到最小限度。台湾排在全国最后。

除了这次全国性重新排列顺序之外，国家还适时地对新产生的行政区的排列顺序进行了规定。如海南省成立后，为了确定海南省在全国行政区划中的排列顺序，在不打乱现行行政区划代码，使中南区各省（区）排列

顺序和代码不变的情况下，同时保持“两湖、两广”的习惯提法，经国务院批准，海南省排列在中南区之末，即排在广西壮族自治区之后。

又如重庆市被批准设立直辖市后，经国务院批准，重庆市简称“渝”，在全国行政区划排列中，重庆市列四川省之前。

这方面的例子还有：香港特别行政区简称“港”，在全国行政区划序列中，香港特别行政区列在台湾之前；澳门特别行政区简称“澳”，在全国行政区划序列中，澳门特别行政区列香港特别行政区之后、台湾之前。

附件

中华人民共和国行政区划最新排列顺序

华北区：1. 北京市；2. 天津市；3. 河北省；4. 山西省；5. 内蒙古自治区

东北区：6. 辽宁省；7. 吉林省；8. 黑龙江省

华东区：9. 上海市；10. 江苏省；11. 浙江省；12. 安徽省；13. 福建省；14. 江西省；15. 山东省

中南区：16. 河南省；17. 湖北省；18. 湖南省；19. 广东省；20. 广西壮族自治区；21. 海南省

西南区：22. 重庆市；23. 四川省；24. 贵州省；25. 云南省；26. 西藏自治区

西北区：27. 陕西省；28. 甘肃省；29. 青海省；30. 宁夏回族自治区；31. 新疆维吾尔自治区

港澳台区：32. 香港特别行政区；33. 澳门特别行政区；34. 台湾省

二、省级行政区划排列顺序

以河南省行政区划为例。如，2004 年 8 月 1 日，河南省委办公厅、省政府办公厅下发了关于规范省辖市排列顺序的通知。该通知指出，根据省委、省政府领导的意见，按照国家行政区代码排列方式，现将省辖市排列顺序规范、统一如下。

1. 郑州市； 2. 开封市； 3. 洛阳市；
4. 平顶山市； 5. 安阳市； 6. 鹤壁市；
7. 新乡市； 8. 焦作市； 9. 濮阳市；
10. 许昌市； 11. 漯河市； 12. 三门峡市；
13. 商丘市； 14. 周口市； 15. 驻马店市；
16. 南阳市； 17. 信阳市； 18. 济源市

三、市级行政区划排列顺序

以郑州行政区划为例。郑州市行政区划排列顺序（依据国家统计局行政区划代码排列方式）为：

1. 中原区（410102）； 2. 二七区（410103）；
3. 管城区（410104）； 4. 金水区（410105）；
5. 上街区（410106）； 6. 惠济区（410108）；
7. 中牟县（410122）； 8. 巩义市（410181）；
9. 荥阳市（410182）； 10. 新密市（410183）；
11. 新郑市（410184）； 12. 登封市（410185）

第六节　其他常用礼宾排名

一、礼宾排名与姓氏笔画

按姓氏笔画排序，常用于委员制机构和选举活动，以及党代会、人大会、政协会等会议代表的排序。如中共中央全会的席位安排，按惯例中共中央政治局全体成员就座于主席台，主持会议。而其他中央委员按姓氏笔画顺序在主席台下面的会场就座，包括中央书记处书记、副委员长、国务委员等党和国家领导人。笔画少的在前，多的在后。第一个字相同，排第二个字，第二个字也相同则排第三个字。如果都相同，则采取其他办法，以分出先后。

在一些重要机构和活动中，组成人员或出席人员在某种情况和某些场合不宜按职务排序时，也采用此种排序方法。如中央政治局委员的排名就是以姓氏笔画为序的。在排序中姓氏笔画是一个非常重要的因素，但不是唯一的因素。职务是排名的主要依据，但不是唯一的依据。排名的先后主要看情况，看工作需要。

二、礼宾排名与票选

按得票多少排序，得票多者在前，得票少者排后。这种票选排序也是国际惯例。

按得票多少排序，是党和国家政治生活中非常重要的一种排序规则，而这一规则往往又与按姓氏笔画排序交叉综合运用。例如中共第十九次全国代表大会的排名规则：

（1）中央委员、中央政治局委员（按姓氏笔画排序）。

（2）中央候补委员（按得票多少排序。得票相等的，按姓氏笔画排序）。

（3）中央委员会总书记、中央政治局常委、中央书记处书记，中央军事委员会主席、副主席、委员的排序，主要是根据工作分工、党内资历和工作需要来安排。

三、礼宾排名与界别

按界别排序常用于重大节日、重要纪念日、重大集会、国庆招待会、新年茶话会和有特殊意义的重大活动等。

由于活动规模大、人员多、界别广，所以在排列顺序时要十分细致。如第十三届全国政协委员共有 2 158 人，来自 34 个界，其排列顺序为：中国共产党、中国国民党革命委员会、中国民主同盟、中国民主建国会、中国民主促进会、中国农工民主党、中国致公党、九三学社、台湾民主自治同盟、无党派人士、中国共青团、全国总工会、全国妇联、全国青联、全国工商联、中国科协、全国台联、全国侨联、文化艺术界、科技界、社科界、经济界、农业界、教育界、体育界、新闻出版界、医药卫生界、对外友好界、社会福利和社会保障界、少数民族界、宗教界、特邀香港人士、特邀澳门人士以及特别邀请人士。

四、礼宾排名与字母

按字母排名常用于国际会议或国际赛事。按国际惯例，在涉外活动中，由于出席者身份、职务相同或相当，所以礼宾排名较多地按照参加国国名字母顺序排列。不同的场合可以根据需要选择不同的文字字母，如英文字母、汉语拼音字母等。若其名称的首位字母相同，则可依据其第二位字母的先后顺序进行排列，以此类推。为了体现公平，每场活动都有不同的礼宾顺序，包括领导人合影、开幕式的站位、会议的席位安排等。这是为了避免按某一固定方式排序，易使一些与会领导人总排在后边或旁边。同时，也是为了使与会领导人有更多的机会接触更多的人进行交流。

国际赛事开幕式，各国代表团出场顺序，通常也是按照其国名字母顺序确定的，但东道国的代表团出于礼让考虑，按惯例是最后一个出场。

按字母顺序排列，一般不用于个人礼宾排名，而多用于多边活动中的国名和团体名排列。

在礼宾排名时，除了已有规定不能更改的礼宾排名顺序外，有时为了需要，可以将双方关系、紧密程度、重要程度、活动性质、利害关系等因素一并考虑，在礼宾排名中予以照顾优待。

礼宾排名除了要使用上述方法外，还要明确活动的主题。活动主题是排列顺序的基础和排序成败的关键。偏离主题的排序一定是失败的排序。形式要为内容服务，突出主题就是要处理好组织者、参与者和上级机关或兄弟单位的关系。谁处于主要位置、谁处于次要位置，谁是主角、谁是配角，谁主导、谁配合，以谁为主、以谁为辅等，都要弄明白。分清主次，分清轻重，就是要根据活动的重要程度和需要，确定排列顺序的规则和方法。排列顺序所使用的规则和方法既是达到目的的手段，又是公务活动的一种工具。不同的规则和方法，产生的排列顺序是不一样的。同时，要经常关注领导同志的职务变化情况。在排序时不要自以为是，自作主张，对于确定不了的或是不清楚的排名要请示报告，认真核实。

另外，在一些大型公务接待活动中，接待方不管采用哪一种礼宾排名规则和方法，均应以适当的形式提前向接待对象进行必要的通报。

总之，礼宾排名既是领导科学，又是社会科学。它内涵丰富、博大精深。既要讲政治，又要懂规矩；既有普遍法则，又有特殊要求；既要遵循惯例，又要与时俱进；既要遵循常规，又要关注动态；既要上下有序，又要宾主有别；既要体现平等，又要照顾关系，还要考虑后续发展。说到底，礼宾排名的次序和排列方式，最终还是由组织方本身的指导思想和政治需要决定的。

第七编

席 位 安 排

第二十三章　席位安排概述

公务活动中的席位安排是一门学问，也是一门艺术。不但是一个理论问题，也是一个实践问题，更是党政机关广大干部和接待工作者普遍关注的现实问题。席位安排作为公务活动中的一项重要工作内容，涉及面广、操作性强、礼仪严格、要求规范、仪式感强，看似简单，实则大有学问。席位安排的象征意义远大于席位本身，就像国旗象征着国家一样，席位象征着组织的权威与个人身份、地位、权力和资历，反映着政治层级，没有席位安排的公务活动是不可想象的。席位安排作为政治仪式的重要组成部分，一项重要功能就是令人产生敬畏感。所以，作为礼宾接待工作者，在席位安排上必须怀有敬畏之心，把握规则、准确定位，确保万无一失。

我国公务活动的席位安排是在继承传统中不断发展，在改革开放中不断成型的。席位安排中蕴藏着深厚的文化积淀，充满着富有智慧的表达方式，必须运用历史唯物主义和辩证唯物主义的方法论来筹划。我国席位安排所秉持的主要思想包括“实事求是”“一切从实际出发”“一分为二”“一事一议”“内外有别”“礼尚往来”“海纳百川”“有容乃大”“和而不同”“求同存异”“兼容并包”“主随客便”“客随主便”“一式两解”“敬老尊贤”“资历辈分”

"先入为主"等先进文化和传统文化相结合的思想。

第一节　席位安排的基本规则

公务活动中所涉及的席位安排规则，概括起来主要有以下几种。

一、横向排列

（一）国际惯例

1. 单数

1号居中，2号居1号右手位，3号居1号左手位（见图23-1）。

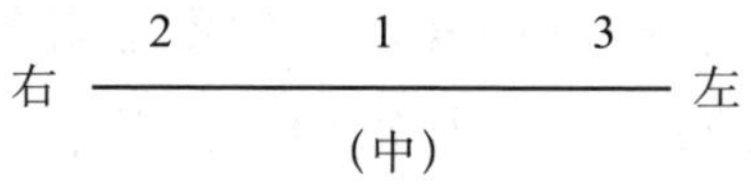

图23-1

2. 双数

有两种情形：

其一，1号居中，2号居右（见图23-2）。

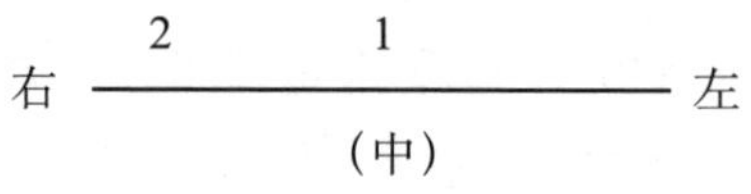

图23-2

其二，1号居右，2号居左（见图23-3）。

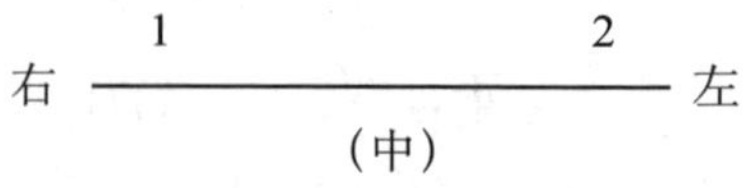

图23-3

（二）中国传统

1. 单数

1 号居中，2 号居 1 号左手位，3 号居 1 号右手位（见图 23 - 4）。

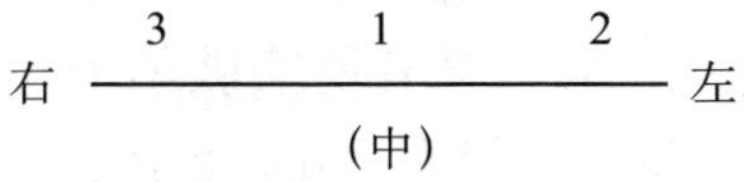

图 23 - 4

2. 双数

有两种情形：

其一，1 号居中，2 号居左（见图 23 - 5）。

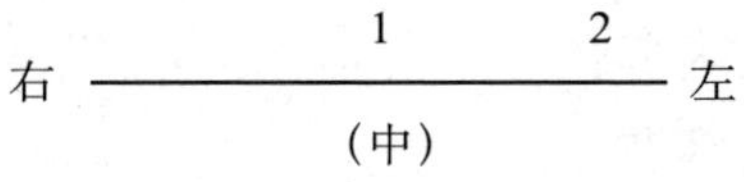

图 23 - 5

其二，1 号居左，2 号居右（见图 23 - 6）。

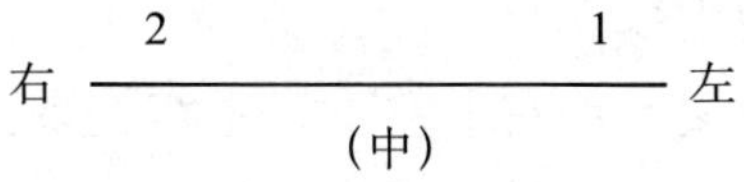

图 23 - 6

（三）现在做法

1. 单数

与中国传统做法一致。

2. 双数

有两种情形，一种情形与中国传统习惯做法一致，即 1 号居中，2 号居左。

另一种情形与中国传统习惯不一致（与国际惯例一致），即1号居右，2号居左。

通过以上介绍可以看出，国际惯例实行“居右为上”，中国传统实行“居左为上”，我国现在的做法是“居左为上”与“居右为上”相结合。这一做法既传承了中华民族的传统，同时又有所突破创新。这种突破创新符合“1号始终位于2号右手位，2号始终位于1号左手位”的理念，并与国际惯例相结合。

二、纵向排列（以双边活动为例）

（一）国际惯例

（1）居中为上。

（2）背门为尊。

（3）主左客右。

（二）国内做法

（1）居中为上。

（2）面门为尊。

（3）上下关系：右上左下；主客关系：主左客右。

（4）以远为上（特殊安排例外）。

通过以上横向、纵向排列对比，可以看出：

两者相同点：一是居中为上；二是双数右为上，1号人物始终位居2号人物的右手位。

两者不同点：国际惯例背门就近就座为上，单数时2号人物居于1号人物的右手位，3号人物居于1号人物的左手位，而我国现行做法则正好相反。

第二节　席位安排在公务接待中的应用

公务活动席位安排实行内外有别的“双轨制”，即国内事务以传统习惯和现代做法相结合，涉外事务以国际惯例与中国国情相结合。

一、内事活动

（1）无论单数还是双数，均是居中为上。

（2）单数，左为上。

（3）双数，右为上。

规律：1号人物始终位于2号人物的右手位，2号人物始终位于1号人物的左手位。

用于国内党政机关各类工作会议，以及公务活动中的联欢晚会、团拜会、茶话会、合影、揭牌、观看演出等。

上下级关系为上右下左，主客关系为主左客右（席位安排有时还要遵循“靠里为上”原则）。

无论是外宾还是内宾，属于礼节性的宾主关系，席位安排均为主左客右。无论主人居中而坐，还是居左而坐，主宾始终居主人右侧而坐。

需要注意的是，在党旗与国旗（党旗在左，国旗在右）并列、机构匾牌（党委居左，行政居右）并列时，仍实行传统双数左为上原则。

二、外事（涉外）活动

（1）无论单数还是双数，均是“居中为上”。

（2）单数，右为上。

（3）双数，右为上。

规律：1 号人物居中时，2 号人物位居 1 号人物的右手位；1 号人物与 2 号人物并列时，1 号人物居右，2 号人物居左。

用于外事活动以及内事活动中的迎送、陪同、宴会、会见、会谈、签字仪式、乘车、商务、体育等活动。

国内公务活动要根据活动的性质和参加活动的人员情况来安排席位。是左为上还是右为上，是以国际惯例为主还是以国内惯例为主，抑或是国内惯例与国际惯例相结合，要视活动的形式、性质、主题、对象而定。

第三节 “居左为上”与“居右为上”在公务活动中所表达的几种特定含义

“居左”与“居右”在国内公务接待席位安排中，不同的场合、不同的对象、不同的主题可以分别表达不同的含义。

一、主从关系

2014 年 12 月 19 日国家主席习近平在澳门会见澳门特别行政区行政长官崔世安时的席位安排如图 23－7。

崔世安	习近平
（右）	（左）

图 23－7

这一席位安排是按照中国传统左为上进行的，即左边为上级位置，右边为下级位置。

二、主客关系（宾主关系）

2014 年 11 月 12 日，中国国家主席习近平与来访的美国总统奥巴马在北京人民大会堂共同会见记者时的站位安排如图 23－8。

奥巴马	习近平
（右）	（左）

记者

图 23－8

这一席位安排是按照国际惯例“右为上”进行的，主人居左，客人居右，即主左客右。

三、上首位与下首位

当中华人民共和国国旗与香港、澳门特别行政区区旗并挂时（以旗面面向观众为准，右为上首），国旗居右，区旗居左，而且区旗小于国旗（见图 23－9）。

国旗位置	区旗位置
（右）	（左）

图 23－9

这一挂法是国际惯例与中国现在通行做法相结合的。国旗居于右边上首位（尊敬、荣誉之位），区旗居于左边下首位。

第四节　“居左为上”与“居右为上”的综合运用

在公务活动中有内部事务与外部事务、内事活动与外事活动之分，在使用规则上有民族传统习惯与国际通用惯例之别。国内事务席位安排的规则是：若为单数，则居中为上，居左次之，居右再次之，以此类推；若为双数，则居右为上，居左次之，以此类推（根据需要，有时也采取单数排列法，目的是突出中心人物，但会出现一边多一人、另一边少一人的情形）。涉外事务或外部事务席位安排规则是：若为单数，则居中为上，居右次之，居左再次之，以此类推；若为双数，则居右为上，居左次之，以此类推。

在这些规则的运用上，重点是单数、双数的综合运用。一般来说，如果人员分排排列，那么第一排无论是单数还是双数，按常规排就行了，主要变化在第二排。第二排有两种情况：一种是与前排相对应排列；另一种是与前排中心人物不对应（或不能对应，以突出中心），此种情况按双数排列（居右为上）。在会谈（这里指的是中外会谈）席位的安排上，外方一侧遵守国际惯例“居右为上”，即 2 号人物在 1 号人物的右手位，翻译在 1 号人物的左手位；中方一侧遵守中国传统习惯“居左为上”，即 2 号人物在 1 号人物的左手位，翻译在 1 号人物的右手位。这样既尊重了对方，按国际惯例“主随客便”，又体现了中国传统“客随主便”的原则，符合双方利益，是一种“双赢”的安排。同时在形式上，宾主双方对等、对应而坐，也便于交流。

从以上可以看出，我国的席位安排是建立在坚持传统、有所借鉴、内外有别、综合运用基础上的。公务活动中是“居右为上”，还是“居左为上”，主要是根据活动的主题、性质、场合、对象、人员等情况来定的。不同的场合有不同的要求，不同的内容需要不同的形式。“居左为上”与“居右为上”是中外席位安排文化上的差异，没有好坏、正统不正统之分，只有文化传统习惯之别。“居右为上”越来越多地被人们接受，从一个侧面反映了我国国际化程度越来越高，涉外的公务活动越来越多，是社会进步的一种表现。同时，“和而不同”的多元文化也显示了中国强大的文化包容性。在席位安排上，要坚决克服重国际惯例，轻民族习惯，重西方礼仪，轻中华传统的倾向。坚持中国传统是尊严，是国粹；尊重国际惯例是气度，是潮流。事实上，中华民族传统席位安排并不会因为实行改革开放和进行国际文化交流而失去自己的特色。但对于国际惯例绝对不可全部照搬，要防止文化入侵，确保中华民族文化安全。这一问题必须引起足够的重视。

第五节　席位安排应注意的几个问题

一、关于主人与客人身份的区分定位

主人与客人的身份（角色）的区分与定位，是公务接待工作中应该准确把握的一个问题。

主人与客人的区分定位主要在于：主人是一地之主，一物之主，一事之主。主人与客人是相对的，而不是绝对的，在一定的条件和情况下是可以相互转化的。也就是说，由于物权、事权、环境的转化，客人可以反客为主，即便是客人在主人的地域内，主人也可能变成客人，客人也可能变成主人。谁是主人谁是客人，不以活动举

办地为依据，而以举办活动的主人为依据。

例如，国外某城市代表团来访，东道主举办欢迎宴会，东道主是主人；如果来访的国外代表团举办答谢宴会，则来访者是主人，东道主是客人。又如，在东道主到客人下榻的酒店房间拜访客人时，东道主进入客人房间后，东道主就成了房间主人的客人。又如，一些活动也并不全是活动在何地举行，何地就是主人，而是以活动的主办方为依据来区分定位的。主办方为主人，参与方为客人。再如，习近平主席访美时接受奥巴马总统赠送红杉木双人椅，赠送前椅子的主人为奥巴马总统，赠送后椅子的主人就成为习近平主席，按照国际惯例“主左客右”，赠送后两人就座此椅时，习近平主席应居左，奥巴马总统居右。再比如，2013 年 11 月 19 日习近平主席在北京会见国际奥委会主席巴赫时，习近平主席是主人，而巴赫是客人，但在习近平主席接受国际奥委会主席巴赫授予奥林匹克金质勋章时，角色就发生了变化，国际奥委会主席巴赫居左，习近平主席居右，这也是角色转化的典型例子。

“主左客右”和“主右客左”是主客礼仪、上下礼仪的重要表现形式。主要有两层含义：其一，表示身份（主人与客人）；其二，表示尊位（上首位与下首位）。关于二者的运用，主要根据活动的主题、性质、对象来定，不同的情况有不同的含义和解释。

二、关于“左”和“右”的区分定位

我们所讲的“左”和“右”是指特定的人或事物面朝前方（正面向前）时自身的左手位、右手位，或者左侧、右侧。这与人们通常以自己的“左右”来表示对方（对面）的方位有所不同，恰恰“左右”相反。例如，当两个人面对面站立时，两人的左手与右手就正好相反。又如，图片中的人物介绍，人们往往不按图片中人物的自身面朝方向的左右位置来解说，而是按观看者本人的左右方位来解说。所以，图中的左正好是观看者的右，图中的右正好是观看者的左。观看者的视角不同，方位结果也就不同。再如，古时建筑坐北朝南，则东为左，西为右，也是这个道理。另外，需要弄清楚的是，地图中称的“左西右东”与本书讲的席位安排所指方位恰恰相反。

另外，座位的安排，在古代叫向位之仪，“向”指方向，“位”指位置，两者是联系在一起的。古代建筑坐北朝南，“堂”左右两边的东墙和西墙称为“序”，“序”是主客及他人在堂上入座的标志性设施。现代社会房屋建筑坐落方位多元化，因而打破了古时的向位之仪，在座位安排上主要考虑“左”和“右”，而非“东西南北”。

三、席位安排中的上下级关系、宾主关系问题

（一）上下级关系

无论单数还是双数，1 号人物始终居于 2 号人物右手位，2 号人物始终居于 1 号人物左手位。

（二）宾主关系

无论单数还是双数，客人始终居于主人的右手位，主人始终居于客人的左手位。

除以上两种关系外，常见的还有主次关系、并列关

系、交叉关系等。

中国公务礼宾接待活动中的席位安排体系是体现中国政治制度，包含中华民族文化基因，并与现代社会相适应、相协调的优秀礼宾文化，是既继承传统又创新发展，既立足本国又面向世界，适合中国国情的先进礼宾文化。它不仅具有丰富的思想理论内涵，而且具有广阔的应用和创新发展前景，彰显了中国共产党人极高的政治智慧和中华民族深厚的文化底蕴。

综上所述，“和而不同”的当代中国席位安排体系以马克思主义的立场、观点、方法为指导，将民族文化传统、革命文化传统与当代文化融为一体，从而实现了公务活动席位安排的创造性转化和创新性发展。

需要指出的是，我国公务活动中现行的席位安排并非完美无缺，还有进一步优化、完善和不断发展的空间。

附件

延安革命时期的席位安排

延安革命时期在席位安排上实行的是“左为上”。如延安中央大礼堂曾是中国共产党第七次全国代表大会会址，现在还保留着当时召开会议时主席台的布置情景。在主席台正中央墙上是毛泽东（左）、朱德（右）的画像。这种“左为上”的排法，现在在有些场合仍然适用。

在复杂席位安排上，延安交际处也处理得颇为得当。如 1944 年 6 月在接待中外记者参观团时，会场需要悬挂四大同盟国（苏、中、美、英）领袖画像，时任交际处处长金城在其文集中是这样记载的：

> 我们的挂法既要从表面看无高低之分而实则有高低之分，使国民党不能挑剔，又要表达我们自己的立场和倾向。我们的挂法是：从左到右为斯大林、罗斯福、蒋介石、丘吉尔。按中国人的习俗是以中右为大，因此看起来是把蒋介石放在了首位，罗斯福第二，丘吉尔第三，斯大林放在最后。而照外国人习惯从左向右排列，第一位是斯大林，把蒋介石、丘吉尔放在后面了，外国人也不会产生不好的印象。周恩来副主席对这种安排很欣赏，他说这虽是一个技术问题，但体现了我们的立场和政策。后来延安

其他单位挂像也都按这样的顺序。

需要解释的是，这里金城所说的“左”和“右”是人们从台下往台上看时，人们自身的左和右，而不是四大领袖自身的左手位和右手位。两种表述，其实位置正好相反。为了更好地理解挂像位次的含义，现以图示加以说明（见图 23－10）。

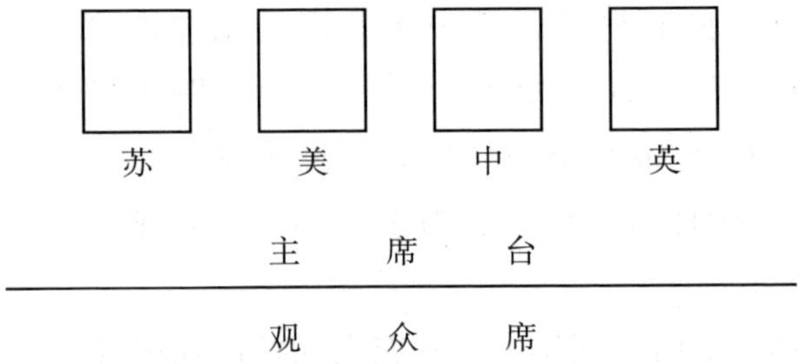

图 23－10

这个图，可以根据不同的需要，做不同的理解。

第一种理解：一字形，从右至左排列（习惯做法，见图 23－11）。

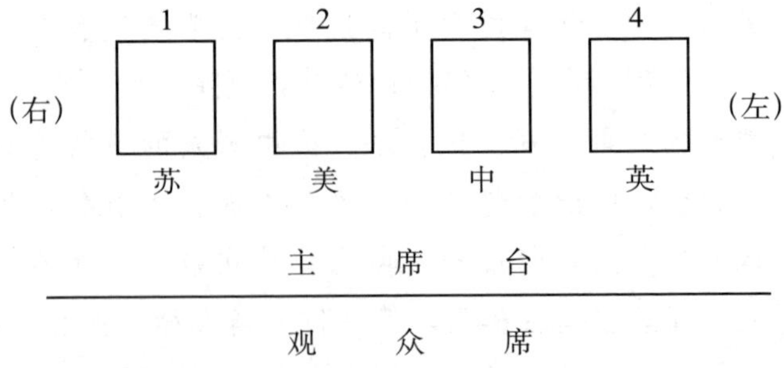

图 23－11

第二种理解：居中右为上（国际惯例，见图 23－12）。

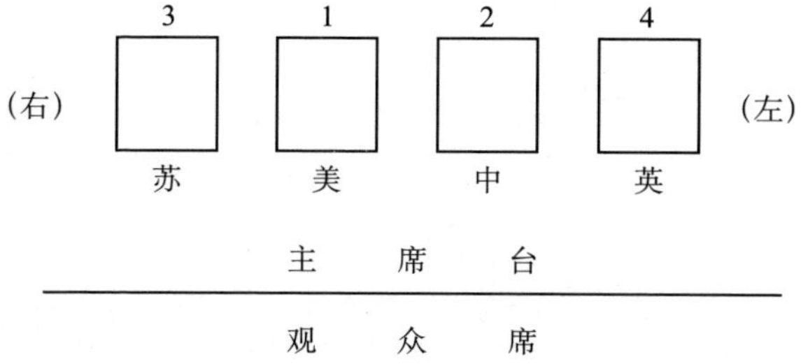

图 23-12

第三种理解：居中左为上（中国传统，见图 23-13）。

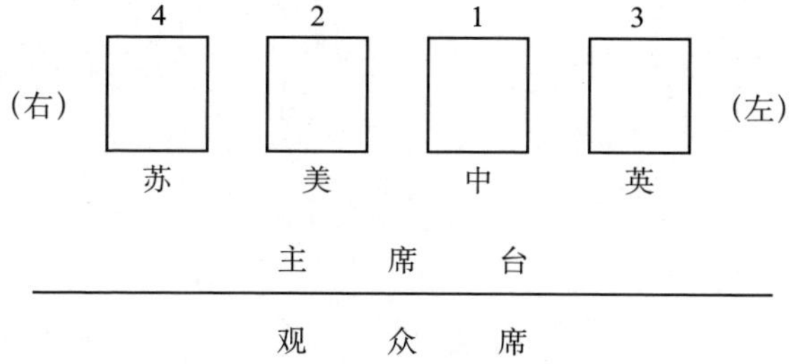

图 23-13

第四种理解：一字形，从左至右按中国传统书写顺序排列（见图 23-14）。

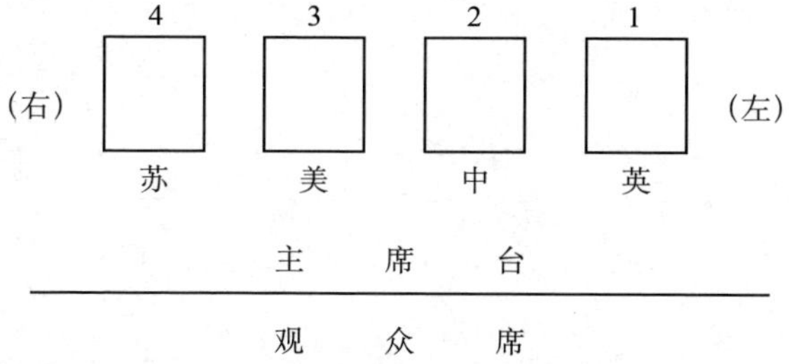

图 23-14

这种席位安排方法，较好地平衡了各方的利益，尊重和照顾了对方的习惯，坚持了自己的特色，至今对我们而言仍有借鉴意义。

第八编

附　　录

附录一：公务接待政策法规选录

党政机关厉行节约反对浪费条例（节选）

（中共中央办公厅、国务院办公厅，2013 年 11 月 18 日）

第四章　公务接待

第十九条　建立健全国内公务接待集中管理制度。党政机关公务接待管理部门应当加强对国内公务接待工作的管理和指导。

第二十条　党政机关应当建立公务接待审批控制制度，对无公函的公务活动不予接待，严禁将非公务活动纳入接待范围。

第二十一条　党政机关应当严格执行国内公务接待标准，实行接待费支出总额控制制度。

接待单位应当严格按标准安排接待对象的住宿用房，协助安排用餐的按标准收取餐费，不得在接待费中列支应当由接待对象承担的费用，不得以举办会议、培训等名义列支、转移、隐匿接待费开支。

建立国内公务接待清单制度，如实反映接待对象、公务活动、接待费用等情况。接待清单作为财务报销的凭证之一并接受审计。

第二十二条　外宾接待工作应当遵循服务外交、友好对等、务实节俭的原则。外宾邀请单位应当严格按照有关规定安排接待活动，从严从紧控制外宾团组和接待费用。

第二十三条　有关部门和地方应当参照国内公务接待标准，制定招商引资等活动的接待办法，严格审批，强化管理，严禁超规格、超标准接待，严禁扩大接待范围、增加接待项目，严禁以招商引资等名义变相安排公务接待。

第二十四条　党政机关不得以任何名义新建、改建、扩建所属宾馆、招待所等具有接待功能的设施或者场所。

建立接待资源共享机制，推进机关所属接待、培训场所的集中统一管理和利用。健全服务经营机制，推行机关所属接待、培训场所企业化管理，降低服务经营成本。

积极推进国内公务接待服务社会化改革，有效利用社会资源为国内公务接待提供住宿、餐饮、用车等服务。

党政机关国内公务接待管理规定

（中共中央办公厅、国务院办公厅，2013 年 12 月 8 日）

第一条　为了规范党政机关国内公务接待管理，厉行勤俭节约，反对铺张浪费，加强党风廉政建设，根据《党政机关厉行节约反对浪费条例》规定，制定本规定。

第二条　本规定适用于各级党的机关、人大机关、行政机关、政协机关、审判机关、检察机关，以及工会、共青团、妇联等人民团体和参照公务员法管理事业单位的国内公务接待行为。

本规定所称国内公务，是指出席会议、考察调研、执行任务、学习交流、检查指导、请示汇报工作等公务活动。

第三条　国内公务接待应当坚持有利公务、务实节俭、严格标准、简化礼仪、高效透明、尊重少数民族风俗习惯的原则。

第四条　各级党政机关公务接待管理部门应当结合当地实际，完善国内公务接待管理制度，制定国内公务接待标准。

县级以上党政机关公务接待管理部门负责管理本级党政机关国内公务接待工作，指导下级党政机关国内公务接待工作。

乡镇党委、政府应当加强国内公务接待管理，严格执行有关管理规定和开支标准。

第五条　各级党政机关应当加强公务外出计划管理，科学安排和严格控制外出的时间、内容、路线、频率、人员数量，禁止异地部门间没有特别需要的一般性学习交流、考察调研，禁止重复性考察，禁止以各种名义和方式变相旅游，禁止违反规定到风景名胜区举办会议和活动。

公务外出确需接待的，派出单位应当向接待单位发出公函，告知内容、行程和人员。

第六条　接待单位应当严格控制国内公务接待范围，不得用公款报销或者支付应由个人负担的费用。

国家工作人员不得要求将休假、探亲、旅游等活动纳入国内公务接待范围。

第七条　接待单位应当根据规定的接待范围，严格接待审批控制，对能够合并的公务接待统筹安排。无公函的公务活动和来访人员一律不予接待。

公务活动结束后，接待单位应当如实填写接待清单，并由相关负责人审签。接待清单包括接待对象的单位、姓名、职务和公务活动项目、时间、场所、费用等内容。

第八条　国内公务接待不得在机场、车站、码头和辖区边界组织迎送活动，不得跨地区迎送，不得张贴悬挂标语横幅，不得安排群众迎送，不得铺设迎宾地毯；地区、部门主要负责人不得参加迎送。严格控制陪同人数，不得层层多人陪同。

接待单位安排的活动场所、活动项目和活动方式，应当有利于公务活动开展。安排外出考察调研的，应当深入基层、深入群众，不得走过场、搞形式主义。

第九条　接待住宿应当严格执行差旅、会议管理的有关规定，在定点饭店或者机关内部接待场所安排，执行协议价格。出差人员住宿费应当回本单位凭据报销，与会人员住宿费按会议费管理有关规定执行。

住宿用房以标准间为主，接待省部级干部可以安排普通套间。接待单位不得超标准安排接待住房，不得额外配发洗漱用品。

第十条　接待对象应当按照规定标准自行用餐。确因工作需要，接待单位可以安排工作餐一次，并严格控制陪餐人数。接待对象在 10 人以内的，陪餐人数不得超过 3 人；超过 10 人的，不得超过接待对象人数的三分之一。

工作餐应当供应家常菜，不得提供鱼翅、燕窝等高档菜肴和用野生保护动物制作的菜肴，不得提供香烟和高档酒水，不得使用私人会所、高消费餐饮场所。

第十一条　国内公务接待的出行活动应当安排集中乘车，合理使用车型，严格控制随行车辆。

接待单位应当严格按照有关规定使用警车，不得违反规定实行交通管控。确因安全需要安排警卫的，应当按照规定的警卫界限、警卫规格执行，合理安排警力，尽可能缩小警戒范围，不得清场闭馆。

第十二条　各级党政机关应当加强对国内公务接待经费的预算管理，合理限定接待费预算总额。公务接待费用应当全部纳入预算管理，单独列示。

禁止在接待费中列支应当由接待对象承担的差旅、会议、培训等费用，禁止以举办会议、培训为名列支、转移、隐匿接待费开支；禁止向下级单位及其他单位、企业、个人转嫁接待费用，禁止在非税收入中坐支接待费用；禁止借公务接待名义列支其他支出。

第十三条　县级以上地方党委、政府应当根据当地经济发展水平、市场价格等实际情况，按照当地会议用餐标准制定本级国内公务接待工作餐开支标准，并定期进行调整。接待住宿应当按照差旅费管理有关规定，执行接待对象在当地的差旅住宿费标准。接待开支标准应当报上一级党政机关公务接待管理部门、财政部门备案。

第十四条　接待费报销凭证应当包括财务票据、派出单位公函和接待清单。

接待费资金支付应当严格按照国库集中支付制度和公务卡管理有关规定执行。具备条件的地方应当采用银行转账或者公务卡方式结算，不得以现金方式支付。

第十五条　机关内部接待场所应当建立健全服务经营机制，推行企业化管理，推进劳动、用工和分配制度与市场接轨，建立市场化的接待费结算机制，降低服务经营成本，提高资产使用效率，逐步实现自负盈亏、自我发展。

各级党政机关不得以任何名义新建、改建、扩建内部接待场所，不得对机关内部接待场所进行超标准装修或者装饰、超标准配置家具和电器。推进机关内部接待场所集中统一管理和利用，建立资源共享机制。

第十六条　接待单位不得超标准接待，不得组织旅游和与公务活动无关的参观，不得组织到营业性娱乐、健身场所活动，不得安排专场文艺演出，不得以任何名义赠送礼金、有价证券、纪念品和土特产品等。

第十七条　县级以上党政机关公务接待管理部门应当会同有关部门加强对本级党政机关各部门和下级党政机关国内公务接待工作的监督检查。监督检查的主要内容包括：

（一）国内公务接待规章制度制定情况；

（二）国内公务接待标准执行情况；

（三）国内公务接待经费管理使用情况；

（四）国内公务接待信息公开情况；

（五）机关内部接待场所管理使用情况。

党政机关各部门应当定期汇总本部门国内公务接待

情况，报同级党政机关公务接待管理部门、财政部门、纪检监察机关备案。

第十八条　财政部门应当对党政机关国内公务接待经费开支和使用情况进行监督检查。审计部门应当对党政机关国内公务接待经费进行审计，并加强对机关内部接待场所的审计监督。

第十九条　县级以上党政机关公务接待管理部门应当会同财政部门按年度组织公开本级国内公务接待制度规定、标准、经费支出、接待场所、接待项目等有关情况，接受社会监督。

第二十条　各级党政机关应当将国内公务接待工作纳入问责范围。纪检监察机关应当加强对国内公务接待违规违纪行为的查处，严肃追究接待单位相关负责人、直接责任人的党纪责任、行政责任并进行通报，涉嫌犯罪的移送司法机关依法追究刑事责任。

第二十一条　积极推进国内公务接待服务社会化改革，有效利用社会资源为国内公务接待提供住宿、用餐、用车等服务。推行接待用车定点服务制度。

第二十二条　地方各级党委、政府应当依照本规定制定本地区国内公务接待管理办法。

第二十三条　地方各级政府因招商引资等工作需要，接待除国家工作人员以外的其他因公来访人员，应当参照本规定实行单独管理，明确标准，控制经费总额，注重实际效益，加强审批管理，强化审计监督，杜绝奢侈浪费。严禁扩大接待范围、增加接待项目，严禁以招商引资为名变相安排公务接待。

第二十四条　国有企业、国有金融企业和不参照公务员法管理的事业单位参照本规定执行。

第二十五条　本规定由国家机关事务管理局会同有关部门负责解释。

第二十六条　本规定自发布之日起施行。2006 年 10 月 20 日中共中央办公厅、国务院办公厅印发的《党政机关国内公务接待管理规定》同时废止。

关于调整中央和国家机关差旅住宿费标准等有关问题的通知

（财政部，2015 年 9 月 30 日）

党中央有关部门，国务院各部委、各直属机构，全国人大常委会办公厅，全国政协办公厅，高法院，高检院，各人民团体，各民主党派中央，新疆生产建设兵团：

为贯彻落实《党政机关厉行节约反对浪费条例》和差旅费制度关于标准应适时调整的规定，进一步规范和加强中央和国家机关差旅费管理，提高差旅住宿费标准的科学性、有效性，综合考虑近两年全国各地区宾馆（饭店）住宿费价格变动、实际工作需要、淡旺季等因素，经研究决定，自 2016 年 1 月 1 日起调整《中央和国家机关差旅费管理办法》（财行〔2013〕531 号）规定的差旅住宿费标准。现就有关事项通知如下：

一、调整北京、上海等 11 个城市部级干部住宿费标准、7 个城市司局级干部住宿费标准和 33 个城市处级及以下干部住宿费标准，具体标准见附表。

二、拉萨、西宁、哈尔滨、海口、大连、青岛等6个受地理、气候等自然条件限制和季节性热点影响较大的城市试行差旅住宿费淡旺季标准。旺季期间及上浮后标准见附表。

三、调整后的差旅住宿费标准是中央和国家机关工作人员到各省会城市、直辖市、计划单列市出差的住宿费上限标准，各类人员应当坚持勤俭节约原则，根据职级对应的住宿费标准自行选择宾馆住宿（不分房型），在限额标准内据实报销。

中央和国家机关工作人员到各省、自治区、直辖市、计划单列市所辖地、州、市（县）出差执行当地财政部门制定的差旅住宿费标准。各地、州、市（县）差旅住宿费标准未制定公布前，可暂按其省会城市住宿费标准执行。

四、各单位应当严格按照差旅费制度和厉行节约反对浪费的有关规定，加强出差审批管理，从严控制出差人数和天数，严格差旅费预算管理和报销审核，控制差旅费支出规模。对违反差旅费管理规定的行为，有关部门应依法依规追究相关单位和人员的责任。

附件：中央和国家机关国内差旅住宿费标准调整表

附件（一）

中央和国家机关国内差旅住宿费标准调整表

单位：元/人·天

序号	地区（城市）	住宿费标准			淡旺季浮动标准建议				
		部级	司局级	其他人员	旺季期间	旺季上浮价			上浮比例
						部级	司局级	其他人员	
1	北京市	1 100	650	500					
2	天津市	800	480	380					
3	河北省（石家庄）	800	450	350					
4	山西省（太原）	800	480	350					
5	内蒙古（呼和浩特）	800	460	350					
6	辽宁省（沈阳）	800	480	350					
7	大连市	800	490	350	7—9 月	960	590	420	20%
8	吉林省（长春）	800	450	350					
9	黑龙江省（哈尔滨）	800	450	350	7—9 月	960	540	420	20%
10	上海市	1 100	600	500					
11	江苏省（南京）	900	490	380					
12	浙江省（杭州）	900	500	400					
13	宁波市	800	450	350					
14	安徽省（合肥）	800	460	350					
15	福建省（福州）	900	480	380					
16	厦门市	900	500	400					
17	江西省（南昌）	800	470	350					
18	山东省（济南）	800	480	380					
19	青岛市	800	490	380	7—9 月	960	590	450	20%
20	河南省（郑州）	900	480	380					
21	湖北省（武汉）	800	480	350					
22	湖南省（长沙）	800	450	350					

续前表

序号	地区（城市）	住宿费标准			淡旺季浮动标准建议				
		部级	司局级	其他人员	旺季期间	旺季上浮价			上浮比例
						部级	司局级	其他人员	
23	广东省（广州）	900	550	450					
24	深圳市	900	550	450					
25	广西（南宁）	800	470	350					
26	海南省（海口）	800	500	350	11—2 月	1 040	650	450	30%
27	重庆市	800	480	370					
28	四川省（成都）	900	470	370					
29	贵州省（贵阳）	800	470	370					
30	云南省（昆明）	900	480	380					
31	西藏（拉萨）	800	500	350	6—9 月	1 200	750	530	50%
32	陕西省（西安）	800	460	350					
33	甘肃省（兰州）	800	470	350					
34	青海（西宁）	800	500	350	6—9 月	1 200	750	530	50%
35	宁夏（银川）	800	470	350					
36	新疆（乌鲁木齐）	800	480	350					

附件（二）

中央和国家机关工作人员赴地方差旅住宿费标准明细表

单位：元/人·天

序号	地区（城市）		住宿标准			旺季地区	旺季浮动标准			
			部级	司局级	其他人员		旺季期间	旺季上浮价		
								部级	司局级	其他人员
1	北京	全市	1 100	650	500					
2	天津	6个中心城区、滨海新区、东丽区、西青区、津南区、北辰区、武清区、宝坻区、静海区、蓟县	800	480	350					
		宁河区	600	350	320					
3	河北	石家庄市、张家口市、秦皇岛市、廊坊市、承德市、保定市	800	450	350	张家口市	7—9月，11—3月	1 200	675	525
						秦皇岛市	7—8月	1 200	680	500
						承德市	7—9月	1 000	580	580
		其他地区	800	450	310					

续前表

序号	地区（城市）		住宿标准			旺季地区	旺季浮动标准			
							旺季期间	旺季上浮价		
			部级	司局级	其他人员			部级	司局级	其他人员
4	山西	太原市、大同市、晋城市	800	480	350					
		临汾市	800	480	330					
		阳泉市、长治市、晋中市	800	480	310					
		其他地区	800	400	240					
5	内蒙古	呼和浩特市	800	460	350					
		其他地区	800	460	320	海拉尔市、满洲里市、阿尔山市	7—9月	1 200	690	480
						二连浩特市	7—9月	1 000	580	400
						额济纳旗	9—10月	1 200	690	480
6	辽宁	沈阳市	800	480	350					
		其他地区	800	480	330					
7	大连	全市	800	490	350	全市	7—9月	960	590	420
8	吉林	长春市、吉林市、延边州、长白山管理区	800	450	350	吉林市、延边州、长白山管理区	7—9月	960	540	420
		其他地区	750	400	300					

续前表

序号	地区（城市）		住宿标准			旺季地区	旺季浮动标准			
							旺季期间	旺季上浮价		
			部级	司局级	其他人员			部级	司局级	其他人员
9	黑龙江	哈尔滨市	800	450	350	哈尔滨市	7—9月	960	540	420
		其他地区	750	450	300	牡丹江市、伊春市、大兴安岭地区、黑河市、佳木斯市	6—8月	900	540	360
10	上海	全市	1 100	600	500					
11	江苏	南京市、苏州市、无锡市、常州市、镇江市	900	490	380					
		其他地区	900	490	360					
12	浙江	杭州市	900	500	400					
		其他地区	800	490	340					
13	宁波	全市	800	450	350					
14	安徽	全省	800	460	350					
15	福建	福州市、泉州市、平潭综合实验区	900	480	380					
		其他地区	900	480	350					

续前表

序号	地区（城市）		住宿标准			旺季地区	旺季浮动标准			
			部级	司局级	其他人员		旺季期间	旺季上浮价		
								部级	司局级	其他人员
16	厦门	全市	900	500	400					
17	江西	全省	800	470	350					
18	山东	济南市、淄博市、枣庄市、东营市、烟台市、潍坊市、济宁市、泰安市、威海市、日照市	800	480	380	烟台市、威海市、日照市	7—9月	960	570	450
		其他地区	800	460	360					
19	青岛	全市	800	490	380	全市	7—9月	960	590	450
20	河南	郑州市	900	480	380					
		其他地区	800	480	330	洛阳市	4—5月上旬	1 200	720	500
21	湖北	武汉市	800	480	350					
		其他地区	800	480	320					
22	湖南	长沙市	800	450	350					
		其他地区	800	450	330					
23	广东	广州市、珠海市、佛山市、东莞市、中山市、江门市	900	550	450					
		其他地区	850	530	420					
24	深圳	全市	900	550	450					

续前表

序号	地区（城市）		住宿标准			旺季地区	旺季浮动标准			
			部级	司局级	其他人员		旺季期间	旺季上浮价		
								部级	司局级	其他人员
25	广西	南宁市	800	470	350					
		其他地区	800	470	330	桂林市、北海市	1—2月、7—9月	1 040	610	430
26	海南	海口市、三沙市、儋州市、五指山市、文昌市、琼海市、万宁市、东方市、定安县、屯昌县、澄迈县、临高县、白沙县、昌江县、乐东县、陵水县、保亭县、琼中县、洋浦开发区	800	500	350	海口市、文昌县、澄迈县	11—2月	1 040	650	450
						琼海市、万宁市、陵水县、保亭县	11—3月	1 040	650	450
		三亚市	1 000	600	400	三亚市	10—4月	1 200	720	480
27	重庆	9个中心地区、北部新区	800	480	370					
		其他地区	770	450	300					
28	四川	成都市	900	470	370					
		阿坝州、甘孜州	800	430	330					
		绵阳市、乐山市、雅安市	800	430	320					
		宜宾市	800	430	300					
		凉山州	750	430	330					
		德阳市、遂宁市、巴中市	750	430	310					
		其他地区	750	430	300					

续前表

序号	地区（城市）		住宿标准			旺季地区	旺季浮动标准			
			部级	司局级	其他人员		旺季期间	旺季上浮价		
								部级	司局级	其他人员
29	贵州	贵阳市	800	470	370					
		其他地区	750	450	300					
30	云南	昆明市、大理州、丽江市、迪庆州、西双版纳州	900	480	380					
		其他地区	900	480	330					
31	西藏	拉萨市	800	500	350	拉萨市	6—9月	1 200	750	530
		其他地区	500	400	300	其他地区	6—9月	800	500	350
32	陕西	西安市	800	460	350					
		榆林市、延安市	680	350	300					
		杨凌区	680	320	260					
		咸阳市、宝鸡市	600	320	260					
		渭南市、韩城市	600	300	260					
		其他地区	600	300	230					
33	甘肃	兰州市	800	470	350					
		其他地区	700	450	310					

续前表

序号	地区（城市）		住宿标准			旺季地区	旺季浮动标准			
			部级	司局级	其他人员		旺季期间	旺季上浮价		
								部级	司局级	其他人员
34	青海	西宁市	800	500	350	西宁市	6—9 月	1 200	750	530
		玉树州、果洛州	600	350	300	玉树州	5—9 月	900	525	450
		海北州、黄南州	600	350	250	海北州、黄南州	5—9 月	900	525	375
		海东市、海南州	600	300	250	海东市、海南州	5—9 月	900	450	375
		海西州	600	300	200	海西州	5—9 月	900	450	300
35	宁夏	银川市	800	470	350					
		其他地区	800	430	330					
36	新疆	乌鲁木齐市	800	480	350					
		石河子市、克拉玛依市、昌吉州、伊犁州、阿勒泰地区、博州、吐鲁番市、哈密地区、巴州、和田地区	800	480	340					
		克州	800	480	320					
		喀什地区	780	480	300					
		阿克苏地区	700	450	300					
		塔城地区	700	400	300					

中央和国家机关会议费管理办法

（财政部、国家机关事务管理局、
中共中央直属机关事务管理局，2016年6月29日）

第一章　总则

第一条　为进一步加强和规范中央和国家机关会议费管理，精简会议，改进会风，提高会议效率和质量，节约会议经费开支，制定本办法。

第二条　中央和国家机关会议的分类、审批和会议费管理等，适用本办法。

本办法所称中央和国家机关，是指党中央各部门，国务院各部委、各直属机构，全国人大常委会办公厅，全国政协办公厅，最高人民法院，最高人民检察院，各人民团体、各民主党派中央和全国工商联（以下简称各单位）。

第三条　各单位召开会议应当坚持厉行节约、反对浪费、规范简朴、务实高效的原则，严格控制会议数量和规模，规范会议费管理。

第四条　各单位召开的会议实行分类管理、分级审批。

第五条　各单位应当严格会议费预算管理，控制会议费预算规模。会议费预算应当细化到具体会议项目，执行中不得突破。会议费应当纳入部门预算，并单独列示。

第二章　会议分类和审批

第六条　中央和国家机关会议分类如下：

一类会议。是以党中央和国务院名义召开的，要求省、自治区、直辖市、计划单列市或中央部门负责同志参加的会议。

二类会议。是党中央和国务院各部委、各直属机构，最高人民法院，最高人民检察院，各人民团体召开的，要求省、自治区、直辖市、计划单列市有关厅（局）或本系统、直属机构负责同志参加的会议。

三类会议。是党中央和国务院各部委、各直属机构，最高人民法院，最高人民检察院，各人民团体及其所属内设机构召开的，要求省、自治区、直辖市、计划单列市有关厅（局）或本系统机构有关人员参加的会议。

四类会议。是指除上述一、二、三类会议以外的其他业务性会议，包括小型研讨会、座谈会、评审会等。

第七条　中央和国家机关会议按以下程序和要求进行审批：

一类会议。应当由主办单位报经党中央和国务院批准。会议总务、经费预算及费用结算等工作分别由中共中央直属机关事务管理局（以下简称中直管理局）和国家机关事务管理局（以下简称国管局）负责。

二类会议。党中央和国务院各部委、各直属机构，各人民团体应当于每年12月底前，将下一年度会议计划（包括会议名称、召开的理由、主要内容、时间地点、代表人数、工作人员数、所需经费及列支渠道等）送财政部审核会签，按程序经中央办公厅、国务院办公厅审核后报批。各单位召开二类会议原则上每年不超过1次。

三类会议。各单位应当建立会议计划编报和审批制度，年度会议计划（包括会议数量、会议名称、召开的理由、主要内容、时间地点、代表人数、工作人员数、所需经费及列支渠道等）经单位领导办公会或党组（党委）会审批后执行。

四类会议。由单位分管领导审核后列入单位年度会议计划。

年度会议计划一经批准，原则上不得调整。对党中央、国务院交办等确需临时增加的会议，按规定程序报批。

第八条　一类会议会期按照批准文件，根据工作需要从严控制；二、三、四类会议会期均不得超过2天；传达、布置类会议会期不得超过1天。

会议报到和离开时间，一、二、三类会议合计不得超过2天，四类会议合计不得超过1天。

第九条　各单位应当严格控制会议规模。

一类会议参会人员按照批准文件，根据会议性质和主要内容确定，严格限定会议代表和工作人员数量。

二类会议参会人员不得超过300人，其中，工作人员控制在会议代表人数的15%以内；不请省、自治区、直辖市和中央部门主要负责同志、分管负责同志出席。

三类会议参会人员不得超过150人，其中，工作人员控制在会议代表人数的10%以内。

四类会议参会人员视内容而定，一般不得超过50人。

第十条　全国人大常委会办公厅、全国政协办公厅、各民主党派中央和全国工商联的会议分类、审批事项、会期及参会人员等，由上述部门依据法律法规、章程规定，参照第六条至第九条作出规定，并报财政部备案。

第十一条　各单位召开会议应当改进会议形式，充分运用电视电话、网络视频等现代信息技术手段，降低会议成本，提高会议效率。

传达、布置类会议优先采取电视电话、网络视频会议方式召开。电视电话、网络视频会议的主会场和分会场应当控制规模，节约费用支出。

第十二条　不能够采用电视电话、网络视频召开的会议实行定点管理。各单位会议应当到定点会议场所召开，按照协议价格结算费用。未纳入定点范围，价格低于会议综合定额标准的单位内部会议室、礼堂、宾馆、招待所、培训中心，可优先作为本单位或本系统会议场所。

无外地代表且会议规模能够在单位内部会议室安排的会议，原则上在单位内部会议室召开，不安排住宿。

第十三条　参会人员以在京单位为主的会议不得到京外召开。各单位不得到党中央、国务院明令禁止的风景名胜区召开会议。

第三章　会议费开支范围、标准和报销支付

第十四条　会议费开支范围包括会议住宿费、伙食费、会议场地租金、交通费、文件印刷费、医药费等。

前款所称交通费是指用于会议代表接送站，以及会

议统一组织的代表考察、调研等发生的交通支出。

会议代表参加会议发生的城市间交通费，按照差旅费管理办法的规定回单位报销。

第十五条　会议费开支实行综合定额控制，各项费用之间可以调剂使用。

会议费综合定额标准如下：

单位：元/人·天

会议类别	住宿费	伙食费	其他费用	合计
一类会议	500	150	110	760
二类会议	400	150	100	650
三、四会议	340	130	80	550

综合定额标准是会议费开支的上限。各单位应在综合定额标准以内结算报销。

第十六条　一类会议费在部门预算专项经费中列支，二、三、四类会议费原则上在部门预算公用经费中列支。

会议费由会议召开单位承担，不得向参会人员收取，不得以任何方式向下属机构、企事业单位、地方转嫁或摊派。

第十七条　各单位在会议结束后应当及时办理报销手续。会议费报销时应当提供会议审批文件、会议通知及实际参会人员签到表、定点会议场所等会议服务单位提供的费用原始明细单据、电子结算单等凭证。财务部门要严格按规定审核会议费开支，对未列入年度会议计划，以及超范围、超标准开支的经费不予报销。

第十八条　各单位会议费支付，应当严格按照国库集中支付制度和公务卡管理制度的有关规定执行，以银行转账或公务卡方式结算，禁止以现金方式结算。

具备条件的，会议费应当由单位财务部门直接结算。

第四章　会议费公示和年度报告制度

第十九条　各单位应当将非涉密会议的名称、主要内容、参会人数、经费开支等情况在单位内部公示或提供查询，具备条件的应当向社会公开。

第二十条　一级预算单位应当于每年3月底前，将本级和下属预算单位上年度会议计划和执行情况（包括会议名称、主要内容、时间地点、代表人数、工作人员数、经费开支及列支渠道等）汇总后报财政部。党中央各部门同时抄送中直管理局，国务院各部门同时抄送国管局。

第二十一条　财政部对各单位报送的会议年度报告进行汇总分析，针对执行中存在的问题，及时完善相关制度。

第五章　管理职责

第二十二条　财政部的主要职责是：

（一）会同国管局、中直管理局等部门制定或修订中央本级会议费管理办法，并对执行情况进行监督检查；

（二）按规定对各单位报送的二类会议计划进行审核会签；

（三）对会议费支付结算实施动态监控；

（四）对各单位报送的会议年度报告进行汇总分析，提出加强管理的措施。

第二十三条　国管局的主要职责是：

（一）配合财政部制定或修订中央和国家机关会议费管理办法；

（二）负责国务院召开的一类会议的总务工作；

（三）配合财政部对国务院各部委、各直属机构会议费执行情况进行监督检查。

第二十四条　中直管理局的主要职责是：

（一）配合财政部制定或修订中央和国家机关会议费管理办法；

（二）负责党中央召开的一类会议的总务工作；

（三）配合财政部对中央各部门会议费执行情况进行监督检查。

第二十五条　各单位的主要职责是：

（一）负责制定本单位会议费管理的实施细则；

（二）负责单位年度会议计划编制和三类、四类会议的审批管理；

（三）负责安排会议预算并按规定管理、使用会议费，做好相应的财务管理和会计核算工作，对内部会议费报销进行审核把关，确保票据来源合法，内容真实、完整、合规；

（四）按规定报送会议年度报告，加强对本单位会议费使用的内控管理。

第六章　监督检查和责任追究

第二十六条　财政部、国管局、中直管理局会同有关部门对各单位会议费管理和使用情况进行监督检查。

主要内容包括：

（一）会议计划的编报、审批是否符合规定；

（二）会议费开支范围和开支标准是否符合规定；

（三）会议费报销和支付是否符合规定；

（四）会议会期、规模是否符合规定，会议是否在规定的地点和场所召开；

（五）是否向下属机构、企事业单位或地方转嫁、摊派会议费；

（六）会议费管理和使用的其他情况。

第二十七条　严禁各单位借会议名义组织会餐或安排宴请；严禁套取会议费设立“小金库”；严禁在会议费中列支公务接待费。

各单位应严格执行会议用房标准，不得安排高档套房；会议用餐严格控制菜品种类、数量和份量，安排自助餐，严禁提供高档菜肴，不安排宴请，不上烟酒；会议会场一律不摆花草，不制作背景板，不提供水果。

不得使用会议费购置电脑、复印机、打印机、传真机等固定资产以及开支与本次会议无关的其他费用；不得组织会议代表旅游和与会议无关的参观；严禁组织高消费娱乐、健身活动；严禁以任何名义发放纪念品；不得额外配发洗漱用品。

第二十八条　违反本办法规定，有下列行为之一的，依法依规追究会议举办单位和相关人员的责任：

（一）计划外召开会议的；

（二）以虚报、冒领手段骗取会议费的；

（三）虚报会议人数、天数等进行报销的；

（四）违规扩大会议费开支范围，擅自提高会议费开支标准的；

（五）违规报销与会议无关费用的；

（六）其他违反本办法行为的。

有前款所列行为之一的，由财政部会同有关部门责令改正，追回资金，并经报批后予以通报。对直接负责的主管人员和相关负责人，报请其所在单位按规定给予行政处分。如行为涉嫌违法的，移交司法机关处理。

定点会议场所或单位内部宾馆、招待所、培训中心有关工作人员违反规定的，按照财政部定点会议场所管理的有关规定处理。

第七章　附　　则

第二十九条　各单位应当按照本办法规定，结合本单位业务特点和工作需要，制定会议费管理具体规定。

第三十条　党中央、国务院直属事业单位的会议费管理参照本办法执行。中央和国家机关各部门所属事业单位的会议费管理由各部门依据从严从紧原则参照本办法作出具体规定。

第三十一条　本办法由财政部负责解释，自2016年7月1日起施行。《中央和国家机关会议费管理办法》（财行〔2013〕286号）同时废止。

中央和国家机关外宾接待经费管理办法

（财政部，2013 年 12 月 31 日）

第一章　总则

第一条　为了进一步规范外宾接待工作，加强外宾接待经费管理，强化预算监督，根据《中华人民共和国预算法》《党政机关厉行节约反对浪费条例》等有关法律法规，制定本办法。

第二条　中央和国家机关以及参照公务员法管理的事业单位（以下简称中央单位）接待国外、境外来宾适用本办法。

本办法所称的中央和国家机关，是指党中央各部门，国务院各部委、各直属机构，全国人大常委会办公厅，全国政协办公厅，最高人民法院，最高人民检察院，各人民团体、各民主党派中央和全国工商联。

第三条　中央单位外宾接待工作应当坚持服务外交、友好对等、务实节俭的原则。

第四条　中央单位邀请外宾来访应当按照有关外事管理规定，严格执行计划审批规定。未经批准或授权，不得对外发出正式邀请或作出承诺。接待计划应当明确外宾团组中由我方招待的人数、天数，费用开支范围以及资金来源、列支渠道、预算等。计划编制必须严格控制在年度外宾接待费预算内，不得突破。

第二章　预算管理

第五条　外宾接待费应纳入部门预算。中央单位应当加强外宾接待费预算管理，控制预算规模，在核定的年度外宾接待费预算内安排外宾接待活动，不得超预算或无预算安排外宾接待。

第六条　对应邀来华的外宾，中央单位应当根据互惠对等原则或外事交流协议等，区分为全部招待、部分招待和外宾自理。

无互惠对等原则及外事交流协议的，招待天数不得超过5天（含抵、离境当天），招待人数可由中央单位按内部规定执行，超出规定天数和人数的，一律由外宾自理。

第七条　中央单位应当从严从紧控制外宾接待经费，严格执行接待费开支标准，不得擅自突破，不得向同级机关、下级机关、下属单位和企业等摊派、转嫁费用。

第八条　外宾接待费的报销支付应严格按照国库集中支付和公务卡管理的有关制度执行，采用银行转账或公务卡方式结算，不得以现金方式支付。

第三章　开支范围及标准

第九条　外宾接待经费开支范围主要包括：住宿费、日常伙食费、宴请费、交通费、赠礼等。

外宾接待经费原则上不得列支外宾来华国际旅费。

第十条　住宿费按以下办法执行：

（一）外宾住宿应当注重安全舒适，不追求奢华。副部长级及以上人员率领的外宾代表团，可安排在五星级、四星级宾馆；司局级及以下人员率领的代表团以及其他一般外宾代表团，安排的宾馆最高不超过四星级。

（二）外宾住房标准：副部长级及以上人员可安排套间，其他人员安排标准间。

（三）中央单位可结合实际情况与符合条件的宾馆签订长期合作协议，争取优惠价格。

第十一条　日常伙食费按以下办法执行：

（一）外宾日常伙食招待应当注意节俭，严格根据伙食费标准选择菜品，提倡采用自助餐等形式。

（二）外宾日常伙食费（含酒水、饮料）标准：国家元首、政府首脑级每人每天600元；副总统、副总理和正、副议长级每人每天550元；正、副部长级每人每天500元；其他人员每人每天300元。

第十二条　宴请费按以下办法执行：

（一）宴请外宾严禁讲排场，原则上安排在宴请举办单位内部的宾馆和招待所，不上高档菜肴和酒水，杜绝奢侈浪费。除宴会外，提倡采用冷餐会、酒会、茶会等多种宴请形式。

（二）外宾宴请费（含酒水、饮料）标准：正、副部长级人员出面举办的宴会，每人每次400元；司局级及以下人员出面举办的宴会，每人每次300元。冷餐、酒会、茶会分别为每人每次150元、100元、60元。

（三）外宾在华期间，宴请不得超过2次，包含赴地方访问时，由地方接待单位或有关单位联合安排的1次宴请。

第十三条　交通费按以下办法执行：

（一）外宾用车应当根据实际情况安排，除少数重要外宾乘坐小轿车外，其他外宾可视人数多少安排小轿车、中巴士或大巴士。在符合礼宾要求的前提下，外宾出行应当集中乘车，减少随行车辆。

（二）接待外宾确需租用车辆的，中央单位应当与资质合格、运营规范的汽车租赁公司签订租赁合同。

（三）外宾赴地方访问时，应当按级别乘坐相应等级标准交通工具，副部长级及以上外宾可提供飞机头等舱、轮船一等舱和火车软席（含高铁/动车商务座、全列软席列车一等座、火车高级软卧），其他人员可提供飞机经济舱、轮船二等舱和火车软席（含高铁/动车一等座、全列软席列车一等座、火车软卧）。

确因工作需要并经接待单位领导批准，外方主宾的重要随行人员可随主宾乘坐相应舱位，原则上按随行不超过主人来安排。

外宾途中伙食费按日常伙食费标准执行。

第十四条　对外赠礼按以下办法执行：

（一）对外赠礼应当节约从简，实物礼品应当尽量选择具有中国特色的纪念品、传统手工艺品和实用物品，朴素大方，不求奢华。

（二）赠礼对象仅为外方团长夫妇，必要时可包括主要陪同人员，原则上由接待单位赠礼 1 次，其他单位不得重复赠礼。如外方赠礼，可按对等原则回礼。

（三）对外赠礼以赠礼方或受礼方级别较高一方的级别确定赠礼标准。赠礼方或受礼方为正、副部长级人员的，每人次礼品不得超过400元；赠礼方或受礼方为司局级人员的，每人次礼品不得超过200元；其他人员，可以视情况赠送小纪念品。

（四）对访问我国的著名友好人士、社会名流、专家学者，确有必要赠礼的，按照正、副部长级人员标准执行。

第十五条　外宾在华期间的医药、邮电通讯、洗衣、理发等费用，除国家元首、政府首脑外，均由外宾自理。

第四章　陪同人员及经费管理

第十六条　我方陪同人员人数，应当根据礼宾要求，从严掌握。

第十七条　接待国家元首、政府首脑级外宾的重大外交外事活动，我方参加宴请人数应当根据礼宾要求安排。其他宴请，外宾5人（含）以内的，中外人数原则上在1∶1以内安排；外宾超过5人的，超过部分中外人数原则上在1∶2以内安排。

第十八条　陪同外宾赴地方访问期间，陪同人员的伙食费、住宿费、交通费等开支标准按照中央和国家机关国内差旅费管理的有关规定执行，并由所在单位分别负担。确需与外宾同餐、同住、同行的，经所在单位领导批准，可按对应的外宾接待标准实报实销。

第十九条　中央单位的接待工作人员在接待活动期间，确因工作需要不能按时用餐的，经接待单位领导批准，可以领取误餐补助，标准为每人每次50元。

第五章　支出责任

第二十条　外宾接待原则上由邀请单位负担经费。中央单位邀请的外宾团组经费支出由中央单位负担；地方单位邀请的外宾团组经费支出由地方负担。

第二十一条　由中央单位邀请的外宾团组，确需到地方访问的，接待单位应当事先在接待方案中明确划分中央与地方分别承担的接待费用。

第六章　监督检查

第二十二条　除涉密内容和事项外，外宾接待经费的预决算应当按照预决算信息公开的有关规定，及时公开，接受社会监督。

第二十三条　外事、财政、审计等部门应当加强对外宾接待管理和经费使用情况的监督检查。各中央单位应如实提供包括接待计划、经费预算、开支报销凭证等在内的相关资料，主动配合接受检查，并认真落实检查意见。

第二十四条　违反本办法规定，有下列行为之一的，按照《财政违法行为处罚处分条例》《党政机关厉行节约反对浪费条例》等有关规定，责令整改，追回资金，并追究有关人员责任：

（一）擅自提高接待开支标准的；

（二）计划未经批准接待外宾的；

（三）违规扩大外宾接待开支范围，或报销与接待无关的费用的；

（四）虚报外宾接待级别、人数、天数，套取接待经费的；

（五）使用虚假发票报销接待费用的；

（六）其他违反本办法的行为。

第七章　附则

第二十五条　各省、自治区、直辖市财政部门应当根据本办法制定本地区外宾接待经费管理办法和开支标准，报财政部、外交部备案。

第二十六条　中央单位邀请的外宾团组赴地方访问时，执行当地的外宾接待经费开支标准。

第二十七条　中国人民解放军、中国人民武装警察部队和中央级事业单位的外宾接待经费管理参照本办法执行。

第二十八条　在华举办国际会议涉及的外宾接待费用管理按照在华举办国际会议的有关规定执行。

第二十九条　本办法由财政部负责解释。

第三十条　本办法自 2014 年 1 月 31 日起施行。1997 年 12 月 19 日发布的《关于接待外宾费用开支标准和管理办法的规定》（财外字〔1997〕559 号）同时废止。

在华举办国际会议经费管理办法

（财政部，2015 年 7 月 30 日）

第一章　总则

第一条　为进一步规范在华举办国际会议的经费管理，加强预算监督，提高资金使用效益，根据《中华人民共和国预算法》《党政机关厉行节约反对浪费条例》等有关法律法规，制定本办法。

第二条　本办法所称在华举办国际会议，是指中央和国家机关在我国境内举办的、与会者来自 3 个或 3 个以上国家和地区（不含港、澳、台地区）的年会、例会、研讨会、论坛等会议（以下简称国际会议）。包括：中央和国家机关举办的国际会议，中央和国家机关与国际组织及外国有关团体、机构共同举办或受其委托承办的国际会议。

第三条　本办法所称中央和国家机关，是指党中央各部门，国务院各部委、各直属机构，全国人大常委会办公厅，全国政协办公厅，最高人民法院，最高人民检察院，各人民团体、各民主党派中央和全国工商联（以下简称各单位）。

第四条　在华举办国际会议应当遵循以下原则：

（一）严格审批，分类管理。各单位应当严格执行国际会议审批规定，实行分类管理。

（二）强化预算，厉行节约。各单位应当科学、规范、合理地编制和申报国际会议经费预算，并本着“勤俭办外事”的原则，严格控制会议数量、规格和规模。

（三）符合惯例，明确责任。各单位应当根据国际惯例对等接待外方参会人员，合理划分中央与地方应当负担的经费。

（四）加强监督，注重绩效。各单位应当主动配合监督检查工作，注重绩效管理，提高资金使用效益。

第二章　会议审批和分类管理

第五条　各单位应当严格按照中央有关规定实行国际会议中央和部级两级审批制度，从严控制国际会议数量。报请党中央、国务院审批的国际会议，报批文件应当明确各项经费来源，原则上应当先会签外交部，再会签财政部后上报。申请中央财政拨款的国际会议，应当按照部门预算管理程序，编制详细的会议经费预算，报财政部审核。

第六条　各单位原则上不得实行固定年会或与外方轮流开会机制，不得在同一时间或短时间内举办主题相同或类似的国际会议，无实质内容的国际会议一律不得举办。各单位应当严格控制邀请外宾的规模和规格，未经批准，不得擅自邀请或对外协商邀请重要外宾来访。

第七条　根据会议正式代表的级别，国际会议在经费管理上分类如下：

一类国际会议，是指以部长级官员作为会议正式代表出席的国际会议。

二类国际会议，是指以司局级官员作为会议正式代表出席的国际会议。

三类国际会议，是指以处级及以下官员或其他人员作为会议正式代表出席的国际会议。

第八条　一类国际会议会期按照审批文件，根据工作需要从严控制。除特殊情况报经批准外，二、三类国际会议会期原则上不得超过3天，会议报到和离开时间，合计不得超过2天。

第九条　各单位应当严格限定参会人员数量，控制会议规模。除特殊情况报经批准外，国际会议工作人员人数控制在会议正式代表人数的10%以内，驻会工作人员不得超过会议工作人员的50%。

第三章　收入管理

第十条　国际会议所需经费由我方全额负担或由与会各方分担的，按会议统一标准编制经费预算，我方负担的经费应当纳入部门预算管理。

第十一条　国际会议的收入包括：会议注册费收入、国际组织专项资助、中央财政拨款、赞助收入和其他收入。

（一）会议注册费收入，是指根据国际惯例，由会议举办单位向参会代表收取的用于会议支出的费用。

（二）国际组织专项资助，是指国际组织拨付给会议举办单位的专项经费。会议举办单位应当积极向国际组织申请专项资助。

（三）中央财政拨款，是指在无会议注册费收入和国际组织专项资助，或者会议注册费收入和国际组织专项资助不足以弥补会议支出时，中央财政对国际会议的补助。

（四）赞助收入，是指境内外机构或部门、企业、个人出于自愿，无偿向国际会议提供资金或物资赞助而形成的收入。

（五）其他收入，是指召开国际会议时举办展览、展示、广告、旅游中介等收入。

第十二条　举办国际会议取得的各项收入，必须统一纳入预算管理，单独核算。

第十三条　举办国际会议取得的赞助物资或购买的办公用品、消耗材料等财产物资应当严格管理：

（一）财产物资的取得、保管、领用要有规范明确的报批程序，并指派专人负责。

（二）购置或赞助取得的各项财产物资应当在会议结束后3个月内进行处理，具体处理方案报财政部备案，处置收入在扣除相关税费后上缴国库。

第四章　支出管理

第十四条　国际会议的支出范围包括：场地租金、同声传译设备和办公设备租金、宴请费用、交通费用、工作人员食宿费用、志愿人员费用、翻译费用、其他会务费用以及其他经财政部批准的支出。国际会议如有注册费收入，中方可承担国际组织官员及秘书处人员会议期间的食宿费用。

第十五条　国际会议举办场所应当注重安全适用，

不追求奢华。会议正式代表场地租金的人均定额标准为：一类国际会议每天 300 元（人民币，货币单位下同），二类国际会议每天 200 元，三类国际会议每天 150 元。

第十六条　会议正式代表同声传译设备和办公设备租金的人均定额标准为每天 100 元。

第十七条　会议期间可安排一次宴请，会议正式代表人均定额标准（含酒水及服务费用）为：一类国际会议 220 元，二类、三类国际会议 180 元。

第十八条　会议期间租用车辆安排会议代表往返驻地与会场及会议工作人员确因工作需要租用车辆的，各单位应当合理使用车型，严格控制随行车辆。租金定额标准为：大巴士（25 座以上）每辆每天 1 500 元，中巴士（25 座及以下）每辆每天 1 000 元，小轿车（5 座及以下）每辆每天 800 元。

第十九条　会议期间工作人员食宿费用定额标准为每人每天 450 元。

第二十条　会议期间志愿人员确因工作需要不能按时用餐的，用餐或发放误餐补贴的定额标准为每人每天 100 元。志愿人员原则上不安排住宿。

第二十一条　同声传译人员口译定额标准为：使用联合国官方语言的同声传译人员，每人每天 5 000 元；使用联合国官方语言以外的其他语种同声传译人员，每人每天 6 000 元。笔译费用定额标准为每千字 200 元。对于境外同声传译人员，我方只承担同声传译人员乘坐经济舱的国际旅费，据实结算。

第二十二条　其他会务费用实行综合定额控制，会议正式代表人均支出标准为每天 100 元。支出范围包括：办公用品、消耗材料购置费用，会议文件印刷、会议代表及工作人员的制证费用等。其他会务费用各项目之间可以调剂使用，在综合定额控制内据实报销。

第二十三条 根据国家经济发展、物价变动等情况，适时对支出标准进行调整。

第二十四条 国际会议所有支出必须经举办单位财务部门审核同意方能报销。所有支出协议必须由会议举办单位预算执行部门负责人签署。

第二十五条 各单位应当遵循国际惯例，从严从紧控制经费支出：

（一）除外方特邀代表或存在外交对等接待的情况外，不得承担会议代表往返国际国内旅费（包括往返机场的交通费）及食宿费用。

（二）除劳务费及境外国际旅费外，不得承担同声传译人员的食宿、交通等费用。

（三）不得借举办国际会议的名义向地方政府或企业强行摊派或变相摊派会议费用。

（四）不得承担额外的义务，要厉行节约、讲求实效。

（五）申请中央财政拨款的国际会议，未经财政部同意，一律不准购买设备，且除会议场地、会议必要设备（不含消耗材料支出）外，各单位不得擅自对外提供任何免费服务。

第二十六条 国际会议结束后，中央财政拨款经费如有结余，按照财政部结转和结余资金管理的有关规定执行。

第五章 经费负担

第二十七条 国际会议举办城市应当具备办会需要的场地、设备等基本设施，为满足办会条件而产生的场地搭建、场馆改造等费用，原则上由地方负担，中央单位按第四章所列标准负担租金。

第二十八条 中央单位工作人员的费用由中央单位负担，地方单位工作人员的费用由地方单位负担。中央单位组织安排的会议正式代表的宴请、交通及其他会务费用由中央单位负担，地方单位组织安排的会议正式代表的宴请、交通及其他会务费用由地方单位负担。

第二十九条 中央单位聘请的同声传译人员和志愿人员的费用由中央单位负担，地方单位聘请的同声传译人员和志愿人员的费用由地方单位负担。会议文件翻译费用由中央单位负担。

第六章 绩效管理

第三十条 各单位应当加强国际会议绩效管理，强化支出责任，提高财政资金使用效益。

第三十一条 对于申请财政专项预算拨款的国际会议，各单位应当按照预算绩效管理要求，编制绩效计划，设定绩效目标。各单位应当加强对绩效目标的审核，并将其作为会议经费预算编制的重要依据，提高项目和资金安排的科学合理性。

第三十二条 各单位应当建立完善的绩效管理机制，依据确定的绩效目标组织开展绩效自评，评价结果作为绩效问责的重要依据。

第三十三条　财政部门对各单位国际会议进行绩效评价的结果，作为以后年度审核安排相关单位国际会议中央财政拨款的依据。

第七章　监督检查

第三十四条　各级外事、财政、审计部门应当加强对在华举办国际会议管理和经费使用情况的检查。各单位应当如实提供包括审批文件、会议预算、支出凭证等在内的相关资料，主动配合接受检查，并认真落实检查意见。

第三十五条　违反本办法规定，有下列行为之一的，按《党政机关厉行节约反对浪费条例》《财政违法行为处罚处分条例》等有关规定，由财政部会同有关部门责令改正，追回资金；对直接负责的主管人员和相关责任人，报请其所在单位按规定给予行政处分；涉嫌违法的，移交司法机关依法处理：

（一）擅自改变国际会议资金用途的；

（二）以虚报、冒领等手段骗取国际会议经费的；

（三）违规扩大支出范围，或超过支出标准的；

（四）违规报销与国际会议无关费用的；

（五）挪用、截留、侵占国际会议经费的；

（六）其他违反本办法行为的。

第八章　附则

第三十六条　中央级事业单位和地方政府举办的国

际会议参照本办法执行。

第三十七条　经国务院批准的重大双边国际会议参照本办法执行。

第三十八条　国际比赛、国际博（展）览会、涉外文艺演出、涉外培训、日常外事工作会谈等不适用本办法。

第三十九条　国家元首、政府首脑、国家副元首、政府副首脑、王储等作为会议正式代表出席的国际会议，相关管理办法另行制定。

第四十条　一类、二类国际会议和300人以上的三类国际会议，举办单位应当根据本办法制定财务预算管理细则。

第四十一条　本办法由财政部负责解释。

第四十二条　本办法自2015年9月1日起执行。《财政部关于印发〈在华举办国际会议费用开支标准和财务管理办法〉的通知》（财行〔2012〕1号）同时废止。

附录二：全国部分城市接待部门名录

（排名不分先后）

单位名称	值班电话	传　真	地　址	邮编
天津市政府办公厅接待联络处	022－83606503	022－83099877	天津市河西区友谊路 30 号	300061
天津市机关事务管理局接待处	022－23312786	022－23301312	天津市和平区泰安道 12 号	300040
重庆市机关事务管理局（市接待办）	023－63898180	023－63899326	重庆市渝中区人民路 252 号市级综合办公大楼	400015
沈阳市接待办公室	024－22835112	024－22845606	辽宁省沈阳市沈河区北三经街 9 号	110013
大连市接待办公室	0411－83767599	0411－83767555	辽宁省大连市西岗区新开路 87 号金福大厦 19 楼	116013
长春市接待办公室	0431－88941773	0431－88941773	吉林省长春市朝阳区新华路 458 号	130061
哈尔滨市接待办公室	0451－84664660	0451－86776761	黑龙江省哈尔滨市松北区世纪大道 1 号市政府大厦主楼 3 楼	150021
南京市政府办公厅接待处	025－83612110	025－83638468	江苏省南京市玄武区北京东路 41 号市政府 8－3 号楼	210008

续前表

单位名称	值班电话	传　真	地　址	邮编
杭州市委、市政府接待办公室	0571－85250290	0571－85252166	浙江省杭州市环城北路318号市政府大楼0202室	310026
宁波市委、市政府接待办公室	057－87182534	0574－87182050	浙江省宁波市海曙区县前街61号	315000
厦门市委、市政府接待办公室	0592－2021767	0592－2071062	福建省厦门市湖滨北路61号市行政中心东楼三楼	361012
济南市委接待办公室	0531－66609732	0531－66609732	山东省济南市历下区龙奥大厦九楼	250099
济南市政府接待办公室	0531－66607755	0532－66607755	山东省济南市历下区龙奥大厦F区7楼	250099
青岛市政府接待办公室	0532－85911566	0531－85815877	山东省青岛市香港中路11号	266071
武汉市委、市政府接待办公室	027－82402252	027－82402256	湖北省武汉市江岸区惠济路40号	430010
广州市政府接待办公室	020－83126587	020－83126581	广东省广州市府前路1号市府大院3号楼303室	510032
深圳市接待办公室	0755－82223966	0755－82176867	广东省深圳市罗湖区新园路15号	518001
成都市委、市政府接待办公室	028－61888888	028－61880370	四川省成都市高新区锦悦西路2号	610041
西安市接待办公室	029－86786223	029－86786223	陕西省西安市凤城八路109号	710007
石家庄市接待办公室	0311－86688541	0311－86688541	河北省石家庄市中山东路216号	050010
太原市接待办公室	0351－2020228	0351－2020228	山西省太原市新建路81号	030001
呼和浩特市接待办公室	0471－4606086	0471－4606086	内蒙古自治区呼和浩特市新城区新华东街1号市党政办公大楼接待办	010010
合肥市机关事务管理局（市接待办）	0551－63538964	0551－63538964	安徽省合肥市东流路100号	230071

续前表

单位名称	值班电话	传　真	地　址	邮编
福州市委、市政府接待办公室	0591－83351393	0591－83346074	福建省福州市鼓楼区乌山路 92 号市委大院	350001
郑州市接待办公室	0371－67171151	0371－67974383	河南省郑州市互助路 73 号	450007
长沙市接待办公室	0731－88667558	0731－88667563	湖南省长沙市岳麓大道 218 号	430013
南宁市委、市政府接待办公室	0771－5832080	0771－5832116	广西壮族自治区南宁市东葛路 28 号	530000
贵阳市政府接待处	0851－7988978	0851－7988978	贵州省贵阳市林城东路 7 号	550081
昆明市接待办公室	0871－63155327	0871－63179405	云南省昆明市市级行政中心 8 号楼 228 室	650500
拉萨市委、市政府接待办公室	0891－6321435	0891－6327900	西藏自治区拉萨市江苏生态园大酒店（院内）	850000
兰州市委、市政府接待办公室	0931－8772211	0931－8419013	甘肃省兰州市城关区南滨河东路 637 号	730030
西宁市接待办公室	0971－8233110	0971－8233110	青海省西宁市南关街 43 号	810000
银川市接待办公室	0951－6888885	0951－6888885	宁夏回族自治区银川市金凤区北京中路 166 号行政中心	750011
乌鲁木齐市委、市政府接待办公室	0991－4689497	0991－4689564	新疆维吾尔自治区乌鲁木齐市南湖东路 30 号	830063
秦皇岛市委办公厅接待处	0335－3220015	0335－3039933	河北省秦皇岛市海港区文化路 206 号	066000
秦皇岛市政府办公厅接待处	0335－3220512	0335－3220512	河北省秦皇岛市海港区文化北路 95 号	066000
大同市委、市政府接待办公室	0352－5189339	0352－5189339	山西省大同市迎宾西路 5 号	037008
晋中市委、市政府接待办公室	0354－2638492	0354－2636583	山西省晋中市榆次区政府东巷 9 号	030600

续前表

单位名称	值班电话	传　真	地　址	邮编
运城市接待办公室	0359－2291428	0359－2291428	山西省运城市红旗东街 84 号	044000
临汾市委、市政府接待处	0357－2010637	0357－2010637	山西省临汾市尧都区鼓楼东大街 103 号	041000
包头市接待办公室	0472－5148834	0472－5148490	内蒙古自治区包头市昆都仑区钢铁大街 29 号市政府东副楼四楼	014025
乌海市接待办公室	18604738040	0473－6105082	内蒙古自治区乌海市海勃湾区滨河体育中心 A 入口	016000
鄂尔多斯市接待办公室	0477－8588327	0477－8588328	内蒙古自治区鄂尔多斯市康巴什新区党政大楼 B 座	017000
鞍山市接待办公室	0412－5532204	0412－5582311	辽宁省鞍山市铁东区胜利南路 47 号	114003
锦州市接待办公室	0416－3882276	0416－3882276	辽宁省锦州市市府路 68 号 B 座 912 室	121000
葫芦岛市接待办公室	0429－3118133	0429－3118133	辽宁省葫芦岛市龙港区龙湾大街 15 号	125000
阜新市政府接待办公室	0418－3890939	0418－3890066	辽宁省阜新市细河区中华路 16 号	123000
吉林市机关事务管理局（市接待办）	0432－62048825	0432－62048826	吉林省吉林市松江路 65 号	132011
延边州接待办公室	0433－5080915	0433－5080907	吉林省延边朝鲜族自治区延吉市延龙路 168－1 号	133001
齐齐哈尔市接待办公室	0452－2790200	0452－2799888	黑龙江省齐齐哈尔市建华区新明大街 27 号市党政办公中心 1 号楼	161005

续前表

单位名称	值班电话	传　真	地　址	邮编
牡丹江市机关事务管理局（市接待办）	0453－6171553	0453－6171993	黑龙江省牡丹江市江南党政办公中心附属楼 A 座	157020
大庆市接待办公室	0459－6104703	0459－6104706	黑龙江省大庆市世纪大道东风路 4 号	163313
徐州市接待办公室	0516－83735574	0516－83735815	江苏省徐州市新城区昆仑大道 1 号	221018
连云港市接待办公室	0518－85800351	0518－85800351	江苏省连云港市新浦区朝阳东路 69 号	222006
无锡市接待办公室	0510－82703533	0510－82714546	江苏省无锡市滨湖区观山路 199 号 8 号楼 725 室	214131
苏州市接待办公室	0512－68615329	0512－68615353	江苏省苏州市三香路 998 号	215000
扬州市接待办公室	0514－87341754	0514－82985805	江苏省扬州市文昌西路 8 号	225002
温州市委、市政府接待办公室	0577－88960112	0577－88966657	浙江省温州市行政管理中心主楼 2 楼 213 室	325009
芜湖市机关事务管理局（市接待办）	0553－3834311	0553－3834311	安徽省芜湖市更兴路 3 号（铁山宾馆内）	241000
池州市委、市政府接待办公室	0566－2020752	0566－2044929	安徽省池州市百牙中路 1 号	247000
南昌市委、市政府合作交流办公室	0791－83883526	0791－83883536	江西省南昌市红谷滩新区新府路政府大楼北 2 楼	330038
景德镇市委、市政府接待办公室	0798－8207532	0798－8217579	江西省景德镇市昌南大道紫晶路 99 号	333000
九江市委、市政府接待办公室	0792－8579836	0792－8579836	江西省九江市浔阳区南湖路 118 号市委市政府接待办公室	332000
泰安市接待办公室	0538－6991799	0538－6991799	山东省泰安市政大楼 A2005 室	271000

续前表

单位名称	值班电话	传　真	地　址	邮编
洛阳市接待办公室	0379－63322310	0379－63937709	河南省洛阳市新区市政府办公楼三楼	471023
许昌市接待办公室	0374－2965919	0374－2965919	河南省许昌市魏都区建安大道东段市委市政府院	461000
三门峡市接待办公室	0398－2822703	0398－2822703	河南省三门峡市崤山路中段 47 号市政府 505 室	472000
黄石市委、市政府接待办公室	0714－6369607	0714－6369827	湖北省黄石市杭州路 88 号市委大院	435000
襄阳市委、市政府接待办公室	0710－3575269	0710－3575269	湖北省襄阳市襄城区胜利街 2 号（南湖宾馆院内）	441021
株洲市委、市政府接待处	0731－28680396	0731－28680396	湖南省株洲市天台路 68 号	412007
湘潭市接待办公室	0731－2822703	0731－58583251	湖南省湘潭市岳塘区双拥中路一号市委大楼二楼	411104
衡阳市委、市政府接待处	0734－8853890	0734－8853890	湖南衡阳市华新开发区延安路市委大院 3 号楼	421001
岳阳市委、市政府接待处	0730－8841801－6128	0730－8880940	湖南省岳阳市岳阳楼区市政府办公楼 11 楼 113 室	414000
常德市委、市政府接待处	0736－7955165	0736－7798675	湖南省常德市武陵区城东芷园路 92 号	415000
汕头市接待办公室	0754－88918658	0754－88276138	广东省汕头市金平区海滨路 10 号汕头迎宾馆内 3 号楼	515036

续前表

单位名称	值班电话	传　真	地　址	邮编
柳州市接待办公室	0772－2822741	0772－2832913	广西壮族自治区柳州市友谊路 1 号 5 号楼	545001
自贡市接待办公室	0813－8102773	0813－8102773	四川省自贡市汇东新区丹桂街 64 号海关大厦 4 楼	643000
德阳市接待办公室	0838－2307176	0838－2307176	四川省德阳市长江西路一段 12 号	618000
绵阳市委、市政府接待办公室	0816－2242555	0816－2242777	四川省绵阳市高新区绵兴东路 100 号	621000
乐山市委、市政府接待办公室	0833－2425782	0833－2425781	四川省乐山市中区柏杨路 199 号国土局九楼	614000
宝鸡市委、市政府接待办公室	0917－3313881	0917－3312680	陕西省宝鸡市渭滨区火炬路 10 号	721006
延安市接待办公室	0911－8073555	0911－8073444	陕西省延安市宝塔区枣园路新洲小镇 A 区 6 楼	716000
天水市接待办公室	0938－8212240	0938－8290492	甘肃省天水市秦州区建设路 158 号	741000
酒泉市接待局	0937－2659306	0937－2659306	甘肃省酒泉市肃州区国际会展中心	735000
昌吉州接待处	0994－2342675	0994－2342675	新疆维吾尔自治区昌吉市延安北路 54 号州政府综合楼	831100
全国城市接待工作协会秘书处	024－22829267	024－22894878	辽宁省沈阳市和平区光荣街 39 号 12 楼 E	110003
《接待与交际》杂志社	024－22829267	024－22864878	辽宁省沈阳市和平区光荣街 39 号 12 楼 E	110003

注：截至 2017 年底。

资料来源：全国城市接待工作协会。

附录三：国内公务接待任务操作流程参考图

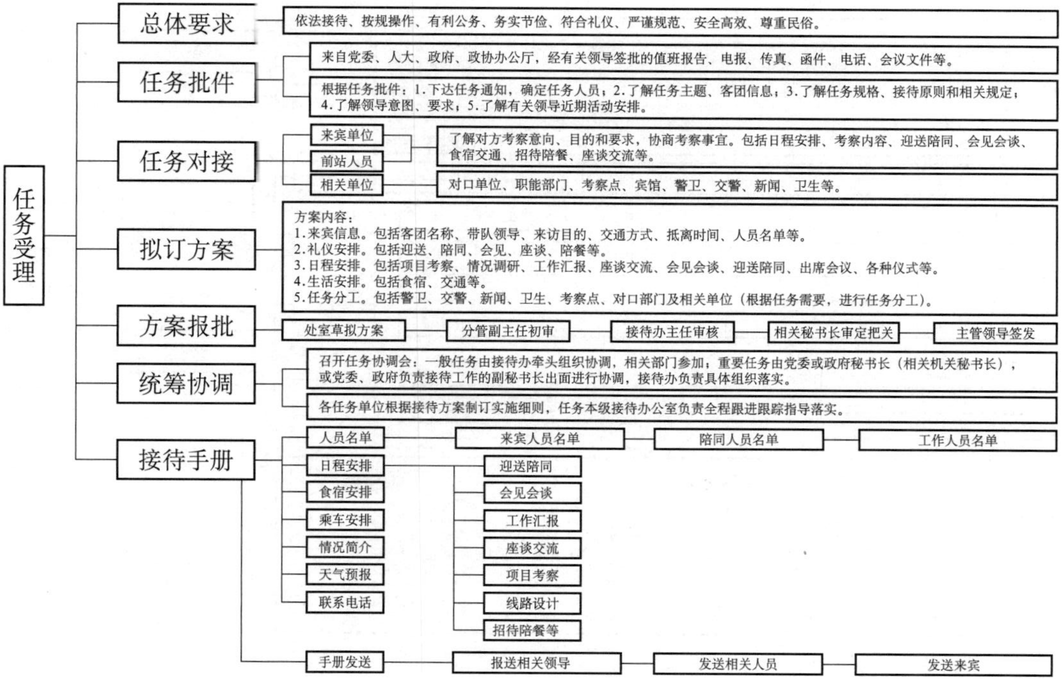

- 任务实施
  - 迎接
    - 1.确认来宾所乘航班（车次、船次）抵达时间，以及所乘等级。飞机：头等舱、公务舱（商务舱）、经济舱（普通舱）；火车：公务车厢、商务车厢、软卧、硬卧等。
    - 2.协调机场（车站、港口）做好接待准备和应享礼遇（如人员车辆出入、贵宾厅使用、迎接地点等）。
    - 3.协调落实前往机场迎接的领导（原则上为相关秘书长或副秘书长）及工作人员，安排集结出发地点、时间、线路、车辆等事宜，领导迎接地点也可安排在来宾下榻宾馆或考察点等处。来宾如自带车，接待工作人员可到高速公路出口处迎候引领。
    - 4.介绍。介绍的顺序为：先将主人介绍给客人，后将客人介绍给主人；先将下级介绍给上级，后将上级介绍给下级。
    - 5.陪车。陪同乘车座位安排：小轿车主左客右。中轿车有两种情况：一种是主宾或上级领导单独就座于前排最佳席位，主陪坐在3号位，即靠近车门的单独座位；另一种是主客双方并肩坐在1号、2号位（主左客右）。
    - 6.发放接待手册。
    - 7.通知驻地迎候领导和宾馆做好迎接准备。
  - 陪同
    - 上下级关系
      - 省级陪同 — 主要领导1~2人
      - 市级陪同 — 主要领导1~2人
      - 县级陪同 — 主要领导1~2人
      - 工作对口
        - 1~2人全陪
        - 2人交替陪同
    - 主客关系
      - 职务对等
      - 工作对口
  - 食宿
    - 住宿
      - 省部级 — 按照上级要求及差旅住宿标准安排住房
      - 厅级以下 — 按照差旅住宿标准安排住房
    - 就餐
      - 自助餐、桌餐、份餐等
  - 陪餐
    - 餐叙会
      - 包括：餐会主题、宾主名单、时间、地点、就餐形式（中餐、西餐、中餐西吃、分餐单吃或主桌分餐单吃）、台形设计、桌数、背景板、背景音乐、就餐标准、菜单设计（重要活动菜单须报有关领导审定）。个人习惯、生活忌讳、禁用菜肴、桌次席位安排，以及迎送工作等。
      - 陪餐人数：接待对象10人以内，陪餐人数不超过3人；10人以上，不超过三分之一。
      - 用餐时间：一般不超过1小时；做好餐前餐后的迎送工作及车辆调度工作。
      - 大型活动招待会也可采取招标方式，委托承办（场地、菜肴、服务等），接待办负责招待会的组织、督导等工作。
      - 严格区分政务接待、商务接待、涉外接待、涉港澳台接待、涉侨涉民族宗教事务接待、会议接待等陪餐类型。
    - 工作餐
      - 自助餐或桌餐

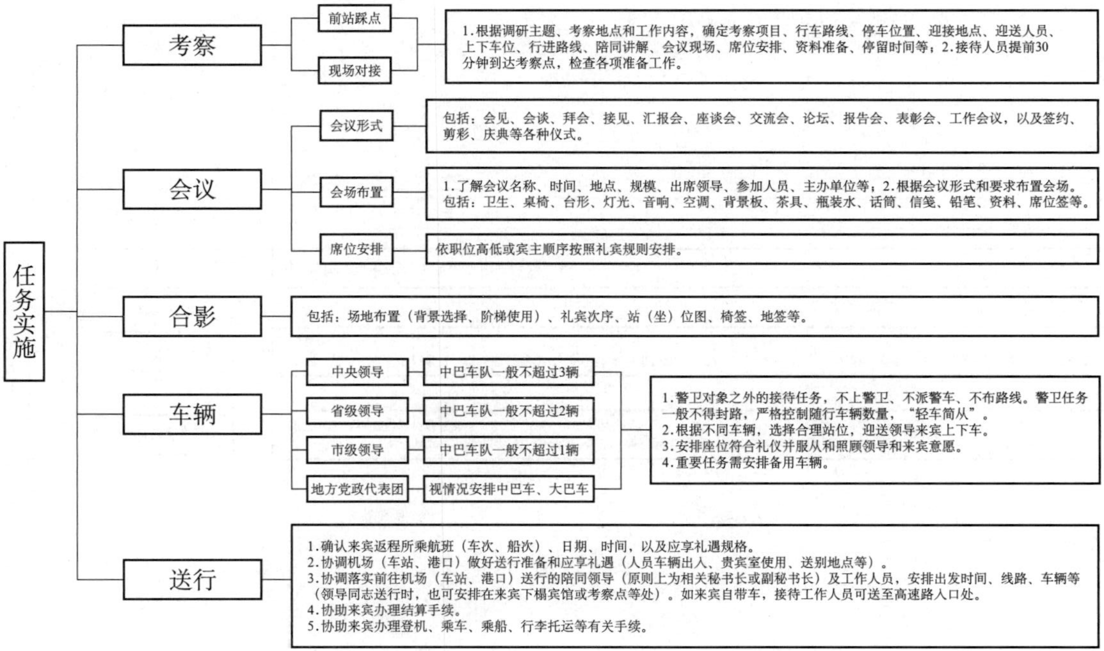
任务实施
考察
前站踩点
现场对接
1.根据调研主题、考察地点和工作内容，确定考察项目、行车路线、停车位置、迎接地点、迎送人员、上下车位、行进路线、陪同讲解、会议现场、席位安排、资料准备、停留时间等；2.接待人员提前30分钟到达考察点，检查各项准备工作。
会议
会议形式
包括：会见、会谈、拜会、接见、汇报会、座谈会、交流会、论坛、报告会、表彰会、工作会议，以及签约、剪彩、庆典等各种仪式。
会场布置
1.了解会议名称、时间、地点、规模、出席领导、参加人员、主办单位等；2.根据会议形式和要求布置会场。包括：卫生、桌椅、台形、灯光、音响、空调、背景板、茶具、瓶装水、话筒、信笺、铅笔、资料、席位签等。
席位安排
依职位高低或宾主顺序按照礼宾规则安排。
合影
包括：场地布置（背景选择、阶梯使用）、礼宾次序、站（坐）位图、椅签、地签等。
车辆
中央领导
中巴车队一般不超过3辆
省级领导
中巴车队一般不超过2辆
市级领导
中巴车队一般不超过1辆
地方党政代表团
视情况安排中巴车、大巴车
1.警卫对象之外的接待任务，不上警卫、不派警车、不布路线。警卫任务一般不得封路，严格控制随行车辆数量，“轻车简从”。
2.根据不同车辆，选择合理站位，迎送领导来宾上下车。
3.安排座位符合礼仪并服从和照顾领导和来宾意愿。
4.重要任务需安排备用车辆。
送行
1.确认来宾返程所乘航班（车次、船次）、日期、时间，以及应享礼遇规格。
2.协调机场（车站、港口）做好送行准备和应享礼遇（人员车辆出入、贵宾室使用、送别地点等）。
3.协调落实前往机场（车站、港口）送行的陪同领导（原则上为相关秘书长或副秘书长）及工作人员，安排出发时间、线路、车辆等（领导同志送行时，也可安排在来宾下榻宾馆或考察点等处）。如来宾自带车，接待工作人员可送至高速路入口处。
4.协助来宾办理结算手续。
5.协助来宾办理登机、乘车、乘船、行李托运等有关手续。

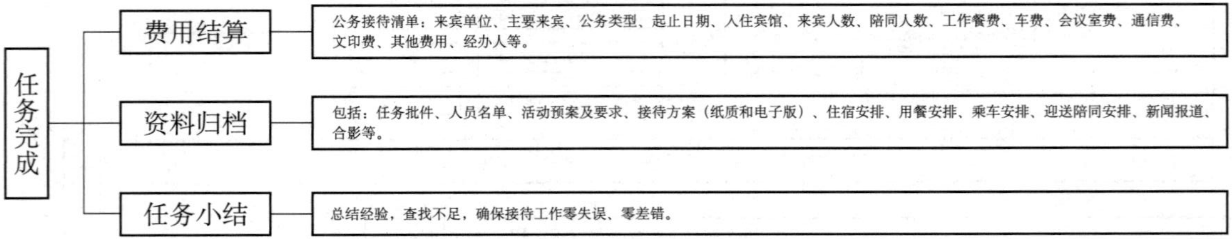
任务完成
费用结算
公务接待清单：来宾单位、主要来宾、公务类型、起止日期、入住宾馆、来宾人数、陪同人数、工作餐费、车费、会议室费、通信费、文印费、其他费用、经办人等。
资料归档
包括：任务批件、人员名单、活动预案及要求、接待方案（纸质和电子版）、住宿安排、用餐安排、乘车安排、迎送陪同安排、新闻报道、合影等。
任务小结
总结经验，查找不足，确保接待工作零失误、零差错。

参考资料

李斌．国际礼仪与交际礼节．北京：世界知识出版社，1982.

费尔萨姆．外交手册．北京：中国社会科学出版社，1979.

班公．对外文书指南．北京：世界知识出版社，1993.

全国人民代表大会常务委员会典礼局．接待外宾须知．1956.

周晓东．迎宾手册．武汉：湖北科学技术出版社，1985.

郭荣贵．公务接待艺术——宴会笔谈．北京：中国社会出版社，2006.

金城．金城文集．北京：华文出版社，2008.

马保奉．礼宾春秋．北京：世界知识出版社，2007.

中共中央政治局．关于改进工作作风、密切联系群众的八项规定．2012.

中华人民共和国国务院．机关事务管理条例．2012.

中共中央，国务院．党政机关厉行节约反对浪费条例．2013.

中共中央办公厅，国务院办公厅．党政机关国内公务接待管理规定．2013.

图书在版编目（CIP）数据

中国礼宾接待手册/张建国著．—北京：中国人民大学出版社，2018.5
ISBN 978-7-300-25551-4

Ⅰ.①中… Ⅱ.①张… Ⅲ.①礼仪-基本知识-中国 Ⅳ.①K892.26

中国版本图书馆 CIP 数据核字（2018）第 026944 号

中国礼宾接待手册
张建国 著
Zhongguo Libin Jiedai Shouce

出版发行	中国人民大学出版社		
社　　址	北京中关村大街 31 号	**邮政编码**	100080
电　　话	010－62511242（总编室）		010－62511770（质管部）
	010－82501766（邮购部）		010－62514148（门市部）
	010－62511173（发行公司）		010－62515275（盗版举报）
网　　址	http://www.crup.com.cn		
经　　销	新华书店		
印　　刷	涿州市星河印刷有限公司		
开　　本	890 mm×1240 mm　1/32	**版　　次**	2018 年 5 月第 1 版
印　　张	14.5 插页 2	**印　　次**	2025 年 8 月第 7 次印刷
字　　数	278 000	**定　　价**	79.00 元